Sheila Kitzinger
Großmutter werden

SHEILA KITZINGER

GROSSMUTTER WERDEN

Aus dem Englischen von Annemarie Pumpernig

DROEMER KNAUR

Titel der Originalausgabe: Becoming a Grandmother. A Life Transition
Originalverlag: Simon & Schuster, London

Die Deutsche Bibliothek - CIP-Einheitsaufnahme

Kitzinger, Sheila:
Grossmutter werden / Sheila Kitzinger. Aus dem Engl. von
Annemarie Pumpernig. - München : Droemer Knaur, 1997
Einheitssacht.: Becoming a grandmother <dt.>
ISBN 3-426-26711-X

Die Folie des Schutzumschlags sowie die Einschweißfolie sind
PE-Folien und biologisch abbaubar.

Umschlaggestaltung: ARTELIER/Peter Hofstätter, München
Umschlagfoto: FPG/Bavaria, Gauting
Satz: QuarkXPress im Verlag
Druck- und Bindearbeiten: Franz Spiegel Buch, Ulm
Printed in Germany
ISBN 3-426-26711-X

5 4 3 2 1

INHALTSVERZEICHNIS

WIR ALS GROSSMÜTTER

Thema dieses Buches ist ein wichtiger Wendepunkt im Leben vieler Frauen, über den bisher nur wenig geschrieben wurde und der oft nicht einmal als besonderer Meilenstein anerkannt wird: Großmutter zu werden. In diesem Buch geht es um das Bild, das wir von uns selbst als Großmütter haben, um die oft vielschichtigen und ambivalenten Gefühle, die wir in dieser neuen Lebenssituation entwickeln, und um unsere Beziehungen zu unseren erwachsenen Kindern und deren Partnern. Es geht um das Bild, das sie von uns haben, und um unser Bild von ihnen. Unsere Umgebung erwartet von uns, daß wir sozusagen mit einem Fingerschnippen zu Großmüttern werden, so nebenbei, ganz gleich, wann und auf welche Weise wir mit dieser neuen Rolle konfrontiert werden. Wir sollen den Übergang reibungslos und unauffällig vollziehen. Aber für viele Frauen liegen die Dinge nicht so einfach. Auch wenn wir durchaus Vergnügen daran haben, Großmutter zu sein, möchten wir über unsere neue Situation nachdenken können und lernen, sie gut zu bewältigen.

Im Rahmen meiner Arbeit als Sozialanthropologin, die sich auf das Thema Geburt spezialisiert hat, und als Geburtsexpertin und -beraterin habe ich mich mit den Erfahrungen und Gefühlen frischgebackener Mütter und Väter auseinandergesetzt. Durch diese Arbeit habe ich viel über Familien gelernt und nebenbei auch einiges über Großmütter in den westlichen Ländern und in den Kulturen der ganzen Welt. Dann wurde ich selbst Großmutter, und plötzlich erkannte ich, daß es zu diesem Thema so gut wie keine Publikationen gibt, abgesehen von einigen hochwissenschaftlichen soziologischen und psychologischen Arbeiten einerseits und seichten, humorigen Werken, die das Großmuttersein nur von der heiteren Seite beleuchten, andererseits.

Als ich nun meine Nachforschungen in Angriff nahm, entschloß ich mich, über Zeitungen und Magazine Großmütter und Mütter in den Vereinigten Staaten, Großbritannien und Australien um ihre Mithilfe zu bitten. Mehr als tausend Frauen haben meiner Bitte Folge geleistet und mir über ihre Erfahrungen berichtet. Sie haben einen detaillierten Fragebogen mit vielen frei zu beantwortenden Fragen ausgefüllt, und viele haben mir auch lange Briefe geschickt. Bei diesen Frauen konnte ich zum Teil in persönlichen Gesprächen und zum Teil durch weitere Korrespondenz genauer nachhaken. In den Städten im Fernen Osten, Nordamerika und Europa, in denen ich Vorträge hielt, veranstaltete ich Gruppendiskussionen mit Frauen und deren Töchtern oder Schwiegertöchtern. Auch die Ergebnisse dieser Diskussionen sind in dieses Buch eingeflossen.

Als ich selbst Großmutter wurde, hatte ich keine klare Vorstellung, wie ich mich selbst in dieser Rolle fühlen würde, und ich wußte auch nicht, welche Erwartungen meine Tochter an mich stellen würde. Jedenfalls konnte ich es nicht in Worten ausdrücken. So stand ich also vor einem wichtigen Wendepunkt meines Lebens, ohne genau zu wissen, was mir bevorstand, mit welchen Herausforderungen ich konfrontiert sein würde oder was sich meine Tochter von mir wünschte. Offensichtlich war ich eher negativ eingestellt an die Sache herangegangen – ich wußte jedenfalls, was ich nicht wollte: mich einmischen, mich als Besserwisserin aufspielen oder in sentimentaler Gefühlsduselei schwelgen. Weder mein Mann noch ich wollten das werden, was Stephen Spender in einem seiner Gedichte als »Pappgroßeltern zum Ausschneiden« bezeichnet hat – Großeltern, die nichts anderes zu tun haben, als eifrig darauf zu warten, von ihren Enkelkindern besucht zu werden, während sie ein Leben im Abseits führen, ein Leben, das mit dem ihrer Enkelkinder nichts zu tun hat, weil die eigentliche »Action« anderswo stattfindet. Ich hatte vor, weiterhin *ich selbst* zu sein und mich in kein Klischee zwängen zu lassen. Meine Identität war nicht von meinem Großmuttersein abhängig. Ich erwartete von meinen Töchtern nicht unbedingt, daß sie Mütter würden, ich verspürte nicht einmal einen besonderen Wunsch, Enkelkinder zu bekommen. Es war ihre Entscheidung, und ich konnte mir nicht vorstellen, in dieser Hinsicht auch nur den geringsten Druck auf sie auszuüben. Der Grund lag vielleicht zum Teil darin, daß ich mir, was Kinder anbelangte, selbst »die volle Dosis« gegeben hatte. Ich habe fünf Kinder, und als das jüngste zur Welt kam, waren drei unter zwei Jahre alt, vier unter fünf und alle fünf unter sieben. Ich hatte mich dem Muttersein mit Freude gewidmet, und als die Kinder aus dem Gröbsten heraus waren, verlegte ich mich darauf, Bücher über das Thema Geburt zu schreiben und auf diesem Gebiet zu forschen, und ich hatte täglich Kontakt mit Müttern und deren Babys. Ich führte ein Leben, das mich voll und ganz befriedigte. Ich lief kaum Gefahr, das Großmuttersein zu verherrlichen. Es fiel mir leicht, zu akzeptieren, daß meine Töchter ihr eigenes Leben führten. Einige von ihnen waren lesbische Feministinnen und planten keinen Nachwuchs, und ich war es voll und ganz zufrieden.

Tess, die mich zur Großmutter machte, verliebte sich auf der Universität in einen Kollegen, heiratete und begann in den Vereinigten Staaten als Elektrotechnikerin zu arbeiten. Als ich sie sechs Jahre später besuchte, teilte sie mir ganz beiläufig mit: »Ich bin schwanger.« Es klang völlig gleichgültig. So gleichgültig, daß ich sie fragte, ob sie das Baby überhaupt wollte. Das bejahte sie. Ich erlaubte mir die Bemerkung, daß sie vor Begeisterung nicht gerade überzuschäumen schien. Daraufhin antwortete sie: »Ich nahm an, daß es dir nicht recht sein würde.« Diese Antwort war ein Schock für mich. Sie erklärte mir, was sie befürchtete: Da ich ihre Schwestern, die studierten oder ihre Karriere mit Elan vorantrieben, so unterstützte, könnte ich sie, die sich für Ehe und Mutterschaft entschieden hatte, irgendwie als Niete betrachten, als diejenige, die ihr Potential vergeudete. Ich erinnere mich, daß ich damals ziemlich beschämt war.

Tatsächlich ist jede meiner Töchter einzigartig. Selbst wenn ich es könnte, würde ich niemals Zensuren verteilen und dabei nur diejenigen von ihnen mit guten Noten bedenken, die Dissertationen schreiben und Vorträge halten. Aber offensichtlich vermittelte meine Begeisterung für das Schreiben und Forschen Tess das Gefühl, daß ich von ihrer Lebensgestaltung enttäuscht sein könnte. In Wirklichkeit freute ich mich unbändig, daß da nun etwas war – die Schwangerschaft, das Mutterwerden mit all seinen Freuden und Problemen –, das ein wichtiger Teil meines eigenen Lebensweges gewesen war und das ich nun mit ihr teilen konnte.

Gegen Ende ihrer Schwangerschaft kehrte Tess nach England zurück, und sie zog mit ihrem Mann zu uns. Mein Enkel Sam wurde in der Geburtsbadewanne geboren, die in einem sonnigen Gartenraum gleich neben meinem Arbeitszimmer steht. Ich hielt

Tess' Kopf, während sie im warmen Wasser lag. Zwei wundervolle Hebammen standen ihr zur Seite, und sie klammerte sich an ihrem Mann Jon fest, während sich die Kontraktionen wie Flutwellen steigerten und die Geburtsenergie sie durchströmte. In den darauffolgenden Monaten hatte ich Gelegenheit, die Wärme, die Klugheit und den gesunden Menschenverstand meiner Tochter in ihrer Rolle als Mutter kennenzulernen, und mir wurde die Freude zuteil, die Entwicklung eines jungen Lebens zu beobachten. In gewisser Weise geht es in diesem Buch ebensosehr um Töchter wie um Großmütter. Der Grund dafür ist, daß ich das Terrain erforschen möchte, in dem sich die Beziehungen zwischen Müttern und ihren Töchtern oder Schwiegertöchtern nach der Geburt eines Kindes entwickeln. Eine Tochter hat jede Menge festgefügte Vorstellungen über die zu erwartenden Reaktionen ihrer Mutter. Sie glaubt zu wissen, wie ihre Mutter auf die Nachricht über die Schwangerschaft reagieren wird, auf das Verhalten der Enkelkinder, auf die Art und Weise, wie sie mit dem Haushalt und den Kindern zurechtkommt (oder auch nicht), und wie sie die Dynamik des Familienlebens empfindet. Dasselbe gilt für Schwiegertöchter und Schwiegermütter. Wenn uns bewußt wird, welche Erwartungen, Hoffnungen und Ängste auf uns projiziert werden, sollten wir innehalten und uns fragen: »Warum glaubt sie, daß ich so reagieren werde? Was will sie mir damit über mein Verhalten sagen – nicht nur über das, was ich tatsächlich gesagt oder getan habe, sondern auch über die unausgesprochenen Botschaften, die ich ihr vermittelt habe?«

Was mich betrifft, so denke ich, daß die Befürchtungen meiner Tochter, wie ich auf ihre Schwangerschaft reagieren würde, darauf zurückzuführen waren, daß ich als Frau eines Oxford-

Dozenten und Mutter von fünf Kindern schwer darum gekämpft hatte, Raum für mich selbst zu schaffen und außer der Mutterschaft noch irgend etwas anderes zustande zu bringen. Ich pflegte in den frühen Morgenstunden zu schreiben, bevor die Kinder erwachten. Es kam oft vor, daß ein Kind, das mein Zimmer betrat, zu hören bekam: »Warte bitte einen Augenblick. Laß mich nur rasch diesen Satz fertigschreiben.« (Da wir in einer Großfamilie leben, ist das eine Situation, die auch meine Enkelkinder kennen.)

Als ich meine erste anthropologische Forschungsreise nach Jamaika unternahm, nahm ich alle fünf Kinder mit und noch eine junge Frau, die mir zur Hand ging. Ich kletterte um sechs Uhr morgens die Berge hoch, um Frauen zu interviewen, damit ich ab drei Uhr nachmittags wieder bei den Kindern sein konnte. Ich mußte mir die Zeit penibel einteilen, und ich bin mir sicher, daß Tess merkte, wie erschöpft ich am Abend oft war – trotzdem aber fest entschlossen, Familie und Karriere unter einen Hut zu bekommen. Sie kannte den Preis, den ich bezahlte, und sie hatte Angst vor diesem Kampf an vielen Fronten, der eine Frau bis an die äußerste Grenze belastet.

Wir vermitteln unseren Kindern die Dinge, die uns am wichtigsten sind, oft, ohne uns dessen bewußt zu sein. Meine Kinder sahen zum Beispiel, daß ich eine Karriere aufbaute, während ich gleichzeitig Hausfrau und Mutter war, und daß ich meine Energie aus einem persönlichen moralischen Engagement heraus in die Unterstützung von Menschen innerhalb und außerhalb der Familie investierte, weil ich wollte, daß meine Kinder in ihrem späteren Leben ebenfalls den Kampf gegen die soziale Ungleichheit und Ungerechtigkeit und gegen den Mißbrauch der Macht aufnehmen sollten. Kinder nehmen auch die unausgesprochenen

Dinge in sich auf. Vielleicht, daß wir Wert darauf legen, daß unser Haushalt immer sauber und aufgeräumt ist, daß sie immer höflich sind und sich gut benehmen, daß der Herr des Hauses nicht vernachlässigt wird oder daß wir uns von ihnen nicht vereinnahmen lassen, sondern statt dessen auf unsere eigenen Interessen achten; vielleicht bemerken sie, daß uns Religion oder Politik wichtige Anliegen sind, daß wir unbedingt mit den Nachbarn mithalten wollen oder daß wir besonderen Wert auf die schulischen Leistungen unserer Enkel, auf ihre sozialen Fähigkeiten oder auf sportliche Höchstleistungen legen.

Ich empfinde es als Bereicherung, Enkelkinder zu haben. Meine Identität bewegt sich nicht innerhalb der Schranken eines bestimmten Großmuttermodells. Ich kann mit Lockerheit und Leichtigkeit an die Aufgaben und Herausforderungen des Großmutterseins herangehen, mit einer Leichtigkeit, die ich an anderen Frauen bisweilen vermisse. Der Grund dafür liegt oft darin, daß sie ängstlich sind und es unbedingt allen recht machen wollen. Manche müssen auch beweisen, daß sie alles unter Kontrolle haben, oder sie sind auf der Suche nach persönlicher Befriedigung und brauchen ständig die Bestätigung, geliebt zu werden und im Zentrum der Aufmerksamkeit zu stehen.

Auf den folgenden Seiten werde ich mich näher mit den versteckten Botschaften befassen, die zwischen Müttern und Töchtern und Schwiegermüttern und Schwiegertöchtern hin und her schwirren, und ich werde die Reaktionen untersuchen, die von diesen Botschaften ausgelöst werden. Ich werde auch das Selbstbild näher beleuchten, das wir Großmütter heute von uns haben, das Bild, das wir von unseren eigenen Großmüttern in uns tragen, und die Kontraste und Widersprüche, die zwischen den verschiedenen Bildern bestehen.

Ich werde unsere Gefühle und unsere Werte erforschen, die Anforderungen, die an uns gestellt werden, und die Belastungen und Befriedigungen, die das Großmuttersein mit sich bringen kann. Ich werde mich mit unserem Verhalten in schwierigen Situationen auseinandersetzen und nach Möglichkeiten suchen, Konflikte zu lösen. Vor allem aber werde ich mich darauf konzentrieren, was wir aus der Erfahrung des Großmutterseins lernen können.

In diesem Buch geht es ausdrücklich nicht um Männer. Frauen beschreiben darin zwar, wie sie ihre Partner als Großväter und ihre Söhne als Väter erleben, aber eigentlich möchte ich das Leben der Väter und Großväter aus diesem Buch ausklammern. Dieser Bereich bedarf noch eigener Forschungsarbeit. Hier stehen allein und ausschließlich die *Frauen* im Rampenlicht.

Während ich bei meiner Arbeit auf viele Frauen stieß, die in ihrer Rolle als Großmutter vollkommen glücklich waren, lernte ich auch andere kennen, die Probleme damit hatten. Sie fühlten sich in der Familie an den Rand gedrängt und von der Gesellschaft mißachtet. Manche hatten das Gefühl, daß die gesamten Probleme des Großmutterseins auf ihren Schultern lasteten, ohne daß sie die damit einhergehenden Freuden genießen konnten. Ich werde versuchen, sowohl die Freuden als auch die Probleme, die mit dem Großmuttersein verbunden sind, so gut wie möglich wiederzugeben.

Ich nehme an, daß sich viele Leserinnen in den Frauen, die in diesem Buch beschrieben werden, wiederfinden werden. Sie werden erfahren, wie andere Frauen zurechtkommen, und vielleicht zu der Erkenntnis gelangen, daß sie mit ihren Problemen und Schwierigkeiten nicht allein sind. Und sie werden ermutigt, die Freuden des Großmutterseins intensiver auszukosten. Die neue

Rolle kann nämlich bislang unbekannte Aspekte des Selbst zutage fördern und Chancen des Lernens und der persönlichen Entwicklung mit sich bringen, die es uns ermöglichen, ein Netzwerk reicher und befriedigender Beziehungen aufzubauen und die Welt mit neuer Vitalität und aus einem anderen Blickwinkel durch die Augen eines Kindes zu betrachten.

1

GROSSMUTTER WERDEN

Viele Frauen trifft die Nachricht, daß sie Großmutter werden, wie ein Blitz aus heiterem Himmel. Zeitpunkt und Umstände sind für viele überraschend, und selbst wenn sie sich danach gesehnt haben, daß ihre Tochter oder Schwiegertochter schwanger wird, kann sich die Realität als Schock erweisen. Ein Grund dafür ist, daß eine Frau, sobald sie Großmutter ist, wohl oder übel in eine andere Generation geschubst wird, und daß die simple Tatsache, daß eine andere Frau schwanger ist, plötzlich ihr Selbstbild und ihre Beziehungen zu nahestehenden Personen verändert.

Eine Frau, die zur Großmutter gemacht wird – eine Entscheidung, die sie nicht aktiv und aus eigenem Willen treffen kann –, findet sich plötzlich auf einem weißen Flecken ihrer Lebenslandkarte wieder. Sie bewegt sich auf Grenzland und versucht sich über unsicheres Terrain hinwegzulavieren, das irgendwo zwischen Mutterschaft und einer angesehenen Position als »Stammesältester« angesiedelt ist. So wie der erste Schultag, die erste Periode, der erste Sex, die erste Schwangerschaft und die Geburt des ersten Kindes stellt auch das Großmutterwerden einen Wendepunkt im Leben einer Frau dar, einen wichtigen Meilenstein.

Für Frauen, die ein Kind erwarten, gibt es eine Fülle von Büchern, Magazinen 'und Kursen – ein breites Angebot an Dingen, die ihnen helfen, sich auf die vor ihnen liegende Herausforderung vorzubereiten und jene Informationen zu sammeln, die so wichtig sind, um Angst durch Wissen zu ersetzen und Optionen und Alternativen richtig einschätzen zu können. Frauen, die Großmutter werden, müssen ohne diese Unterstützung auskommen. Deshalb haben so viele frischgebackene Großmütter das Gefühl, sich im Niemandsland zu bewegen. Während für schwangere Frauen Geburtsvorbereitungskurse angeboten werden, müssen die Großmütter allein zurechtkommen. Es werden zwar Magazine des Typs *Kreative Großeltern* angeboten, die Artikel enthalten wie »Schmusen kann Ihre Gesundheit verbessern«, und es gibt auch Textunterlagen für Erwachsenenbildungskurse zum Thema »Wie wir unser Potential als Großeltern ausschöpfen«. Aber im allgemeinen wird von den Frauen erwartet, daß sie durch die reine Beobachtung anderer Frauen, die denselben seltsamen Wandel von der Mutter zur Großmutter durchgemacht haben, lernen, wie sie sich als Großmutter verhalten sollten und welche Gefühle »normal« sind. Eine Frau mit einem sechsjährigen Enkel schreibt: »Ich hatte keinerlei Vorstellung davon, wie es mir in den jeweiligen Stadien als Großmutter gehen würde … wir befanden uns auf unerforschtem Terrain, vorsichtig einen Fuß vor den anderen setzend und ängstlich darauf bedacht, keine Fehler zu machen.«[1] Der Übergang von der Mutter- zur Großmutterrolle kann sich genauso schwierig gestalten wie der Wechsel in die Mutterrolle. Dazu kommt, daß die Großmutterrolle der Mutterrolle einfach übergestülpt wird. Großmutter sein bedeutet komplexe und verflochtene Beziehungen: Man ist sowohl Mutter als auch Großmutter und,

20

wenn die eigene Mutter noch lebt, auch noch Kind. Wie es die Autorin Rachel Billington ausdrückt:»Das Wichtigste an einer Mutter – deiner Mutter – ist, daß sie immer deine Mutter bleibt. Deine eine und einzige Mutter. Deine Mutter für immer und ewig. Du kannst dich von deiner Mutter nicht scheiden lassen.« Wir werden bis zu unserem Tod die Mütter unserer erwachsenen Kinder sein.

Für viele Frauen bedeutet die Tatsache, Großmutter zu werden, noch etwas anderes. Sie sehen darin ein Symbol des Alterns, verbunden mit dem Gefühl, jenseits von Gut und Böse zu sein, nicht länger im Zentrum des Lebens zu stehen und auf eine Zuschauerrolle als unscheinbare und unsichtbare, alte Frau reduziert zu sein. Sie sind jemandes Mutter, jemandes Großmutter, aber, so protestieren sie, sie sind auch noch sie selbst! So glücklich die Nachricht von der bevorstehenden Geburt eines Enkelkindes eine Frau machen kann, empfindet sie diese Geburt doch oft als einschneidenderes Erlebnis als ihre Menopause. Manche Frauen sagen, sie würden dadurch an ihren eigenen Tod erinnert, und plötzlich erscheint ihnen die Zeit bis dahin schrecklich knapp.

Diese Gedanken haben aber auch positive Aspekte. Das Baby repräsentiert den Fluß des Lebens und die Zukunft nach dem Tod der Großmutter. In gewissem Sinn werden wir durch die Geburt eines Enkelkindes selbst neu geboren. Wenn es unsere Tochter ist, die ein Kind bekommt, können wir sie in ihrer Mutterrolle beobachten und die Zeiten, in denen wir sie selbst bemutterten, neu durchleben. Vielleicht ist das der Grund, warum viele Großmütter sagen, sie fühlten sich den Kindern einer Tochter viel näher als denen eines Sohnes.

Möglicherweise sind sie vollkommen in das Leben ihrer Enkelkinder eingebunden, und vielleicht nehmen sie sogar den Platz einer fehlenden Mutter ein. Das kann sehr viel Spaß machen. Viele Frauen empfinden es als intensiven freudigen Schock, daß auf so überraschende Weise ein neuer kleiner Mensch in ihr Leben tritt. Eine Frau, deren Ehe zerbrochen war, die ihr Haus verkaufen mußte und deren Sohn ins Ausland zog, deren Tochter aber soeben ein Kind bekommen hatte, sagte:»Das ist der einzige Sonnenschein in meinem Leben! Es ist einfach wundervoll, daß es das Kind gibt!« Für viele Frauen liegen die Dinge aber vollkommen anders. Nach der ersten, spontanen Freude empfinden sie das Großmuttersein als Falle. Viele fühlen sich ausgenützt, weil die Eltern es als selbstverständlich betrachten, daß sie das Kind jederzeit hüten, obwohl sie ihr eigenes Leben zu führen haben. Andere Großmütter sind von ihren Enkelkindern durch große Entfernungen oder durch Beziehungsprobleme in der Familie getrennt, mit dem Ergebnis, daß sie isoliert und allein dastehen.

Das Großmuttersein kann intensive Freuden mit sich bringen, aber auch Schmerzen: Die Freude darüber, an einem neuen Leben teilhaben zu dürfen, eine Persönlichkeit sich entwickeln und entfalten zu sehen, zu lieben und geliebt zu werden, aber auch Schmerz und Kummer darüber, daß Mißverständnisse und familiäre Konflikte entstehen, daß Eltern sich trennen, daß Gewalt und sexueller Mißbrauch stattfinden, daß Kinder in Schwierigkeiten geraten oder daß ein Kind krank wird oder stirbt.

Wenn unsere erwachsenen Kinder und danach deren Kinder Probleme haben und sich an uns wenden, dann wird uns bewußt, daß wir nie aufhören, Mutter zu sein. Vielleicht dachten Sie, die Mutterrolle würde Sie höchstens etwa zwanzig Jahre Ihres Lebens in Anspruch nehmen. Nun erkennen Sie, daß Sie sie nie wieder abschütteln können. Wenn es familiäre Katastrophen gibt oder Menschen unter ihrer Belastung zusammenbrechen, stellen

Sie vielleicht fest, daß Tragödien sich wiederholen. Werden wir denn wirklich nie klüger? Wenn Sie in engem Kontakt zu Ihren Kindern stehen, kann es leicht passieren, daß Sie sich für alle Probleme in ihrem Leben und in dem ihrer Kinder persönlich verantwortlich fühlen.

Viele Frauen fühlen sich überfordert, wenn die Wogen hochschlagen. *Ihre* Großmütter können sie sich nicht zum Vorbild nehmen, denn die Zeiten haben sich geändert, und die heutigen Probleme sind ganz anders gelagert als jene früherer Zeiten. Sie wurden in eine Rolle gestoßen, die auszufüllen sie nie gelernt haben.

In einer Anfang der siebziger Jahre veröffentlichten Studie über den Lebenszyklus amerikanischer Frauen als Ehefrauen, Hausfrauen und Mütter bat Helena Lopata die Teilnehmerinnen, die verschiedenen Rollen einer Frau nach ihrer Wichtigkeit zu ordnen. Während fünfundvierzig Prozent meinten, die kombinierte Rolle von Ehefrau und Mutter sei wichtig, trafen nur drei Prozent dieselbe Aussage über die Großmutterrolle.[2] Ich vermute, daß heute noch weniger Frauen das Großmuttersein als wichtigen Teil ihres Lebens einstufen würden – allerdings nur, bis sie plötzlich in diese Rolle gestoßen werden und nicht genau wissen, wie sie damit umgehen sollen.

Das eigene Kind mit seinem Kind zu sehen, gibt einer Frau das Gefühl, Teil eines erfüllten, ganzheitlichen Kreislaufs zu sein. Aber dieses Gefühl kann von vielen störenden Emotionen beeinträchtigt werden. Von Ihrem Standpunkt der Erfahrung aus beobachten Sie vielleicht, daß eine Tochter in der Kindererziehung dieselben Fehler macht wie Sie, oder Sie bemerken dieselben Spannungen in der Mutter-Kind-Beziehung wie jene, die Sie selbst vor Jahren verspürten. Sie erleben dieselben Konflikte und Schwierigkeiten, dieselbe Hoffnung und dieselbe Verzweiflung. Vielleicht liegt es Ihnen auf der Zunge, gute Ratschläge zu geben, aber Sie sind gezwungen, sich zurückzuhalten. Vielleicht sehen Sie aber in Ihrer neuen Rolle als Großmutter Ihr eigenes Muttersein viel kritischer. »Meine Tochter macht ihre Sache viel besser als ich«, sagt eine Frau. »Ich wünschte, sie wäre *meine* Mutter gewesen.«

Wenn Sie an die Zeit zurückdenken, als Sie selbst Mutter wurden, tauchen in Ihnen vielleicht bruchstückhafte Erinnerungen daran auf, wie es sich anfühlte, selbst als Baby bemuttert zu werden. Solche Gefühle sind oft sehr überraschend. Wenn eine frischgebackene Mutter ihr Kind berührt, erinnert sie sich daran, wie es sich für sie als Baby anfühlte, andere zu berühren und berührt zu werden. Aus ihrem Inneren tauchen Erinnerungen daran auf, wie sich Haut an Haut anfühlte, Erinnerungen an feste, schützende Hände, an einen kleinen Körper im warmen Badewasser, an den Anblick des lachenden Gesichts der Mutter, Erinnerungen daran, wie sie – naß, heißgeweint und hungrig – aus dem Kinderwagen gehoben und auf den Knien geschaukelt wurde, wie man ihr auf den Rücken klopfte, wenn sie Schluckauf hatte, und sie in ihrem Inneren kleine Luftperlen aufsteigen fühlte, und Erinnerungen an das spannende Gefühl, auf den Bauch geschnaubt zu bekommen. Solche Erinnerungen helfen ihr, sich in ihr eigenes Baby einzufühlen.

Aber solche Gedankenausflüge können auch negative Gefühle und Schmerz wachrufen: Schmerz darüber, grob oder ungeduldig behandelt, zu hart angefaßt oder gekniffen worden zu sein, Menschen ausgeliefert gewesen zu sein, die sie anders berührten als ihre Mutter, und möglicherweise auch Erinnerungen an sexuellen Mißbrauch. Ähnliche Erinnerungen werden auch in Großmüttern wach. Sie sind lebhaft und plastisch und kommen oft vollkommen unerwartet.

Wenn eine Frau Großmutter wird, erinnert sie sich nicht nur daran, wie sie selbst als Mutter war, sondern auch daran, wie sich das Bemuttertwerden anfühlte, als sie noch ein Baby war. Im Zuge dieser Erinnerungen erforscht sie Sinnes- und Erfahrungsschichten, durch die sie den Umgang ihrer Tochter oder Schwiegertochter mit dem Baby plastischer und farbiger erlebt – wie ihre Tochter das Baby berührt und wie das Baby reagiert, wie die beiden einander anblicken und feststellen, daß sie füreinander die faszinierendsten Menschen der Welt sind. Und vielleicht wird ihr auch der geschlossene Beziehungskreislauf zwischen einer Mutter und ihrem Kind auf einmal ganz deutlich – möglicherweise auch schmerzlich – bewußt.

Eine Großmutter, die die Intensität der Beziehung ihrer Tochter oder Schwiegertochter zu dem Baby erlebt, fühlt sich oft übergangen und ausgeschlossen. Der Grund liegt vielleicht darin, daß sie selbst nie eine so tiefe Liebe erfahren durfte oder daß sie sich nicht daran erinnern kann, sosehr sie es auch versucht. Wenn sie als Baby unter emotionaler Verarmung litt, kann ihr schmerzlich bewußt werden, was sie versäumte. Und wenn es ihr als Mutter nicht gelang, eine intensive Beziehung zu ihrem Baby herzustellen, weil die Experten ihr rieten, es nicht hochzuheben, wenn es weinte, es nicht durch Schaukeln und Streicheln zu trösten, es nie zu sich ins Bett zu nehmen und ihm nicht die Brust zu geben, wenn es sie wollte, werden ihr die starren Regeln, von denen ihr Leben als Mutter bestimmt war und die ein spontanes, liebevolles Verhalten verhinderten, nun möglicherweise schmerzhaft bewußt. Diesen Verlust betrauert sie. Vielleicht ist es ihr tiefster Wunsch, daß ihre eigene Tochter oder Schwiegertochter nicht dieselben Fehler macht wie sie und nicht unter denselben Restriktionen zu leiden hat, wie es bei ihr der Fall war. Es kann aber auch sein, daß sie eifersüchtig ist und ihre Gefühle in den Mantel ständiger Kritik an der jungen Frau kleidet. Wie es eine Großmutter ausdrückt:»Alles im Haus dreht sich um den Kleinen. Er ist ja süß, aber wenn sie dauernd nach seiner Pfeife tanzen, wird er nie lernen, sich zu beherrschen.« Es beunruhigt sie, daß ihre Tochter als Mutter einen ganz anderen Stil hat, als ihr selbst aufgezwungen wurde. Vielen Frauen, die sich in ein Korsett der Mutterrolle zwingen ließen, dessen starre Vorschriften ihnen jeden Spielraum nahmen und ihnen das Gefühl der Unzufriedenheit und des Betrogenseins gaben, fällt es nicht leicht, sich über den Erziehungsstil einer Tochter zu freuen, der entspannt, warmherzig und spontan ist.

Wenn Sie Großmutter werden, kommt Ihnen auch in den Sinn, wie Sie selbst als kleines Kind bemuttert wurden. Eine Frau in den Vierzigern sagt, sie habe die zwölf Jahre, die sie damit zubrachte, ihre vier Kinder großzuziehen, als gesegnete Zeit empfunden. Ihre eigene Mutter hingegen, eine Lehrerin, die kurz vor dem Zweiten Weltkrieg geheiratet hatte und ihre Qualifikation während des Kriegs nutzen konnte, wurde nach der Rückkehr der Männer geradewegs zurück an den Herd geschickt. Sie konnte sich nicht damit abfinden, daß sie nun mit ihren kleinen Kindern an das Haus gefesselt war.»Ich wurde 1947 geboren und mußte die Wut einer frustrierten Lehrerin ertragen, die jede Sekunde ihres Hausfrauendaseins haßte, obwohl sie uns Kinder liebte.« Sie fährt fort:»Ich kann gar nicht sagen, wie erleichtert wir waren, als sie nach der Einschulung meiner Schwester wieder zu arbeiten begann. Zu diesem Zeitpunkt begann für uns die normale Kindheit.«[3]

Viele Großmütter haben Angst vor der Freiheit, die die jungen Frauen von heute offensichtlich genießen. Sie befürchten, daß das Baby Schaden nehmen könnte, daß ihre Tochter zur Sklavin eines Kindes werden könnte, dem jeder Wunsch von den Augen abgelesen wird, oder daß die Beziehung der Eltern leiden könnte. Vielleicht argwöhnen sie auch, daß ihr Sohn oder Schwiegersohn vernachlässigt werden könnte, weil sich das Leben der jungen Frau nur noch um das Baby dreht.

Es wurde viel über die Eifersucht von Vätern geschrieben, die das Gefühl haben, daß das Baby ihnen die Liebe ihrer Frau wegnimmt, aber es gibt keine Literatur über Großmütter, die sich an ihre intensiven Erfahrungen als Mütter erinnern – Erfahrungen, die weh taten und oft große Leiden nach sich zogen, aber auch warme und befriedigende Erfahrungen. Und trotzdem: Jedes Mal, wenn eine Frau Großmutter wird, durchlebt sie erneut die persönlichen, intimen und geheimen Gefühle, die sie sowohl als Mutter als auch als Baby empfand. Vielleicht tauchen auch die intensiven Gefühle wieder in ihr auf, die sie verspürte, als ihre Mutter ein weiteres Kind bekam, und nun befürchtet sie, daß sie wieder durch ein Baby verdrängt werden und ihre Tochter ihr ihre Liebe entziehen könnte. Eine Psychoanalytikerin, die während der Schwangerschaft ihrer Tochter unter beängstigenden Träumen litt, sagt: »Ich habe Angst, meine Tochter durch die Geburt ihres Kindes zu ›verlieren‹, so wie ich meine Mutter ›verlor‹, als mein kleiner Bruder geboren wurde … Mutter, Vater, Schwester, Großeltern – alle vernachlässigten mich zugunsten des neuen ›kleinen Prinzen‹. Nun habe ich Angst, daß sich diese Situation wiederholen könnte. Ich befürchte, daß ich meinen Platz in Janets Familie verlieren könnte, wie es in meiner eigenen Familie der Fall war, daß ich meine wundervolle Tochter und meine vielleicht liebste Freundin verlieren könnte.« Sie denkt auch an die beiden anderen Großeltern. Werden Janet und ihr Mann sich ihnen vielleicht stärker zuwenden und sie dabei vernachlässigen?»Werde ich mit ihnen um die Liebe meines Enkelkindes konkurrieren müssen? Sie sind großzügig, nett und liebevoll, reich auch… also durchaus eine Konkurrenz für mich. Es fällt mir schwer, zu glauben, daß man mich nicht wieder an den Rand drängen wird.«[4]

Frauen wissen nicht instinktiv, wie sie sich als Großmütter verhalten sollen, genausowenig, wie sie das Muttersein so einfach im Blut haben. Natürlich wirkt die Natur unterstützend, aber im Grunde muß das Großmuttersein gelernt werden. Wir wissen nicht von selbst, wie wir dieser oft schwierigen Rolle gerecht werden sollen, nur weil wir älter geworden sind und uns in all den Jahren irgendwie durchgeschlagen haben. Die Weisheit ist kein Geschenk, das uns mit dem Alter automatisch zuteil wird. Es gibt viele ältere Menschen, die voller Vorurteile und Intoleranz sind und an alten Vorstellungen festhalten, die das Denken und die freie Entfaltung behindern. Die fortschreitenden Jahre können eine starke Verengung des Gesichtsfeldes mit sich bringen. Manche älteren Menschen kreisen nur noch um sich selbst und leben in einer immer enger werdenden Welt der kleinen persönlichen Gratifikationen und Irritationen – ob es nun um Sauberkeit und Ordnung im Haus geht, um den Einkauf, das Essen, den Frühstückskaffee, die Bridgerunde oder den jährlichen Urlaub im Süden.

Die Liebe, die wir für unsere Enkelkinder empfinden, unsere Sorge um das Leben, das vor ihnen liegt, und um die Beschaffenheit der Welt, in der sie leben werden, kann ein Anreiz für uns sein, aktiv zu werden, um die Welt zu einem schöneren und besseren Ort zu machen. Denn das Alter bringt uns nur dann Weisheit, wenn wir lernen und nie damit aufhören.

Ich hoffe, daß ich Sie mit diesen Seiten auf Ihr Großmuttersein vorbereitet habe oder daß ich Ihnen, falls Sie schon Großmutter sind, geholfen habe, besser mit Ihrer Situation zurechtzukommen. Ob uns die Vorstellung gefällt oder nicht, haben wir durch die Tatsache, daß wir Großmütter sind, eine spannende Reise in die Zukunft angetreten. Auf dieser Reise können wir neue Einsichten und Erkenntnisse gewinnen und das tiefe Glück verspüren, zu lieben und geliebt zu werden.

BILDER VON DER GROSSMUTTER

Ein süßes kleines Baby, in einem rosa Kleidchen in der Wiege strampelnd, das von allen bewundert wird. Eine junge Frau, für den Fotografen lächelnd, in ein weißes, bodenlanges Satinkleid gehüllt, Jasminblüten im Haar, einen Strauß Lilien im Arm haltend – eine glückliche Braut. Eine junge Mutter mit ihrem Baby auf einem Schaukelstuhl, in einem zarten Hauch von rosa Negligé, umflutet von einer Fülle langen, blonden Haars. Oder das: Eine sorgfältig frisierte Großmutter mit silbernem Haar, beraten und beruhigt von einem lächelnden Versicherungsagenten, Bankbetreuer oder Arzt, die die Informationen mit Dankbarkeit und Erleichterung aufnimmt. Strickend sitzt sie im warmen, milden Licht des Spätnachmittags und blickt zärtlich auf die Schar ihrer Enkelkinder, die zu ihren Füßen spielen. Oder sie spaziert Hand in Hand mit ihrem eleganten, weißhaarigen Ehemann einen blumengesäumten Wiesenweg oder den Strand entlang – beide im goldenen Herbst ihres Lebens, umgeben von einem sanften Glanz. Ungeachtet ihrer Herzprobleme, ihrer arthritischen Beschwerden und ihres nachlassenden Kurzzeitgedächtnisses, ist sie sorgfältig gepflegt und gut erhalten. Sie ist eine Großmutter. Oder, im Kontrast dazu, das folgende Bild: Eine Frau aus der Dritten Welt, das Gesicht gezeichnet von tausend Falten, tief durchfurcht wie gesprungene Erde in einem ausgetrockneten Flußbett; in ihren eingesunkenen Augen spiegelt sich das gesamte Leid ihres Stammes, ihre Hände strecken sich nach einer Brotrinde aus, vor ihr eine Schüssel mit Reis, ihre hungernden Enkel umringen sie. Oder ein drittes, noch krasseres Bild, gezeichnet vom Karikaturisten der britischen Tageszeitung *Daily Express*, Giles, dessen Alptraumgroßmutter in ihrem schwarzen Gewand, mit ihrer Handtasche mit Vorhängeschloß, ihrem Filzhut und ihrem drohenden Regenschirm das abschreckende Bild einer alternden Hexe der Industriekultur vermittelt, die sich an Frittenbuden herumtreibt und Tagesausflüge von Werbeveranstaltern bucht.

Das sind die Archetypen, welche die Frauen von der Wiege bis ins Grab verfolgen, ständig von neuem bemühte Symbolgestalten, die sich in Zeitungsartikeln, Cartoons, Werbeinseraten und im Fernsehen immer wiederfinden. Das sind die groben Raster, in die Frauen gepreßt werden, Symbole des Codes der Weiblichkeit.

DIE MEDIZINISCHE VEREINNAHMUNG DER MENOPAUSE

Viele von uns Frauen werden etwa zu der Zeit Großmutter, in der wir die Menopause durchleben. Oft fühlen wir uns schon aus diesem Grund bedroht – leben wir doch in einer Gesellschaft, in der der Jugendlichkeit der Frauen großer Wert beigemessen wird und in der immer mehr Ärzte die Frauen vor den potentiellen Gefahren warnen, die ihnen drohen, wenn sie sich keiner Hormonersatztherapie unterziehen. Während unseres gesamten Lebens werden wir Frauen als Opfer unserer wildgewordenen Hormone behandelt. Wir haben angeblich unter einem gestörten endokrinen System zu leiden, das uns zu irrationalen, reizbaren, ängstlichen und oft auch verrückten Wesen macht. Während unserer Menstruation und vor allem nachdem unsere Menstruation ausgeblieben ist, gelten wir als anfällig für körperliche und geistige Krankheiten. Ab dem Zeitpunkt unserer Menopause gilt unser Uterus nicht nur als überflüssig, sondern sogar als gefährlich. In den siebziger Jahren stellte ein amerikanisches Lehrbuch der Gynäkologie mit dem Titel *Williams Obstetrics* kategorisch fest: »Neben seiner Aufgabe, die Produkte der Empfängnis zu beherbergen, hat der Uterus nur noch eine einzige Funktion: als Krankheitsherd zu dienen.«[1]

In der Vergangenheit galten Frauen mittleren Alters, die einen Arzt aufsuchten, oft als Hypochonder. Sie wurden als Ärgernis empfunden, und die Ärzte glaubten, daß sie sich ihre Symptome nur einbildeten. Heute stehen die Frauen in der Menopause im Zentrum medizinischer Aufmerksamkeit – sie sind »eine wichtige Zielgruppe für die vorbeugungsorientierte medizinische Allgemeinpraxis«, wie Sandra Coney in ihrem Buch *The Menopause Industry: a guide to medicine's »discovery« of the mid-life woman* schreibt: »Ganze Forschungskarrieren bauen auf ihr auf, Ärzte und Gesundheitsexperten wollen ihre Knochendichte messen, ihre Brüste und die Zellen ihrer Zervix untersuchen und ihren Hormonspiegel kontrollieren. Es werden Apparate konstruiert, die die intimsten Teile ihres Körpers scannen, fotografieren, röntgen und vergrößern. Die Pharmaunternehmen bieten der Frau in den mittleren Lebensjahren ein veritables Schlaraffenland voller Pillen, Pflästerchen, Pessare und Implantate. Sie kann sich entscheiden, ob sie die magischen Hormone, die auf ihrem Weg durch ihren Körper alles verändern, womit sie in Berührung kommen, schlucken will oder ob sie sie in ihr Gewebe implantiert oder in die Vagina eingeführt haben möchte.«[2] Normalerweise werden gesunde Frauen genau in der Phase ihres Lebens Großmütter, in der sie zerbröckelnder Knochen, prolabierender Uteri, kollabierender Vaginalwände und schwacher Blasen verdächtigt werden. Das Leben nach der Menopause gilt als degeneratives Stadium, in dem Uterus und Vagina einer Frau verkümmern, in dem sie ihre Femininität und ihre Vitalität verliert und anfällig wird für Depressionen und andere psychische Krankheiten. Die Hormonersatztherapie gilt als Jugendelixier.[3] All das, und dann noch Großmutter werden!

ALTE ZEITEN

In früherer Zeit pflegten Großmütter in der Nähe ihrer Töchter oder Schwiegertöchter und deren Familien zu leben, und oft befehligten sie eine große Schar weiblicher Arbeitsbienen, die sich im Haushalt zu schaffen machten. Immer jedoch waren sie an der Kindererziehung beteiligt. Die Großmutter hatte die Aufgabe, die Wiege des Babys zu schaukeln, Schlaflieder zu singen und brüllende Kinder zu beruhigen. Ihr Schoß bot Zuflucht und Sicherheit, ihre körperliche Stärke wurde für Koch- und Reinigungsarbeiten gebraucht, und wenn die Kinder größer wurden, war sie es, die ihnen kulturelle Werte vermittelte. Sie war es auch, die Geschichten erzählte, die zu berichten wußte, wie schlimm Mutter oder Vater ihrer Enkel als Kinder gewesen waren, sie war es, die Brücken zwischen Gegenwart und Vergangenheit, zwischen dem Leben der Kinder und dem Leben der Eltern und Großeltern baute, und sie war es, die das Gewirk der Familienmythen flocht. Aus ihrem Mund hörten die Enkel Fabeln, Legenden, Gedichte und Lieder, und sie beobachteten sie bei der Durchführung religiöser Zeremonien und bei der Weitergabe der kulturellen Kernwerte. Die balinesische Großmutter arrangiert heute noch Früchte und Blumen auf dem Altar und bringt sie den Göttern mit einem Gebet dar. Zweijährige ahmen dieses Ritual bereits nach. Der Großmutter kommt eine wichtige Rolle in der Wirtschaft, in der Bildung und in der Gemeindepolitik zu. Allein das Wort »Großmutter« ist mit Achtung und Respekt befrachtet. Die japanische *oba-san* gehört zum Beispiel einer verehrungswürdigen sozialen Gruppe an und wird nach Jahren der Demut gegenüber den Männern und nach all den Beschränkungen, die jüngere Frauen ertragen müssen, auf das »himmlische Plateau der Unabhängigkeit und Freiheit« gehoben.[4]

In vielen traditionellen Kulturen ist die Großmutter die Schlüsselperson, die ein Kind durch die vorübergehenden Phasen des Säuglings- und Kleinkindalters geleitet. Wenn sie nicht da ist, muß eine andere ältere Frau ihre Stelle einnehmen. Im nördlichen Australien bei den Aborigines muß die Großmutter die Rauchzeremonie durchführen, die als wichtig für die Erhaltung der Gesundheit des Kindes gilt. Sie ist es, die das Baby im reinigenden Rauch der mit der Milch ihrer Tochter besprenkelten Konkerry-Zweige und -Blätter wiegt, einem Rauch, der das Kind mit den Ahnen der »Urzeit« verbindet und es vor allem Übel bewahrt. In Kulturen auf der ganzen Welt ist es die Großmutter, die ihre schützende Hand über das kleine Kind hält, es ist ihr Gedächtnis, in dem die Erinnerungen ihres Volkes gespeichert sind, ihr Mund, der mit der Stimme der Vorfahren spricht, und es sind ihre liebenden Arme, die ein Kind vor bösem Zauber und vor Katastrophen bewahren.

Im Gegensatz dazu werden in den westlichen Gesellschaften die Großmütter vor allem als Exmütter betrachtet, als Frauen, die eine vollendete Aufgabe hinter sich haben. Vielleicht gestattet man ihnen beim Babysitten und bei Familienzusammenkünften, sich an den Aufgaben der Mutter zu beteiligen und bei diesen Gelegenheiten wieder sporadisch und auf modifizierte Weise in ihre Mutterrolle zurückzufallen, aber sie »spielen« diese Mutterrolle nur – und auch das nur dann, wenn die tatsächliche Mutter ihr Einverständnis gibt, oder in Krisenfällen, wenn ihre Hilfe gesucht wird, weil die Mutter überfordert oder abwesend ist.

Wenn eine Frau ihr erstes Kind bekommt, ersetzt sie auf symbolische Weise ihre eigene Mutter, von der nun erwartet wird, daß sie sich in die Rolle einer Großmutter zurückzieht. Einige nostalgische Erinnerungen an ihre eigenen, vergangenen Erfahrungen als Mutter werden toleriert, aber ihr Platz ist nun eindeutig auf dem Abstellgleis.

Geschichten in den Medien über Frauen, die zufällig auch Großmutter sind, sind immer mit Anspielungen gespickt. Die Frau wird entweder als pathetisches, verwundbares Opfer dargestellt oder als eine in Anbetracht ihres Alters erstaunlich leistungsfähige Person, oder es werden kriminelle Neigungen angedeutet. Das Bild, das ein Fernsehkritiker in einer Dokumentation über den Weißen Hai zeichnet, ist typisch für den Widerwillen und den Abscheu, den die Vorstellung einer Großmutter bei Männern auslöst: »Erinnert diese gummiartige Visage nicht an eine zahnlose Großmutter, die mit den Kiefern eines Hais wild um sich schnappt?«[5] Oder wie wäre es mit dem folgenden Abriß kürzlich in der britischen Presse erschienener Schlagzeilen: »Draufgängerische Großmutter springt mit dem Fallschirm ab«, »Superoma springt aus reinem Spaß«, »Großmutter mit dem

Messer bedroht und ausgeraubt«, »Omas werden zu Weihnachten abgegeben« (eine Geschichte über die sprunghaft steigende Zahl von hospitalisierten Seniorinnen in den Zeiten, in denen die Familien im Urlaub sind), »Achtfache Großmutter beendet Studium«, »Charmante Oma leitet größten Fälscherring der Welt«, »Nach mehrfachem Mord: Horror-Großmutter packt aus!«, »Knackige, elegante Großmutter als Model«, »Golf-Großmütter« (die es sich angeblich in Palm Beach gutgehen lassen, indem sie einerseits von Aktien leben und Dividenden kassieren und andererseits Sozialhilfe erhalten), »Großmutter als Heroinabhängige«, »Waffennärrische Oma – die schnellste Pistole Großbritanniens«, »Wohnungsbrand tötet zehnfache Großmutter«, »Sex im Fernsehen – aber nicht vor unserer Oma« und ein Feature zu dem Thema: »Wohin mit Oma?« Großväter sind auf diese Weise nie in den Medien präsent. Sie existieren allein in ihrer Eigenschaft als Männer.

Die Autorin Margaret Yorke, die Kriminalromane schreibt, in denen es um Vergewaltigung, Verstümmelung und Mord geht, sagt: »Die Leute sind immer schockiert, wenn sie hören, daß eine Großmutter Romane wie die meinen schreibt. Ich finde das furchtbar anmaßend. Ich sage in diesen Fällen immer, daß ich nicht als Großmutter zur Welt gekommen bin. Niemand würde Dick Francis fragen, warum ein netter Opa wie er all dieses furchtbare Zeug schreibt!«[6]

Das zugrundeliegende Stereotyp lautet, daß Großmütter Hausmütterchen sind. Wir gelten als zerbrechlich. Wir legen Wert aufs Essen. Wir müssen ertragen und geduldet werden, denn sonst drücken wir uns um das Babysitten. All das wird von einer dekorativen »Gebrauchsanleitung« zusammengefaßt, die da lautet: »Behandle deine Oma wie eine Gewächshauspflanze. Gib ihr ein warmes Plätzchen an der Sonne und sieh zu, daß sie ausreichend zu trinken hat. Beliefere sie mit jeder Menge Fotos für ihre Alben und mit Fotorahmen. Lade sie über Nacht zu dir ein und versorge sie mit Socken, einem Schlummertrunk und einer Wärmflasche. Am Morgen serviere ihr auf einem blumengeschmückten Tablett das Frühstück oder eine Tasse Tee ans Bett. Wenn sie zum Babysitten kommt, sieh zu, daß im Kamin ein gemütliches Feuer brennt, und stell eine Schachtel mit ihrer Lieblingsschokolade bereit. Dann wird sie den Kindern ihre Lieblingsgeschichten vorlesen und ihre Socken stopfen, wenn sie schlafen. Laß es sie genießen, die Enkel mit Süßigkeiten und Spielsachen zu verwöhnen, und beklage dich nie über lippenstiftbehaftete Küsse. Wenn sie alt wird, hilf ihr, ihre Besorgungen zu erledigen, ihre Brillen zu suchen, und hilf ihr auch beim Stricken. Mach der Oma immer Komplimente über ihre Kochkünste und bitte sie oft, dir dein Lieblingsessen zuzubereiten. Gib ihr vor allem das Gefühl, gebraucht zu werden.« Die süßliche Volksweisheit dieser »Gebrauchsanweisung« weist ebenso wie die Sprüche, die all die Geburtstagskarten für Großmütter zieren, dezent darauf hin, daß eine Großmutter, die das Nähen haßt, nicht kochen kann, niemals Fotos in Alben klebt, sich nicht mit Schokolade vollstopft, um nichts in der Welt Bettsocken tragen würde, nicht jeder Schmeichelei erliegt und in ihren Enkelkindern zwar interessante Persönlichkeiten sieht, aber nicht vollkommen betört und hingerissen von ihnen ist, nie eine richtige Oma abgeben wird.

In Geschichten und Schulbüchern wird ein solches Großmutterbild in derselben Weise verstärkt, wie an den rigiden Geschlechterrollen festgehalten wird: Opa fischt und Oma kocht, Opa liest die Zeitung am Kamin, während Oma strickt. In einem französischen Kinderbuch ist die Grand-mère ein zerbrechliches Wesen mit silbernem Haar und Nickelbrille, die die meiste Zeit in der Küche verbringt, wo sie für ihre Enkelkinder und deren Freunde Essen zubereitet und serviert. Sie nennen sie »Grand-mère Chocolat«. Sie produziert Marzipankörbe mit eßbaren Blumen und Lebkuchenhäuser, verziert mit Zucker und Schokolade. Wenn sie nicht kocht, dann strickt sie oder spült das Geschirr. Eines Tages kommt ein Kind zu Besuch und findet das Haus leer. Die Großmutter ist gestürzt und hat sich das Bein gebrochen. Im Krankenhaus liegt sie im Bett und macht sich Sorgen um die Kinder. Sie basteln ihr ein Lebkuchenhaus und bringen es ihr an ihr Krankenbett. Das Haus ist mit kleinen Fähnchen geschmückt, die im Dach stecken: »Großmutter, ich brauche einen Pullover«, »Großmutter, du hast die Geschichte über den Fuchs noch nicht zu Ende gelesen« und so weiter. Das löst die sofortige Genesung aus. Die Großmutter steht auf, geht nach Hause, schneidet Kuchen für die Kinder auf und setzt ihr Leben der unendlichen Fürsorge für die Kinder in aller Zufriedenheit fort.

Oft sind es die Kinder selbst, die an solchen Klischees festhalten. Wenn sie ihre Großmütter zeichnen – selbst solche, die nach Afrika auf Safari fahren oder ihre eigenen Unternehmen führen, solche, die als Anwältinnen oder Professorinnen arbeiten, oder solche, die Bergsteigerinnen oder Drachenfliegerinnen sind –, stellen sie sie in der Regel als Hausmütterchen dar, die sich mit Arbeiten wie Kochen oder Gartenarbeit befassen und die Dinge für *sie* tun. Eine Großmutter mit schulterlangem schwarzem Haar, die ihrer achtjährigen Enkelin das Tennisspielen beibrachte, war ganz konsterniert, als sie in einem Schulaufsatz zum Thema »Meine Großmutter« als weißhaarige, alte Dame beschrieben wurde, die zum Gehen einen Stock braucht. Aus solchen Bildern schöpfen die Kinder eine beruhigende Sicherheit.

Vielleicht geht es genau um das und um nichts anderes – um Sicherheit. Kinder erleben ihre Mütter (selbst wenn es sich um ganz lockere, entspannte Mütter handelt) meist als mächtige Autoritätspersonen. Die Liebe, die sie für ihre Mütter spüren, ist »ambivalent, befrachtet mit dem Groll, diszipliniert zu werden, mit Eifersucht auf Geschwister und mit der Wut, die die notwendigen Enttäuschungen und Frustrationen des Erwachsenwerdens mit sich bringt«, sagt eine Psychoanalytikerin, die selbst Großmutter ist. Sie ist davon überzeugt, »daß die Liebe zu einer Großmutter oder einem Großvater weniger belastet ist«.[7] Großmütter können in ein Schema gepreßt werden, das leichter zu kontrollieren und weit weniger bedrohlich ist, vor allem, wenn es sich um das Bild einer zerbrechlichen, abhängigen alten Dame handelt.

KLISCHEES WERDEN IN FRAGE GESTELLT

Heute stellen die Frauen Klischees in Frage und protestieren gegen die Restriktionen, die ihnen durch die Geschlechterstereotypen auferlegt werden. Viele lehnen sich erstmals auf, wenn sie in ihrem Leben an einen Krisenpunkt geraten, an dem sie gezwungen sind, sich selbst ins Auge zu blicken und sich zu fragen, wer sie wirklich sind und wer sie sein wollen: zum Beispiel anläßlich der Geburt eines Kindes, einer Entlassung, beim Eintritt der Menopause oder wenn eine nahestehende Person stirbt. Manche Frauen werden sich der ganzen Wucht dieser groben Klischees erst dann bewußt, wenn sie Großmütter werden; oder wenn sie die Vorurteile schon früher erkennen, dann finden sie erst zu dieser Zeit den Mut, sich in ihrem persönlichen Leben dagegen aufzulehnen.

Aus meinen Gesprächen mit Großmüttern weiß ich, daß man, wenn man plötzlich mit einer neuen Rolle im Theaterstück des Familienlebens konfrontiert ist, die Chance hat, die eigenen Überzeugungen in Frage zu stellen. Diese Erfahrung kann auch politisierend wirken.

In der Vergangenheit fiel es den Großmüttern wahrscheinlich leichter, sich in ihre Rolle zu fügen. Da die Tatsache, daß sie Großmutter wurden, Auswirkungen auf das häusliche Leben, auf die persönlichen Beziehungen und auf die Familie hatte, war die Wahrscheinlichkeit gering, daß sie den Übergang in irgendeiner Weise als politischen Prozeß betrachteten. Die Weitergabe intimer Geheimnisse und Ratschläge an Töchter, das Teilen und Aufzeichnen ihrer Freuden, Zweifel und Sorgen – zum Beispiel über die Schwangerschaft einer Tochter, die Gesundheit eines Kindes, das hübsche Aussehen und die ersten Leistungen eines Babys – bilden den Inhalt vieler Tagebucheintragungen und Briefe zwischen Müttern und Töchtern in früheren Zeiten. Die Gefühle, die Frauen als Großmütter hatten, und die Probleme, mit denen sie konfrontiert waren, bewirkten kaum, daß analysiert wurde, wie andere Frauen in ihren eigenen und anderen Gesellschaften mit diesem Übergang zurechtkamen. Das ist großteils auch heute noch so. Denn »die ganz besonderen Erfahrungen, die Frauen in ihrer Rolle machen, werden in jener Atmosphäre gesammelt, die von der Gesellschaft als persönlich definiert wird – als privat, gefühlsbeladen, nach innen gerichtet, individualisiert, intim ...«[8]

Frauen haben immer darum gekämpft, die in ihrem Leben auftretenden Schwierigkeiten zu bewältigen, ganz so, als ob diese Folge eines *in ihnen liegenden Mangels* wären. Wir dachten seit jeher, wir seien keine guten Mütter. Wir liebten unsere Männer nicht so, wie sie es verdienten. Wir waren nicht intelligent genug für Mathematik oder Naturwissenschaften. Es war unsere Schuld, wenn wir zufällig schwanger wurden oder eine Schwangerschaft nicht halten konnten, und wenn wir sexuell belästigt oder gar vergewaltigt wurden, waren wir überzeugt, die falschen Signale ausgesendet zu haben und für das Geschehene selbst verantwortlich zu sein. Wir suchten die Schuld *bei uns* und entschuldigten uns für unser eigenes Leiden.

Denken Sie nur daran, wie es uns mit den Belastungen der Hausarbeit geht, mit unserem Gefühl, übergewichtig zu sein oder unter Eßstörungen zu leiden, mit Problemen wie Empfängnisverhütung, Abtreibung und Unfruchtbarkeit; denken Sie daran, wie oft wir uns die Schuld an unseren eigenen Depressionen geben, wie schuldig wir uns fühlen, wenn wir uns in unseren eigenen Augen nicht ausreichend um die Jüngsten und die Ältesten kümmern, die Zuwendung bei uns suchen. Wenn wir die Erfahrungen, die wir als Frauen machen, verstehen wollen, müssen wir uns einen breiteren Kontext als nur unser persönliches Leben ansehen.

WIE GROSSMÜTTER FRÜHER WAREN

Vielleicht fällt es uns schwer, uns vorzustellen, daß unsere Großmütter sich jemals verliebten, sexuell erregt waren und jene leidenschaftlichen, zärtlichen, überwältigenden Gefühle verspürten, die wir selbst erleben. Es bedarf einer enormen Phantasie, uns vorzustellen, wie diese Frauen waren, bevor sie sich in der Großmutterrolle einrichteten. Der Grund für diese Schwierigkeit liegt zum Teil darin, daß es für Frauen in der Vergangenheit erstrebenswert war, Großmutter zu werden. Für manche war das Großmutterwerden – und ist es noch heute – der Höhepunkt und der Lohn der Mutterschaft, ein wichtiger Meilenstein der Lebensreise. Sie fügten sich zufrieden in ihre Rolle. Sie wußten, welches Verhalten von ihnen erwartet wurde, und sie genossen ihren neuen Status in der Familie. Sie konnten ihre Enkelinnen vor den schlechten Absichten junger Männer, den Risiken des Sexuallebens und den Härten eines Frauenlebens warnen, sie konnten ihnen zeigen, wie man für einen Mann kochte, wie man Streit schlichtete und wie man Kinder großzog. In großen Familien *regierten* die Großmütter geradezu. Eine meine Gesprächspartnerinnen erinnert sich, daß alle sieben Kinder ihrer Großmutter, deren Partner und die fünfzehn Enkel der Großmutter jeden Sonntag »die Reverenz erwiesen, als ob sie eine königliche Hoheit wäre«, und so drängelten sich an diesen Tagen neunundzwanzig Personen in einem einzigen Raum eines kleinen Hauses.[9] Denken Sie nur etwa fünfzig Jahre zurück: Damals wußten die Großmütter noch, wer sie waren. Sie brachten einander Respekt entgegen. Oft waren sie schwarz gekleidete, trauernde Witwen. Bisweilen waren sie strenge Autoritätspersonen. Manchmal waren sie streitsüchtige Xanthippen, die den größten Teil des Tages nichts anderes zu tun hatten, als die restlichen Familienmitglieder und ihre Schwiegertöchter und -söhne zu kritisieren. Sie waren die Hüterinnen der Familiengeschichte, und sie erzählten aus vergangenen Zeiten. Oft fühlten sie sich auch dafür verantwortlich, die Familienmoral hochzuhalten, und ihre angesehene matriarchalische Position gestattete es ihnen, die Gesetze festzulegen, die in ihrem familiären Verband herrschten.

Viele bestanden in einer Weise auf Disziplin, die heute undenkbar wäre, und wenn sich die Jugend loslöste und ihrer eigenen Wege ging, murrten sie und beklagten sich. Sie hatten Spitzenvorhänge vor ihren Wohnzimmerfenstern und zartes chinesisches Porzellan in ihren Vitrinen, blumenverziert und vergoldet. Sie trugen Schuhe mit Stiefelknöpfen und im Winter Gummigaloschen, die im Regen quietschten. Sie rochen nach Veilchenwasser, Eau de Cologne, Patschuli und Kampfer, sie strickten, stickten oder fertigten komplizierte Häkel- oder Webarbeiten. In den kalten Städten des Nordens waren sie die von Vorhängen umrahmten, schattenhaften Gesichter, die die Nachbarn beobachteten und wußten, zu welcher Stunde sich die Jugend am Morgen erhob. In den wärmeren Ländern saßen sie im Schaukelstuhl auf der Veranda und ließen die Welt an sich vorüberziehen, und in den Dörfern der Mittelmeerländer waren sie die zusammengekauerten schwarzen Gestalten, eingehüllt in schwarze Schals, die von morgens bis abends vor dem Haus saßen, während die alten Männer *Boccia* spielten. Am Brunnen oder im gemeindeeigenen Waschhaus sammelten sie sich in Gruppen. Sie gackerten wie alte Hühner, sorgten dafür, daß der Tratsch nicht versiegte, und brachen den Urteilsstab über die Jugend. An den Tischen der Cafés eleganter Städte wie Wien oder Paris nippten sie an ihren Kaffeetassen, die Hälse geziert von zarten Spitzenbändern, die Häupter geschmückt mit Blumen- oder Federhüten, auf Soiréen und Bällen durch ihr Lorgnon die Aktivitäten der Jugend inspizierend. Und die Armen unter ihnen arbeiteten bis zum Umfallen, wie es Frauen seit jeher getan hatten: auf den Knien rutschend, mit geschwollenen Füßen und abgearbeiteten Händen wie die knorrigen Äste eines Weinstocks, Blut und Schleim spuckend, die Augen von Entzündungen verklebt, halb taub. Für altersbedingte Erkrankungen gab es kaum wirksame Behandlungen. Alt zu werden bedeutete mutig ertragene, starke Schmerzen oder ständige Beschwerden, oft auch entstellende Krankheiten und einen ziellos umherschweifenden Geist. In früheren Zeiten alterten die Menschen schneller. Obwohl wir aller Wahrscheinlichkeit nach länger leben werden als sie, werden wir nie so hinfällig werden, wie es unsere Großmütter waren.

Es gibt einen Grund, warum Frauen, die erfahren, daß sie Großmutter werden, erstaunt und voller Panik protestieren: »Oh nein, ich bin doch noch nicht bereit! Noch nicht!« Sie denken an ihre eigenen Großmütter. Sie sehen ihre Mütter als Großmütter. Und sie haben das Gefühl, in keiner Weise zu sein wie sie oder es jemals werden zu können. Sie meinen, niemals ihre Autorität haben zu können, nie ihre Engstirnigkeit und ihre Vorurteile, aber auch nie ihren Charme und ihre Selbstlosigkeit. Sie sind davon überzeugt, niemals so still und nachdenklich oder ihrer selbst so sicher sein zu können wie sie. Und niemals das Leben aufgeben und anderen Leuten beim Aktivsein zusehen zu können, während sie sich damit zufriedengeben, in Erinnerungen zu schwelgen.

Wie mir eine Großmutter erzählte: »Ich fühlte mich einfach noch nicht alt genug. Ich dachte, Großmütter seien grauhaarig (ich färbte mein Haar) und dick, trügen Schürzen, strickten und säßen in Schaukelstühlen herum. Das war nicht ich, also konnte ich auch nicht glauben, daß ich Großmutter werden würde.«

Kein Wunder, daß wir uns in dem Bild der Großmutter vergangener Zeiten, das wir in uns tragen, nicht wiedererkennen können.

Für unser heutiges Großmutterbild brauchen wir ein positives Rollenmodell. Wir sind keine verkrusteten, zerfurchten Grufties. Wir sind auch keine alten Schachteln, Weiber oder Hexen. Wir sind *wir!*

WIE GROSSMÜTTER WIRKLICH SIND

Eine Großmutter ist niemals nur Großmutter. Sie füllt eine Vielzahl von Rollen aus, auch wenn sie von ihren Enkeln ausschließlich als »Oma« und von ihren Kindern hauptsächlich als Mutter und Großmutter wahrgenommen wird. In Gesprächen mit Großmüttern wird deutlich, daß es vielen Frauen widerstrebt, auf diese eindimensionale Weise gesehen zu werden. Die Folge ist, daß zwischen den Erwartungen, die an sie als Großmütter gestellt werden, und ihren anderen Interessen und Pflichten eine Kluft entstehen kann. Es schmerzt, wenn diese anderen Interessen und Pflichten banalisiert oder ignoriert werden, vor allem dann, wenn sich eine Großmutter unter Druck gesetzt fühlt, sich in eine unscheinbare ältere Frau zu verwandeln, die nur dann Wertschätzung erwarten kann, wenn sie ihre Enkel hütet und Geschenke verteilt.

Das öffentliche Bild der Großmutter hat nicht mit der Wirklichkeit der heutigen Zeit Schritt gehalten. Frauen im mittleren Lebensalter oder darüber sitzen heutzutage nicht mehr untätig herum und raufen sich die Haare ob des Verlusts ihrer Kinder. Sie fühlen sich nicht unbedingt allein und grübeln darüber nach, wie sie wohl ihre leeren Tage ausfüllen könnten, und sie sind nicht krankhaft dankbar für jede, wenn auch noch so kleine Gelegenheit, ihre Enkel zu sehen oder sie zu hüten. Oft staunen die älteren Frauen selbst darüber, wie interessant und ausgefüllt ihr Leben ist. Jene, die befürchten, unter dem »leeren Nest« zu leiden, wenn ihre Kinder flügge geworden sind, entdecken statt dessen häufig eine neue, ungeahnte Freiheit.

Eine Studie, in der Londoner Frauen der Arbeiterschicht im Alter zwischen vierzig und siebzig Jahren erfaßt wurden, ergab, daß mehr als die Hälfte von ihnen in dieser Zeit zu einem besseren Selbstwertgefühl und mehr sozialem Selbstvertrauen fand als jemals zuvor. Die befragten Frauen dieser Altersgruppe hielten sich auch für intelligenter und glaubten, mehr Kontrolle über ihr Leben zu haben. Fünfunddreißig Prozent meinten, daß sie auch besser *aussähen*. Die Folge war, daß sie sich glücklicher fühlten als in jüngeren Jahren. Etwa ab sechzig nahm auch die Zahl der Depressionen stark ab. Im Alter zwischen vierzig und sechzig litten sie mitunter darunter – aber ab sechzig ging es ihnen so richtig gut! Sie sagten, daß sie mit ihren erwachsenen Kindern viel besser zurechtkämen als in der Zeit, als sie noch Jugendliche waren, und daß sich mit zunehmendem Lebensalter auch ihre anderen Beziehungen verbessert hätten. Viele wurden beruflich befördert, gründeten eigene Unternehmen oder begannen mit Weiterbildungskursen.[1]

Frauen, die das gebärfähige Alter hinter sich haben, werden von einer neuen Energie durchströmt. Sie sind entschlossen, das Beste aus ihrem Leben zu machen, und nichts hindert sie daran. Obwohl keine Kinder mehr im Haus sind, für die sie waschen und kochen müssen, haben sie mehr zu tun als je zuvor – jetzt aber handelt es sich im Unterschied zu früher um Dinge, die sie tun *wollen.* »Ich habe das Gefühl, daß ich bestimmte Bereiche meines Lebens erst jetzt leben kann«, sagte mir eine Frau. »Begroßmuttert mich also bitte nicht zu Tode.« Eine Großmutter, die in einem städtischen Theater arbeitet, in zwei Musikbands Akkordeon spielt, mit vierzig begann, Einrad zu fahren und zu jonglieren, lernt nun malen und schriftstellern. Myrtle Allen ist eine renommierte Kochkünstlerin, die gemeinsam mit ihrem Mann, sechs Kindern, deren Partnern und einigen ihrer zwanzig Enkel ein irisches Landhotel führt – ein Beispiel dafür, wie eine Frau einerseits ihre Familie genießen kann, während sie andererseits beachtenswerte berufliche Leistungen erbringt.

Kinder beschreiben ihre Großmütter oft voller Bewunderung für deren Elan und die ausgefallenen Dinge, die sie tun: »Meine Oma fährt schneller rad als irgendeine andere Oma in unserer Straße. Sie tanzt, daß die Fetzen fliegen. Die Fitneßübungen nach dem Video von Jane Fonda kann sie viel schneller als ich, und ihr geht nie die Luft aus.« »Sie geht mit der Mode und mag Popmusik.« »Sie macht die besten Witze« und »Sie hat karottenrotes Haar und ist absolut verrückt.«[2]

GROSSMÜTTER MIT SCHWUNG UND ELAN

Großmutter wird man in unserer Zeit nicht mehr unbedingt in späten Jahren, sondern eher im mittleren Lebensalter.[3] In dieser Phase ihres Lebens, in der sie von den unmittelbaren familiären Verpflichtungen befreit sind, entdecken heute viele Frauen neue Fähigkeiten. Nun können sie endlich das tun, was ihnen Spaß macht.

Auch die Vorstellung des Alterns ist im Wandel begriffen. Frauen in ihren Sechzigern und Siebzigern stehen nicht an der Schwelle zum »Greisentum«. Statt dessen treten sie in ein aktives und befriedigendes »drittes Lebensalter« ein, und mit achtzig dann in ein glückliches und zufriedenes »viertes Lebensalter«.

Der Zeitschriftenmarkt für ältere Frauen macht einen Entwicklungsschub durch, und Organisationen wie Seniorenverbände schießen wie die Pilze aus dem Boden. Das Motto der American Association of Retired Persons (AARP) lautet zum Beispiel: »Bringing lifetimes of experience and leadership to serve all generations.«* Der Verband hat mehr als zweiunddreißig Millionen Mitglieder im Alter ab fünfzig. Er wurde 1958 gegründet, um das Leben älterer Amerikaner durch Service, Beratung, Weiterbildung und Freiwilligendienste zu verbessern. Die Mitglieder betätigen sich in den Bereichen Bildung, Gesundheitsdienste und Lebensqualität. Der Schwerpunkt ihrer Arbeit liegt in den Bereichen Arbeitnehmerrechte und Ruhestandsplanung und in der Erforschung der künftigen Rollen älterer Amerikaner in der Gesellschaft.

Projekte dieser Art florieren, weil sich die soziale Landschaft auf so drastische Weise verändert hat. Heute ist ein Fünftel der britischen Bevölkerung über sechzig Jahre alt. Einer Schätzung zufolge werden im Jahr 2000 fünfunddreißig Millionen Amerikaner über fünfundsechzig sein, und in Japan, das zu den Ländern mit der höchsten Lebenserwartung zählt, wird im Jahr 2020 jeder vierte Bürger über fünfundsechzig sein.** Zu Beginn des zwanzigsten Jahrhunderts, als die Renten eingeführt wurden, waren nur fünf Prozent der europäischen Bevölkerung anspruchsberechtigt. Der Rest erreichte das vorgeschriebene Rentenalter

---

* Lebenslange Erfahrung und Führungsqualitäten im Dienste aller Generationen.

** In Deutschland waren 1994 ca. 16% über 65 Jahre alt (Statistisches Bundesamt).

nicht. Heute ist ein Viertel der europäischen Bevölkerung im Rentenalter, und es gibt immer mehr Familien, in denen die Großeltern noch am Leben sind, und auch die absolute Anzahl der Großeltern steigt. Eine Mitte der sechziger Jahre durchgeführte Studie ergab, daß etwa drei Viertel aller über fünfundsechzigjährigen Amerikaner Enkel hatten. Fast die Hälfte von ihnen sahen sie jeden Tag, und drei Viertel sahen sie mindestens einmal die Woche.[4] Aber unabhängig von ihrem Alter und trotz der Regelmäßigkeit ihrer Kontakte zu den Enkelkindern, haben Großmütter oft so viel zu tun, daß sie entweder nur zeitweise babysitten und ihren Kindern praktische Hilfe anbieten können oder daß dies überhaupt nicht in Frage kommt.

Die französische Autorin eines Buches für Großmütter schreibt, daß eine Großmutter ihre Aufgaben darin sehen sollte, die Familie zusammenzuhalten, Hilfe anzubieten, wo sie gebraucht wird, für die Verbreitung der neuesten Nachrichten zu sorgen, Erinnerungen an die Vergangenheit wachzuhalten und der gesamten Familie ein Refugium zu bieten.[5] Das klingt wunderbar. Tatsache ist aber, daß Sie, auch wenn Sie diese Dinge gerne anbieten möchten, sich möglicherweise außerstande sehen, Ihre anderen Verpflichtungen so wahrzunehmen, daß Sie auch noch die Rolle der guten Fee ausfüllen können. In den Medien hat es zahlreiche Diskussionen über arbeitende Mütter gegeben, die ihr Leben irgendwie managen müssen, über die Belastungen, denen sie ausgesetzt sind, und über die Leiden der sogenannten »Schlüsselkinder«. Dabei sollte man aber nicht vergessen, daß das Leben auch für viele Großmütter ein komplizierter Balanceakt ist und daß viele von ihnen Schuldgefühle haben, ganz gleich, wie sie Prioritäten setzen.

Wir alle kennen das idealisierte Bild der Großmutter auf

Zeiten: allzeit einsatzbereit und immer entzückt, die Enkelkinder um sich zu haben. Aber in unserer Zeit schließen die geographischen Entfernungen oder das berufliche Engagement vieler Frauen eine uneingeschränkte Großmutterrolle oft aus, und auch in der Vergangenheit waren nicht alle Großmütter in der Lage, andauernd die Kinder zu hüten. Im Mittelalter wurden viele Frauen nicht älter als dreißig, und oft war die Mutter bereits tot, wenn ihre Kinder ihre eigenen Familien gründeten.

In den Vereinigten Staaten zerbrachen viele familiäre Unterstützungsnetzwerke durch die Armut. Die 1930 abgehaltene Kinderkonferenz des Weißen Hauses beschrieb die Situation wie folgt: »Zuerst blieben die Rückzahlungen für das Haus aus, dann ging das Haus verloren, die Möbel wurden gepfändet, der Kredit beim Lebensmittelhändler war ausgeschöpft. Dann zog die Familie zu einer anderen Familie, sie teilten, was sie nur teilen konnten, aber die Umstände waren so, daß es nichts zu teilen gab.«[6] Die Folge war, daß die Kinder, deren Großmütter sie oft gern gehütet hätten, der Fürsorge übergeben werden mußten, die sie in Pflegefamilien unterbrachte. Die Familien wurden zerrissen, und die Verwandten verloren oft jeglichen Kontakt zueinander.

Sobald die Depression vorüber war, griffen viele berufstätige Mütter erneut auf die Großmütter zurück. Eine Gallup-Umfrage des Jahres 1943 ergab, daß sechsundvierzig Prozent aller Mütter nicht bereit waren, ihre kleinen Kinder öffentlichen Betreuungseinrichtungen zu überlassen, und daß sie die Betreuung durch Familienmitglieder oder eng befreundete Personen vorzogen.[7] Aber mit fortschreitender Kriegsdauer arbeiteten die Großmütter in Rüstungsbetrieben oder übernahmen die Jobs, die von den in die Armee einrückenden Männern freigemacht worden waren. Selbst in den afroamerikanischen Familien, in denen die Kinderbetreuung durch die Großmütter fest etabliert war, brachen diese Systeme zusammen, als die Frauen begannen, in Fabriken, Gerbereien oder in der Landwirtschaft zu arbeiten. Entweder hatte der Vater in der Fabrik Tagschicht, während die Mutter sowohl eine Nachtschicht in der Fabrik absolvieren als auch tagsüber die Kinder betreuen mußte, oder die Kinder mußten in Pflegefamilien oder öffentlichen Betreuungseinrichtungen untergebracht werden. Es kam auch vor, daß sie gänzlich unbeaufsichtigt blieben.[8] Die Großmutter, die nicht jederzeit präsent ist, um zu helfen, oder die mit ihrem eigenen Leben beschäftigt ist, ist kein neues soziales Phänomen unserer Zeit.

Es gibt nur sehr wenige Großmütter, die tatsächlich dem Klischee von älteren Damen mit Spitzendeckchen und Lavendelwasser entsprechen. Viele sind – zumindest potentiell – in einem Alter, in dem sie noch selbst Kinder bekommen können. Oft kommt es vor, daß eine zum zweiten Mal verheiratete Frau über vierzig zur selben Zeit ein Baby bekommt wie ihre Tochter aus einer früheren Beziehung. Wenn die Tochter die Familiengründung hinausschiebt, bis sie über dreißig ist, hat die Großmutter möglicherweise selbst noch kleine Kinder, die dann im Alter von drei oder vier Jahren zu Onkeln oder Tanten werden. Es gibt auch Onkel und Tanten, die jünger sind als ihre Nichten und Neffen.

Eine Frau kann selbst dann Großmutter werden, wenn sie nie eigene Kinder hatte. Vielleicht litt sie unter Unfruchtbarkeit, hatte wiederholt Fehlgeburten oder verlor ein Kind durch Totgeburt oder plötzlichen Kindstod. Frauen, die keine biologischen Kinder haben, werden oft über Nacht zu Müttern, wenn sie eir Beziehung mit einem Mann eingehen, der bereits Kinder Enkelkinder hat. Sheri, neununddreißig Jahre alt, ist zum B die Stiefgroßmutter der Enkel ihres Mannes. Sie ist unf und kann nie eigene Kinder bekommen, hat aber viel Spaß an den Enkelkindern. Wenn sich eine Frau lange nach einem Kind gesehnt hat, ihr Wunsch aber nie erfüllt wurde, kann sie damit in ein vollkommen unerwartetes und zutiefst befriedigendes Stadium ihres Lebens eintreten.

Frauen, die nie Kinder hatten, fällt es andererseits oft schwer, zu verstehen, wie chaotisch und anstrengend das Leben mit ihnen sein kann. Solche Frauen haben oft eine romantische, idealisierte Vorstellung einer Familie. Dasselbe gilt, wenn eine Großmutter die Belastungen, die Stürme und Gewitter des tagtäglichen Lebens mit kleinen Kindern vergessen oder verdrängt hat, und wenn ihr einfach nicht mehr bewußt ist, wie zerschlagen sich eine Mutter fühlt, wenn sie den Tag irgendwie hinter sich gebracht hat, am Abend aber vollkommen erschöpft und verbraucht ist. Je weiter Sie von der Realität des Lebens mit Kindern entfernt sind, desto weniger werden Sie verstehen, wie anstrengend dieses Leben sein kann. Vielleicht möchten Sie in diesem Stadium Ihres Lebens einfach Ihre eigenen Bedürfnisse an die erste Stelle setzen.

In jeder Familie gibt es Personen, die darum kämpfen, im Rampenlicht zu stehen. Vor Großmüttern werden solche Rivalitäten besonders gern ausgetragen. Es werden Ansprüche an ihre konzentrierte Aufmerksamkeit gestellt, und jeder besteht auf seinem gerechten Anteil ihrer Zeit und ihrer Liebe. Solche Familiendramen werden oft in großer Besetzung gegeben. Alle beteiligen sich: die Kinder, deren Partner, die Eltern und Geschwister der Partner, der Partner der Großmutter und ihre Eltern. Es werden direkte Vergleiche angestellt zwischen den Überzeugungen, Einstellungen und Verhaltensweisen der einzelnen Großelternpaare in ihrer Rolle als Eltern und Großeltern, zwischen den Schwestern und Schwägerinnen in ihrer Rolle als Mütter, den Brüdern und Schwägern als Väter und dem Verhalten der Kinder. Geheimnisse werden geteilt und weitergegeben, Anspielungen werden gemacht, Gerüchte werden verbreitet. Vielleicht entdecken Sie, daß Sie es sind, die im Zentrum aller Ängste, Intrigen und Konflikte steht.

LERNEN SIE, SICH MIT NEUEN AUGEN ZU SEHEN

Obwohl Sie möglicherweise erwartet haben, sich als Großmutter älter zu fühlen, besteht die reelle Chance, daß Sie sich jünger fühlen als früher und ein neues Selbstbild entwickeln. Wenn Sie sich auf Kinderspiele einlassen, Geschichten erzählen, als Clown auftreten oder mit den Kindern lachen, werden Sie viele Dinge entdecken, die Sie schon vergessen zu haben glaubten. Sie werden feststellen, daß Sie entspannt sind, tolerant, kreativ, phantasievoll – sogar frivol. Eine Frau sagte mir: »Ich glaubte, ich wäre eine herrische alte Schachtel. Aber dann war ich von mir selbst ganz überrascht. Ich finde mich toll! Und ich sehe jeden Tag jünger aus.« Eigenartig ist, daß man, wenn man Energie investiert, immer *mehr* Energie bekommt. Wenn Sie Ihre Zeit mit Aktivitäten füllen, werden Sie die Zeit *finden,* um Dinge zu tun, die Sie in Ihren arbeitsreichen Tagen normalerweise nie untergebracht hätten.

Sie werden sich auch als Kind wiederentdecken. Das Spiel mit Kindern gibt Ihnen Gelegenheit, Ihre eigene Kindheit nochmals zu durchleben. Wenn ein einjähriges Kind zum ersten Mal in seinem Leben ein Gänseblümchen untersucht, werden auch Sie es mit neuen Augen betrachten. Wenn ein dreijähriges Kind zum ersten Mal an die See fährt und die mächtige Kraft und die Bewegung der Wellen zum ersten Mal spürt, werden auch Sie diese Spannung erneut fühlen. Wenn das Kind zum ersten Mal Eiscreme kostet, dann werden Sie das Gefühl haben, als versetzte diese Eiscreme Ihre Geschmacksknospen zum ersten Mal in hellen Aufruhr. Eine Frau, die schon ein wenig steif geworden ist und viel auf Stühlen sitzt, sitzt nun auf dem Boden, um ein Schloß zu bauen, läuft einem Kleinkind nach, spielt Huckepack und hoppe hoppe Reiter. Sie genießt es, Lieder zu singen und Kindergedichte vorzulesen. Sie ist sowohl geistig als auch körperlich gefordert.

Auch Sie können die Freuden des Spielens wieder entdecken – indem Sie Dinge nur so zum Spaß tun, einfach aus Jux und Tollerei. Eine Frau erzählt von ihrem Enkel: »Der Kleine hat so viel Freude in mein Leben gebracht, so viel Spaß und Lachen.« Sie hat gelernt, mit dem Spielen zu beginnen, noch bevor die Arbeit beendet ist. Sie sagt: »Mein Enkel ist eine so tolle Entschuldigung, um alles liegen- und stehenzulassen und Seifenblasen in die Luft zu blasen, mit Ton herumzukleistern, zu zeichnen oder Burgen zu bauen.« Eine andere Großmutter berichtet, daß sie nun zum ersten Mal in ihrem Leben an Orte fahren und Dinge tun kann, die einem nur mit einem Kind an der Seite zugestanden werden: »Ich empfinde das Großmuttersein einfach als Chance, meine Kindheit zurückzuerobern.«

Großmutter zu werden bringt die Chance mit sich, Liebe zu geben und zurückzubekommen, oft viel freier und großzügiger als je zuvor. In Mexiko wird für den Umgang mit den Enkelkindern der Ausdruck »chipilear« verwendet: umarmen, berühren und verwöhnen. Eine mexikanische Großmutter sagt: »Ich achte darauf, daß sie ihre Aufgaben machen, ich gebe ihnen zu essen, der Rest ist ›chipilear‹. Sie wissen, daß ich mit Gefühl bei der Sache bin.«[9] »Jetzt habe ich noch zwei Menschen zum Liebhaben«, sagt die Oma eines Sechs- und eines Zweijährigen, »und sie geben mir diese Liebe ohne Vorbehalte zurück.« Sie meint, daß diese Emotionen bei eigenen Kindern nicht so direkt zugänglich sind. »Die Elternrolle wird durch die Notwendigkeit kompliziert, die Kinder zu disziplinieren und ihnen Verhaltensstandards vorzugeben. Als Großmutter habe ich es nun viel leichter: Da halte ich mich einfach an die Regeln, die die Eltern aufgestellt haben, und innerhalb dieser Grenzen fühle ich mich frei, die Kinder hemmungslos zu lieben. Ich hatte in meinem bisherigen Leben nie Beziehungen, die so vollkommen frei von emotionalen Verwicklungen waren. Als Mutter hatte ich das Gefühl, an meinen Kindern eine Mission erfüllen zu müssen. Als Großmutter besteht meine einzige Aufgabe darin, sie zu lieben.« Diese Großmutter ist überrascht, wie stark sie die Liebe zu ihren Enkeln empfindet: »Wenn ich nach einem Besuch wegfahren muß, empfinde ich das direkt als körperlichen Verlust. Ich habe früher nie verstanden, was es bedeutet, sich ›leer‹ zu fühlen, aber genau so empfinde ich das körperliche Gefühl, das ich dabei habe. Wenn ich mich von meiner Tochter verabschiede, bin ich traurig, und ich vermisse sie natürlich. Aber dieser Abschied hat nicht dieselbe Wirkung auf mich.« Andere Frauen entdecken, daß die Liebe zu ihren Enkeln auch das Gefühl vertieft, das sie ihren Kindern entgegenbringen. Eine Großmutter sagt, dies sei »Teil eines neuen Bandes der Liebe zwischen mir und meinen Kindern. Die Enkelkinder geben uns allen eine neue, ungekannte Form der Energie. Ich fühle, daß ich gemeinsam mit ihnen wachse. Die Erfahrung, Großmutter zu sein, hat nicht nur mein emotionales Leben bereichert, sondern auch die Beziehungen zu meinen

Kindern verbessert.« Dieses Gefühl des Wachsens und der persönlichen Weiterentwicklung ist ein häufiger und oft unerwarteter Aspekt des Großmutterseins.

Ein aktives Großmutterdasein hält uns jung. Die neuen Tätigkeiten können anregend auf unser Denken wirken, und sie können uns zu körperlicher Aktivität zwingen (Sie brauchen keinen persönlichen Fitneßtrainer, wenn Sie Enkelkinder haben). Und wenn Sie ein neugeborenes Baby in Ihren Armen halten oder Ihrer Tochter liebevoll zusehen, wie sie es stillt, dann wird Ihr Kreislauf von Oxytocin durchströmt, dem Hormon der Liebe.

Wenn Sie Ihre Enkelkinder nur selten sehen, kann Ihnen all das entgehen. Aber wenn Sie Gelegenheit haben, die Kinder zu beruhigen, sie in die Arme zu nehmen, mit ihnen zu spielen und das Chaos aufzuräumen, nachdem das Kinderzimmer in einen Dschungel oder in ein Dinosaurierlager verwandelt wurde, Geschichten zu erzählen, das Rad festzuhalten, wenn Ihr Enkelkind radfahren lernt, die Antwort auf die nicht enden wollenden »Warum?« zu suchen, alle zehn Minuten eine neue Beschäftigung für ein Kind zu finden, das krank im Bett liegt, einem Kind die Freuden des Lesens, des Teigknetens oder des Ausgrabens neuer Kartoffeln entdecken zu helfen oder lange Spaziergänge auf sich zu nehmen, um Brombeeren oder die Reste eines Römerlagers zu finden – dann haben Sie dem Alter bis auf weiteres ein Schnippchen geschlagen.

Wenn ein Enkelkind geboren wird, verlagern und verändern sich alle familiären Beziehungen. Frauen entdecken oft, daß sie ihren Töchtern näherkommen, und viele Mutter-Tochter-Konflikte beginnen zu verheilen, sobald die Tochter selbst Mutter ist. Dasselbe kann auch bei Schwiegertöchtern der Fall sein. Sie treffen sich auf gemeinsamem Boden – der Liebe zu dem Kind. Nun, da Sie beide Mütter sind, lernen Sie einander auch als Frauen neu kennen. Und vielleicht entdecken Sie auch eine neue Beziehung zu Ihrem Sohn. Sie sehen ihn nun – als Vater – in einem anderen Licht und können beobachten, wie er in der Beziehung zu seinem Kind und zu seiner Partnerin reift. Großmütter beschreiben oft ganz erfreut, wie sich ihre Söhne verändern, wie sie ihr Macho-Image fallenlassen und zu treusorgenden und hingebungsvollen Vätern werden, die eine Zärtlichkeit an den Tag legen, die ihre Mütter früher niemals für möglich gehalten hätten.

Wenn Ihr Partner Großvater wird, werden Sie auch an seiner Persönlichkeit neue Aspekte feststellen. Vielleicht beschäftigt er sich genauso intensiv wie Sie mit seinen Enkeln, es kann aber auch sein, daß er sich aus Unsicherheit über seine Rolle zurück-zieht.

GROSSVÄTER

Die Partner begeisterter Großmütter sind nicht automatisch begeisterte Großväter. Inwieweit sich ein Mann auf seine Rolle als Großvater einläßt, ist oft ein Spiegelbild dessen, wie er als Vater war. Viele Männer waren mit dem Aufbau ihrer Karriere beschäf-tigt, als ihre eigenen Kinder klein waren. Die Großmütter berich-ten, daß es im allgemeinen sie sind, die die Verantwortung für die Enkelkinder übernehmen, und daß ihre Partner ihnen dabei zwar zur Hand gehen, aber kaum die Initiative übernehmen, und daß sie erst dann etwas mit den Kindern unternehmen, wenn diese beginnen, ihre Interessen zu teilen.

Während Frauen die Großmutterrolle oft als ganz anders erleben als die Mutterrolle und sensibel sind für die Veränderungen der Erziehungsmethoden, die mittlerweile stattgefunden haben, halten Großväter häufig an den etablierten Systemen und alten Regeln fest. Wenn ihnen gesagt wird, daß sich die Dinge verändert haben, fühlen sie sich vor den Kopf gestoßen und gehen in die Defensive. Wie es eine Frau ausdrückt: »Er kann einfach keine Nähe zu ihnen herstellen. Er hängt immer noch den alten Vorstellungen an, wie Kinder sich ›benehmen‹ sollten.«

Ein Großvater, so meint eine Großmutter, »schränkt die Zeit, die er mit den Enkeln verbringt, stärker ein« und »kann einfach abschalten, wenn er genug von ihnen hat«. »Er liebt die Kleine wirklich«, sagt eine andere, »aber ich muß ihn trotzdem ermuntern, mit ihr zu spielen.« Sie meint, daß das ähnlich war, als seine eigenen Kinder klein waren. Es scheint, als hätten Großväter eine amüsierte, emotional distanzierte und irgendwie argwöhnische Einstellung zu ihren Enkelkindern, etwa so, als würde man ein Rudel Erdhörnchen in ihrem Haus loslassen.

Großmütter finden sich meist damit ab, daß im ganzen Haus Spielzeug herumliegt, daß die Küche und sogar das Bett voller Krümel sind, daß Getränke auf dem Teppichboden verschüttet werden und daß überall das schiere Chaos herrscht. (Dies ist übrigens eine der Nebenerscheinungen des Großmutterseins, mit denen ich zugegebenermaßen weniger gut zurechtkomme.) Aber Großväter sind oft nicht so tolerant. Sie fühlen sich durch den Lärm und die Unordnung, die Kinder mit sich bringen, oft gestört. Eine Frau erzählt über ihren Mann: »Er weiß weder ein noch aus, wenn die Dinge außer Kontrolle geraten.« Eine andere, deren Mann, wie sie sagt, ein »Perfektionist« ist, berichtet: »Er haßt es, wenn die Kinder mit einem Eis oder mit Schokoladekeksen durchs Haus tollen und dabei klebrige Spuren auf den

Möbeln und Fingerabdrücke auf den Fenstern hinterlassen.« Es klang nicht so, als gehörte er zu jenen Männern, die immer ein feuchtes Tuch zur Hand haben und selbst wischen. Also stellte seine Einstellung eine zusätzliche Belastung für sie dar, und zu allem Überfluß mußte sie auch noch als Puffer zwischen den Kindern und ihrem Großvater herhalten. Sie mußte immer freundlich und (jedenfalls äußerlich) entspannt bleiben, egal, was passierte. Großväter ärgern sich manchmal, weil ihnen Liebe und Aufmerksamkeit entzogen und auf die Kinder umgelenkt werden. Die Folge ist, daß viele Großmütter, wenn die Enkelkinder da sind, nicht nur dadurch belastet werden, daß sie sich um die Kleinen kümmern müssen, sondern auch dadurch, daß sie ihrem Partner verstärkte Aufmerksamkeit widmen und dafür sorgen müssen, daß er sich nicht allzu gestreßt fühlt.

Auf der anderen Seite gibt es auch Großväter, die sich an der Betreuung ihrer Enkel viel stärker beteiligen, als es bei ihren eigenen Kindern der Fall war: »Jetzt tut er viel mehr als bei unseren Kindern«, sagt eine Großmutter, und eine andere erklärt, daß ihr Mann die Enkel idealisiert und ein »einfacheres« und »direkteres« Verhältnis zu ihnen hat als sie selbst. Viele Männer versäumten die Kindheit ihrer eigenen Sprößlinge, weil sie sich auf ihre berufliche Karriere außer Haus konzentrierten. Sobald sie aber pensioniert sind, sind sie entspannter und haben mehr Zeit, um mit den Kindern zu spielen und ihnen zuzuhören. So verbringt zum Beispiel ein Ingenieur Stunden mit seinen Enkeln und hilft ihnen, »Skateboard-Rampen oder Vogelkäfige« zu bauen, obwohl ihm »kleine Kinder eigentlich von Natur aus weniger liegen«. Ein Stiefgroßvater ist »einfach wundervoll. Er ist nett, aber konsequent, und die Enkelkinder lieben ihn heiß«. Ein weiterer Großvater hat eine besonders enge Beziehung zu seinem siebenjährigen Enkel, der an Gehirnlähmung leidet: »Er ist freundlich, geduldig und liebevoll, und die beiden teilen ihre Begeisterung für Basketball und ihre Lieblingsmannschaft.« Peter sah seinen Enkel das erste Mal, als dieser drei Monate alt war, und er fühlte sich ihm sofort nahe. Dann sah er ihn acht Monate nicht, und beide Großeltern rechneten damit, nach einer so langen Zeit als bedrohliche Fremde betrachtet zu werden. Aber keine Spur! In dem Augenblick, als sie ihre Tochter am Flughafen trafen, »streckte Elijah seine Arme nach Peter aus, und während der ganzen drei Wochen ihres Besuches wich er ihm nicht mehr von der Seite«. Nun, da er älter ist, imitiert er die Eigenheiten seines Großvaters und sagt dauernd: »Opa ist mein bester Freund.« Die Bewunderung beruht auf Gegenseitigkeit.

Eine Frau erzählt, daß es ihr Freude macht, zu sehen, wie ihr Vater seinen Sinn für Humor wiedergewinnt und Spaß an seinem Enkelkind hat. Sie meint, daß Männer ihre Hemmungen eher ablegen als Frauen. Wenn dem so ist, dann vielleicht deshalb, weil es fast immer die Frauen sind, die die Verantwortung zu tragen haben. Während der Großvater mit dem Kind spielt, denkt die Großmutter wahrscheinlich darüber nach, was sie bei der nächsten Mahlzeit auf den Tisch bringen wird oder ob die Wäsche schon geschleudert ist.

Viele Männer sind es von ihrer Arbeit her gewöhnt, immer die Zukunft im Auge zu haben, und deshalb fällt es ihnen schwer, die Gegenwart zu genießen. Wenn sie dann in Pension gehen und die Kinder außer Haus sind, ist es zu spät, um in den familiären Beziehungen Intimität herzustellen. Die Folge ist, daß sie zu ihren Enkeln oft einen engeren emotionalen Kontakt haben als zu ihren eigenen Kindern.

Manche Frauen sagen, daß ihre Männer besser mit Teenagern

umgehen können als mit kleineren Kindern. Es gibt aber auch viele Männer, die ihren Kindern in deren ersten Lebensjahren nahestehen, sich aber zurückziehen, wenn diese in die Pubertät kommen und eine fremde Lebensweise nach Hause bringen. Jugendliche sind verschiedensten Risiken und gefährlichen Situationen ausgesetzt – zum Beispiel harten Drogen und HIV-Infektionen –, die außerhalb der Erfahrungswelt der meisten Großeltern liegen. Wenn Großväter sehen, daß ihr Rat nicht angenommen wird, reagieren sie oft mit Gewalt, oder sie brechen den Kontakt zu einem Jugendlichen, mit dem offensichtlich keine Kommunikation möglich ist, einfach ab. Für Großmütter hingegen ist das meist kein Grund, ihr sorgendes und liebendes Verhalten zu verändern.

ZERBROCHENE FAMILIEN

Wenn Töchter ihre ersten Kinder bekommen, sind Großmütter nach einer gescheiterten Ehe oft bereits eine neue Beziehung eingegangen. Das zeigt sich unter anderem in den Glückwunschkarten, die man überall zu kaufen bekommt: »Für Mutti und ihren Mann« oder »für Papa und seine Frau«. Großmütter, die einen neuen Partner und möglicherweise auch Stiefkinder und Stiefenkelkinder haben, befinden sich oft in einer Situation, die höchste Ansprüche an ihre Zeit und Energie stellt. Selbst wenn in der neuen Partnerschaft keine neue Familie »enthalten« ist, ist es schwierig, die Bedürfnisse der Kinder und Enkelkinder und die Ansprüche eines Partners unter einen Hut zu bekommen. Das ist vor allem dann so, wenn der Partner kein Verständnis für die Anforderungen hat, die an eine Großmutter gestellt werden, weil er selbst nie Kinder hatte oder weil er den Kontakt zu ihnen verloren hat. Wenn er aber eine Familie hat, dann muß der Terminplan des Paares eventuell um Besuche, Geburtstage, Ferien, Babysittingtermine, Einkäufe, Familienessen und Ausflüge erweitert werden.

Im heutigen Großbritannien entfällt auf zwei Eheschließungen eine Scheidung.*[10] Auch Großmütter können in die Feindseligkeiten und Leiden hineingezogen werden, die unser mangelhaftes Scheidungssystem zwangsläufig mit sich bringt, und infolgedessen können sie auch ihre Enkelkinder verlieren. Das ist besonders schmerzlich, wenn sie in der Zeit, in der die Beziehung der Eltern immer schlechter wurde, ein besonderes Näheverhältnis zu ihren Enkelkindern entwickelten, in der Hoffnung, den Kindern die Situation zu erleichtern, ihnen Sicherheit zu geben und ihnen das Gefühl zu vermitteln, daß sie geliebt werden. Und plötzlich, mit einem Schlag, ist alles vorbei – und die Enkelkinder verschwinden aus dem Leben der Großeltern. Noreen Tingle arbeitet beim britischen Großelternverband, einem Verein für Großeltern, die infolge einer Scheidung oder den daraus resultierenden Sorgerechtsvereinbarungen von ihren Enkelkindern getrennt wurden. Sie erzählt, daß Großeltern, denen der Kontakt mit ihren Enkelkindern untersagt wurde, oft vor den Schulen stehen und warten, um nur einen Blick auf ihr geliebtes Enkelkind zu erhaschen: »Als eine Großmutter hörte, daß ihre Enkeltochter mit der Schule verreisen würde, wartete sie fünf Stunden lang auf den Docks von Dover, in der Hoffnung, sie zu sehen. Sie sah sie nicht, aber die Hoffnung hielt sie aufrecht.«[11]

Auch für Kinder ist es schmerzlich, wenn sie ihre Großeltern, die

---

* In Deutschland wird jede dritte Ehe geschieden.

sie lieben, nicht sehen dürfen. Genauso weh tut es ihnen, wenn die Großeltern sie zurückweisen, weil sie wütend sind und sich mit ihrem geschiedenen Kind gegen den anderen Partner verbünden. Das passierte der britischen Journalistin Julie Myerson, die sechs Jahre alt war, als sich ihre Eltern scheiden ließen: »Als die Bitterkeit meines Großvaters über die Scheidung unserer Eltern ihren Höhepunkt erreicht hatte, entschied er, daß er uns nicht mehr sehen wollte. Auch Großmutter stellte den Kontakt zu uns ein. Als ich sie das letzte Mal sah, war ich sechs Kilometer geradelt, um ihr einen Strauß Butterblumen zu bringen, die ich am Straßenrand gepflückt hatte. ›Danke für das Unkraut‹, sagte sie.« Dann erzählt Julie weiter: »Oma Pike wurde sehr alt. Als sie in einem Pflegeheim starb – wo ihr Sohn sie kaum besuchte –, hatte sie uns seit acht oder neun Jahren nicht gesehen. Später hörten wir, daß über ihrem Bett Fotos von uns hingen – die Bilder dreier kleiner Mädchen, fremd nach all den verstrichenen Jahren. Es war ein dunkler, verschneiter Wintertag, und wir waren schon fast erwachsen, als eine Krankenschwester des Pflegeheims anrief: ›Frau Pike ist gestorben‹, teilte sie uns mit. ›Sie dachte, Sie würden es vielleicht wissen wollen.‹ Es war typisch für unsere Oma, daß sie den Kontakt genau zu dem Zeitpunkt herstellte, an dem ein weiterer Kontakt unmöglich war.«[12]

Wenn Kinder nach einer Scheidung wieder zu ihren Eltern ziehen, werden diese über Nacht erneut in ihre Elternrolle zurückgeworfen. Eine Frau, die den ganzen Tag als Krankenschwester arbeitete und deren Sohn mit zwei Kindern im Alter von fünf Jahren und dreizehn Monaten ins Elternhaus zurückkehrte, empfand dies als große Belastung. Sie erzählte: »Ich freue mich, daß ich da bin, um die Mutterrolle ausüben zu können, aber lieber wäre es mir, wenn ich nur das Kindermädchen sein müßte. Es macht mich verrückt, wenn ich disziplinierend eingreifen muß. Ich beneide die anderen Großeltern, die in den zwei Stunden, die sie mit den Enkelkindern verbringen, nur die positiven Seiten erleben. Wir sind es, die kochen, putzen, waschen und zur Arbeit gehen müssen. Ich habe das Gefühl, daß die Mädchen von den zwei Stunden mit den anderen Großeltern mehr haben als von der ganzen Woche, die sie mit uns verbringen.«[13] Oft kommt es vor, daß eine Großmutter, die alles andere als traurig über das leere Nest war, nun mit einem überfüllten Haus zurechtkommen muß.

Scheidung und Wiederverheiratung bedeuten, daß viele Großmütter in ein kompliziertes Netz verzwickter Familienverhältnisse verstrickt werden: Kinder, Stiefkinder, Enkelkinder, Stiefenkelkinder und alle zugehörigen Partner und Verwandten. Wenn eine Beziehung zerbricht und die Partner wieder heiraten, müssen die Großeltern die Enkelkinder oft mit Stiefgroßeltern teilen, die praktisch Fremde sind.

Zerbrochene Beziehungen bringen es häufig mit sich, daß niemand da ist, der die Geschichte der Familie erzählen und sie lebendig halten kann. In einer Kultur, in der aufeinanderfolgende Ehen gang und gäbe sind, kommt den Großeltern eine neue und wichtige Aufgabe zu: Sie sind es, die die Kontinuität für Kinder sichern, von denen jedes vierte bis zum Alter von sechzehn Jahren die Scheidung seiner Eltern erlebt.[14] Wie eine Frau es ausdrückt: »Ich bin der Fixpunkt meiner Enkel in einer sich rapide verändernden Welt.« Eine kluge Großmutter heißt neue Partner in der Familie willkommen. Sie hört aber auch ihren Enkelkindern zu, ist offen für deren Anliegen und hilft ihnen, mit ihren Verlustgefühlen fertig zu werden.

Wenn Großeltern selbst geschieden sind, kann die Geburt eines

Enkelkindes eine neue und befriedigende Verbindung zwischen zwei Partnern herstellen, die ein Leben miteinander nicht aushielten, nun aber in ihrer Großelternrolle eine neue Gemeinsamkeit entdecken. Die Einbeziehung anderer Mitglieder der Familie eines Expartners – Urgroßeltern, Tanten und Onkel – kann Familien auch dann zusammenführen, wenn die Großeltern selbst kaum miteinander sprechen. Helens Exmann zog Tausende von Kilometern weit weg, aber seine Familie lebt in derselben Gegend wie ihre Tochter und ihr Enkelkind, und nun bilden sie einen engen Familienverband. Helen liebt ihren Exmann zwar nicht mehr, aber sie hat seine Eltern und seine Geschwister sehr gern.

Oft erfordern solche Beziehungen Feingefühl und Takt. So bat zum Beispiel eine Frau ihre Stiefenkel, sie beim Vornamen zu nennen, weil sie nicht mit der ehemaligen Frau ihres Mannes als Großmutter konkurrieren wollte. Seit damals sind sie alle gute Freunde.

Es kommt vor, daß eine Tochter eine Beziehung mit einem Mann eingeht, der bereits Kinder hat, und dann selbst noch ein Kind bekommt. Eine Frau, deren Tochter einen Mann mit vier Kindern heiratete, bekennt: »Ich sehne mich danach, das Baby meiner Tochter zu verwöhnen, aber sie will, daß ich alle Kinder gleich behandle. Ich mag die anderen wirklich, aber es ist schwer, mit meiner Rente fünf Weihnachtsgeschenke zu kaufen.«[15]

Es wird oft behauptet, daß es die Großfamilie nicht mehr gibt. Genau das Gegenteil ist wahr! Heute haben wir es aber mit einer anderen Form der Großfamilie zu tun als früher. Wenn die Beziehungen gut sind, kann sie sich äußerst positiv entwickeln. Wie es ein Siebenjähriger ausdrückt: »Ich habe wirklich Glück, mehr als die anderen. Die meisten Leute haben zwei oder höchstens vier Großeltern, und ich habe gleich sechs! Super, sechs Geschenke!«[16] In gemischten Familien stehen ebenso wie in traditionellen Verbänden die Großmütter im Mittelpunkt der vielgestaltigen Beziehungen. Obwohl die traditionelle Großfamilie, bei der die Familienmitglieder im selben Haushalt oder eng nebeneinander leben, in den meisten Teilen der industrialisierten Welt – vor allem in den städtischen Gebieten – tatsächlich verschwunden ist, haben wir es heute mit einer neuen Art Großfamilie zu tun, die noch komplizierter und anspruchsvoller ist als die frühere Form.

MÜTTER UND TÖCHTER: DER VERLUST DER INTIMITÄT

Heute, da die ganze Welt näher zusammenrückt, die zurückgelegten Entfernungen immer größer werden und die Reisegeschwindigkeit ständig zunimmt, können wir in der Zeit, die unsere Großeltern für eine Fahrt in die nächstgelegene Stadt gebraucht hätten, um den halben Erdball jetten. Die elektronische Kommunikation baut eine Brücke zwischen den Gedanken der Menschen und ermöglicht uns rasche Verhandlungen, schnelle Geschäftsabschlüsse und die fast unmittelbare Umsetzung multinationaler Unternehmenspläne. Trotz alledem fühlen sich die Menschen oft einsamer und isolierter als je zuvor. Die globale Kommunikation kann die Gemeinschaft nicht ersetzen, und vielfältig verflochtene Netzwerke können über den Verlust intimer persönlicher Beziehungen nicht hinwegtäuschen. Mütter, die ihre kleinen Kinder zu Hause betreuen, und ältere Menschen, die in ihrer Familie und an ihrem Arbeitsplatz keine sinnvollen Beziehungen mehr vorfinden, fühlen sich am häufigsten isoliert. Trotz aller modernen Annehmlichkeiten wie Telefon, Fax, Camcorder oder Flugreisen haben Großeltern oft das Gefühl, wenig Kontakt zu ihren Kindern und Enkelkindern zu haben, weil sie die Welt aus so verschiedenen Blickwinkeln betrachten. Die Interessenschwerpunkte haben sich verlagert und sind nun möglicherweise so weit voneinander entfernt, daß es höchster Anstrengung und Vorstellungskraft bedarf, sie einander irgendwie anzunähern. Die Mutter einer Frau spricht über Menschen, für die sich ihre Tochter nicht interessiert – zum Beispiel über Schulfreunde aus längst vergangener Zeit: »Du kannst dich doch noch an Soundso erinnern, nicht wahr« – und die Tochter spricht über Freunde und Arbeitskollegen, die ihre Mutter nicht kennt. Für ältere Frauen liegen viele Bezugspunkte in der Vergangenheit, während ihre Töchter mit den Herausforderungen der Gegenwart und der Zukunft beschäftigt sind.

Die Romanautorin Nora Kelly beschrieb dieses Phänomen so: »Die Leute sprachen vom globalen Dorf. Sie sagten, daß Verbindungen zwischen allen Teilen der Welt entstünden und daß die Menschen einander näherrückten, weil Jets, E-mail und Funktelefone alle überall mit allen verbänden. Familien würden durch Vielfliegerermäßigungen zusammengehalten, und Freundschaften könnten auch über Distanz durch Fax und Anrufbeantworter lebendig gehalten werden. Auf der anderen Seite rückten die Anknüpfungspunkte, die die einzelnen Leben miteinander verbanden, immer weiter voneinander weg, wie im Universum nach dem Urknall. Das Leben von Gillians Mutter spielte sich in einem Dreieck zwischen New York, Toronto und der Farm ab – überschaubare Entfernungen in ihrer Zeit. Bis Gillian in den Westen zog, waren Ehemann, Kinder, Freunde und geliebte Landschaften allesamt innerhalb ihrer Reichweite gewesen. Nun lebten Mutter und Tochter Tausende von Meilen voneinander entfernt, und Gillians eigene Kontakte waren über Ozeane und Kontinente verteilt.«[17]

Eine solche Entfremdung kann sich auch dann einstellen, wenn Mutter und Tochter geographisch nicht weit voneinander leben. Eine Frau zog zum Beispiel in die Kellerwohnung ihrer Tochter. Die Situation war ihr aber mehr als unangenehm, denn, wie sie sagte, wurden die Kinder zwar dann und wann zu ihr hinuntergeschickt, um »guten Tag« zu sagen und nachzusehen, ob alles in Ordnung war, aber darüber hinaus hatten sie keine Berührungspunkte. Sie hatte das Gefühl, daß die Familie nur ihre Pflicht erfüllte, und das empfand sie als demütigend. So wie Kinder eine Frau und einen Mann näher zusammenbringen, aber auch einen Keil zwischen sie treiben können, bauen sie oft eine Brücke zwischen dem Leben von Mutter und Tochter, können aber auch eine weitere Entfernung bewirken. Das ist dann der Fall, wenn sich die jüngere Frau auf die komplexen Aufgaben und Pflichten der Mutterschaft konzentriert, während sich die ältere Frau von dem Geschehen abgeschnitten, isoliert und vielleicht auch vernachlässigt fühlt.

Nichts kann einen Mangel an gemeinsamen Interessen und ein gemeinsames Objekt der Freude und Begeisterung ersetzen. Wenn zwischen Mutter und Tochter ein solches Band besteht, dann können sie viele hundert Kilometer voneinander entfernt leben und einander trotzdem nahe sein. Wenn sie auf der anderen Seite nichts haben, das sie verbindet, kann nicht einmal dann Intimität entstehen, wenn sie nur eine Straße voneinander entfernt leben.

DAS SELBSTBILD

Wenn Frauen Großmütter werden, beginnen sie oft, ihr Selbstbild zu erforschen: das derzeitige, aber auch das der Vergangenheit.

Wenn die Tochter ein Kind bekommt, erwacht in ihrer Mutter die Erinnerung an die Frau, die sie selbst vor zwanzig oder dreißig Jahren gewesen ist. Wie eine Großmutter sagt: »Seit meine eigenen Kinder klein waren, hatte ich nicht mehr das Vergnügen, mit einem Baby in der Babysprache zu sprechen, es zu küssen und zu streicheln und vor Stolz zu glühen über jeden winzigen Fortschritt, den es macht. Ich erinnere mich, daß ich bei meinen eigenen Kindern Hemmungen hatte, diese Gefühle in der Öffentlichkeit zu zeigen. Ich genierte mich einfach, offen zu zeigen, wie wundervoll ich sie fand. Aber als Großmutter sind mir diese Dinge vollkommen egal.«[18]

Großmütter vergleichen auch, wie sie selbst zu ihren Kindern waren, als diese klein waren, und wie ihre Töchter oder Schwiegertöchter die Mutterrolle ausfüllen. Sie sehen sich in Details, so als ob sie durch das falsche Ende eines Teleskops blickten. Vielleicht kommen sie zu der Erkenntnis, daß ihre Kinder keine entspannte Liebe erfahren konnten, weil sie sie zu stark kontrollierten und zu ängstlich waren. Vielleicht sehen sie sich rückblickend als zu rigide und autoritär, obwohl sie vor Jahren nicht das Gefühl hatten, so zu sein. Wenn Großmütter ihre Töchter beobachten, betrachten sie sich selbst als Mütter in einer neuen Perspektive und erfahren auf diese Weise mehr über sich selbst.

Großmutter zu werden hilft Ihnen, zu erkennen, wer Sie sind und wo Sie stehen, aber auch, in welche Richtung Sie gehen. Die Ge-

71

sellschaftslöwin, die ihr Haar feuerrot färbt, Angst vor dem Älterwerden hat und auf die Nachricht von der Schwangerschaft ihrer Tochter mit Horror: »Wer – ich? *Großmutter*?? Oh, nein!« reagiert, lernt nun vielleicht, sich selbst als alternde Frau zu akzeptieren und zu lieben, und gewinnt durch diese Erfahrung an Charakter, Einsicht und Lebensfreude. Eine Frau, die eine lieblose Ehe führt oder führte und der nun ihr Enkelkind in die Arme gelegt wird, entdeckt möglicherweise ihre verschüttete Liebesfähigkeit und eine Weichheit und Sanftheit wieder, deren sie sich schon gar nicht mehr bewußt war. Eine Frau, die den Tod ihres Partners betrauert, stellt vielleicht fest, daß sie wieder Hoffnung in ihrem Leben spürt und daß sie jeden Tag mit neuer Kraft in Angriff nehmen kann. Eine andere Frau, die wild entschlossen war, niemals so zu werden wie ihre Mutter, und die durch die in ihrem Inneren tobenden Konflikte blockiert war, gelangt nun zu der Erkenntnis, daß sie als Großmutter ihre eigene Mutter besser verstehen kann. Eine Frau, deren Existenz sich in einer müden Routine von Hausarbeit und karitativer Arbeit, Unterhaltung und Bridge erschöpft hatte, gewinnt neues Interesse am Leben, findet ihre Fähigkeit wieder, Liebe zu geben und zu empfangen, und fühlt sich wie neu geboren. Wie es eine Großmutter ausdrückt: »Schritt für Schritt habe ich all die widersprüchlichen Assoziationen, die mit dem Wort *Großmutter* verbunden sind, in mein Selbstbild eingebaut. Wenn nun jemand seiner Überraschung Ausdruck gibt, daß jemand wie ich (jugendlich, attraktiv, aktiv?) Großmutter ist, antworte ich einfach: ›Aber wissen Sie, genau so sehen Großmütter aus!‹«[19]

Lesbisch und gleichzeitig Großmutter zu sein erscheint fast wie ein Widerspruch in sich, und lesbische Frauen, die über ihre Erfahrungen als Großmütter sprechen, sind sich dieser scheinbaren Diskrepanz nur allzu bewußt. Eine Frau, die darüber schreibt, wie es ihr gelang, diese beiden Aspekte ihres Selbst – Großmutter und lesbisch zu sein – in Einklang zu bringen, erzählt, daß sie sich mit ihrer Tochter, als diese schwanger wurde, auf eine neue Weise als Frau zu identifizieren begann, daß diese Identifikation aber wie bei jeder Frau, die einmal in einer unglücklichen Beziehung zu einem Mann gefangen war, unangenehme Erinnerungen an die Leiden hervorrief, die sie in ihrer Ehe durchmachte. Diese Erinnerungen konnte sie erst zum Schweigen bringen, als sie sah, wieviel Liebe und Zärtlichkeit ihre Tochter für ihr Baby hatte, und als ihr bewußt wurde, daß auch sie selbst in den tiefsten Tiefen ihrer Ehe eine liebende Mutter gewesen war. »Ich empfand es als beängstigend und deprimierend, daß unsere Debbie, mein Kind, nun Mutter sein sollte. Die Realität erwies sich dann aber als ungeheuer tröstlich und heilend. Sie mit ihrem eigenen Baby zu sehen, gab mir ein Gefühl der Beruhigung, das mir keine verbale Beschreibung, wie ich selbst als Mutter gewesen war, je zu vermitteln vermocht hätte.«[20] Das Baby war ein Junge, und sie mußte der Tatsache ins Auge blicken, daß dieses Kind zu einem Mann unter Männern, »einem Inhaber von Privilegien und Unterdrücker von Frauen« heranwachsen würde. Ihr widerstrebte die Vorstellung einer Kernfamilie prinzipiell, weil diese ihrer Meinung nach dazu beitrug, Frauen und Kinder zu isolieren, und weil sie eine »ineffiziente und ungerechte soziale Institution« darstellte. Bei der Geburt des Babys erkannte sie, daß sie selbst genau in eine solche Familie investiert hatte. »Plötzlich konnte ich meine Wut und meinen Zorn loslassen, und nun kann ich es mir leisten, in meinem Leben Platz für meinen Enkelsohn und dessen Vater zu schaffen und alle zusammen als die Familie zu akzeptieren, die sich meine Tochter ausgesucht hat.«

Das Familienleben ist fast nie ein friedlicher Spaziergang. Eine aus drei oder vier Generationen bestehende Familie kann zwar emotionale Wärme und starke Freundschaften bieten und für jene, die besonders verwundbar oder bedürftig sind, einen Ort der Zuflucht darstellen, aber selbst in den glücklichsten Familien kommt es vor, daß Loyalitätskonflikte mit heftigen Kämpfen um Aufmerksamkeit und oft auch bitterer Feindschaft ausgetragen werden. In diesen Fällen muß eine Großmutter Verständnis zeigen und unterstützend wirken, ohne parteiisch zu sein oder sich in den Konflikt hineinziehen zu lassen. Sie entwickelt diplomatische Fähigkeiten und laterales Denken. Sie ist einfach klüger.

Wenn Sie also Großmutter werden, dann bedeutet das nicht, daß Sie alt werden. Es bedeutet, daß Sie erwachsen werden.

GROSSMÜTTER LEISTEN WIDERSTAND

Oft wird behauptet, daß Großmütter deshalb gern Großmütter sind, weil sie nicht die Last der Verantwortung zu tragen haben. Natürlich stimmt es, daß sie meist keinen Vierundzwanzig-Stunden-Dienst zu absolvieren brauchen und daß sie das Kind oder die Kinder nach getaner Arbeit mit einem Seufzer der Erleichterung den Eltern zurückgeben können. Aber eine Großmutter kann eine ungeheure Verantwortung für die Zukunft ihrer Enkelkinder spüren und all ihre Energie dafür einsetzen, die Welt zu einem besseren und sichereren Ort zu machen. Großmutter zu werden kann durchaus einen Anlaß für die Aufnahme politischer Aktivitäten sein.

Vor dem argentinischen Präsidentenpalast in Buenos Aires treffen sich jede Woche die Großmütter der Plaza de Mayo, eine 1977 gegründete Gruppe, die versucht, jene jungen Männer, Frauen und deren Kinder aufzuspüren, die während »la represión« verschwanden. Viele ihrer Enkelkinder werden immer noch vermißt, aber sie sind wild entschlossen, sie zu finden. Präsidentin dieser Bewegung ist Estela Barnes de Carlotta. Ihre schwangere Tochter, die aktiv gegen die Diktatur protestierte, wurde gefangengenommen und unmittelbar nach der Geburt ihres Babys getötet. Das Kleine wurde einem Ehepaar, das das Regime unterstützte, zur Adoption übergeben. Fotos anderer Kinder in Waisenhäusern, um deren Hals Plakate mit der Aufschrift »Ich bin das Kind subversiver Eltern. Meine Eltern wurden heute getötet« hingen, wurden ausgestellt. Der Zorn, das Engagement und die Beharrlichkeit dieser Großmütter machen sie zu einer politischen Kraft, mit der gerechnet werden muß. Es ist ihnen gelungen, die Aufnahme eines Passus in die Kinderrechtserklärung der Vereinten Nationen zu erzwingen, der besagt, daß jedes Kind Anspruch darauf hat, über seine Identität aufgeklärt zu werden.[21]

Als die Großmütter der Plaza de Mayo mit der Suche nach ihren gekidnappten Enkelkindern begannen, sagten sie, daß die Kinder als eine Art Kriegsplünderer betrachtet wurden, so, »als hätten sie das Fernsehgerät, das Radio oder den Kühlschrank gestohlen«.[22] Nun geht es ihnen darum, den Kindern ihre Identität wiederzugeben. Sie sind der Meinung, daß die Eltern-Kind-Beziehung in einem breiteren sozialen Kontext gesehen werden muß, und bekämpfen daher die Auffassung, daß Kinder Objekte sind, die man besitzen kann, und Frauen lediglich die Aufgabe haben, diese Objekte großzuziehen.[23]

Wenn Frauen der Großmüttergeneration öffentlich gegen Tyrannei, Ungerechtigkeit und Krieg demonstrieren, widmet ihnen die

Presse Schlagzeilen, denn niemand erwartet von ihnen, daß sie radikal sind und auf Luftstützpunkten inmitten von startbereiten Massenvernichtungswaffen im Freien kampieren, wie dies viele englische Großmütter in Greenham Common taten. Niemand erwartet von ihnen Wut wegen der Grausamkeit, mit der Tiere behandelt werden, niemand erwartet Widerstand gegen die Vergiftung von Kindern mit toxischen Dämpfen und gegen die mannigfaltige Art und Weise, wie wir unseren Planeten schädigen.

Frauen mittleren Alters und ältere Frauen, die sich an organisierten öffentlichen Protesten beteiligen, gelten als schrullig und eigenartig. Ein Kolumnist einer konservativen Zeitung behauptet, sie gäben sich als Statistinnen für gekaufte Massendemonstrationen her – »diese kleinen alten Damen in Rollstühlen, die Slogans für alle Gelegenheiten bereit haben: Behindertendemonstrationen, Anti-Nazi-Demonstrationen und Anti-Autobahn-Demonstrationen.«[24]

Niemand ist überrascht, wenn die Jugend ihrem Zorn Ausdruck verleiht. Aber kämpferische Menschen im mittleren oder sogar fortgeschrittenen Lebensalter sorgen für hochgezogene Brauen, vor allem, wenn es sich um gebildete, wohlhabende und sozial angesehene Personen handelt. Großmütter sollen nicht aggressiv und rebellisch sein, sondern sanft, freundlich, milde und ruhig.

In den kommunistischen Ländern wurde den Großmüttern eine immense Bedeutung zugebilligt. Da alle jungen Frauen außer Haus arbeiteten, sorgten die Großmütter für die Kinder. Wie Nina, eine tschechische Großmutter, erklärt: »Was außerhalb der Familie war, war nicht wichtig. Es hatte ohnehin niemand Einfluß darauf. Übrig blieb also das Vergnügen, das wir an unseren

Enkelkindern hatten. Das war der einzige Schatz, den die Familie hatte, und er konnte ihr nicht genommen werden.« Mit dem Niedergang des Kommunismus verloren die Großmütter an Bedeutung, weil nun viele Mütter bei ihren kleinen Kindern zu Hause blieben. Die Großmutter war überflüssig geworden, und oft fiel sie mit ihrer unzureichenden Rente der Armut anheim. Nina ist davon überzeugt, daß den Großmüttern immer noch eine wichtige moralische Vorbildrolle zukommt, denn die neue Freiheit bringt, wie sie sagt, viele Probleme mit sich: »Wir müssen nun lernen, selbständig zu leben. Bei den Jungen ist ein Mangel an Verantwortungsgefühl festzustellen. Es herrscht eine neue Brutalität.« In einer Gesellschaft, die eine Revolution hinter sich hat, ist die Großmutter ein beständiges Symbol fortdauernder Prinzipien. Im Sozialleben gibt sie, ohne Gegenleistungen zu verlangen, sie hat klare Vorstellungen von richtig und falsch, und sie verkörpert den alles überstrahlenden Wert der Liebe. In jeder Kultur, in der sich die Werte so drastisch verändert haben, muß die Großmutter zu einer moralischen Ikone des gesellschaftlichen und politischen Lebens werden.

In den nördlichen und westlichen Gesellschaften gibt sich eine wachsende Zahl von Großmüttern nicht länger damit zufrieden, nur Symbolwert zu haben. Dort streben die Großmütter soziale Veränderungen an. Da sie wollen, daß ihre Kinder und Enkelkinder in einer Welt leben, in der ihre Gliedmaßen nicht von Minen weggesprengt werden, in einer Welt, die nicht an ihren eigenen Exkrementen erstickt, in einer Welt, in der Bäume und Wildpflanzen auch weiterhin gedeihen, und in einer Welt, die frei ist von Rassenhaß und von Krieg, werden sie politisch aktiv. Dieses Phänomen ist alles andere als neu. Die Rabbinerin Julia Neuberger erzählt von ihrer Großmutter väterlicherseits, einer orthodoxen Angehörigen der oberen Mittelklasse, die 1933 auf den Stufen des britischen Innenministeriums Sit-ins veranstaltete, um für in Deutschland festsitzende jüdische Kinder, für die sie in England Pflegefamilien gefunden hatte, Visa zu erzwingen: »Es klingt vielleicht eigenartig, aber ich glaube, daß sie sich durch die Flüchtlingskrise befreite. Ein großer Teil ihrer eigenen Familie ... befand sich immer noch in Deutschland, und sie kämpfte, um sie dort herauszubekommen.«[25]

Ja, natürlich gibt es die Großmütter, die es zufrieden sind, Söckchen und Schals zu stricken, Geschenke zu kaufen, gelegentlich die Babysitterin zu spielen und die Enkelkinder einmal pro Woche zu sich zum Essen einzuladen. Aber in unserer heutigen Welt werden Abertausende von Frauen durch die Erfahrung des Gebärens und Aufziehens von Kindern politisiert. Die Folge ist, daß sie neue Erkenntnisse und frische Energie gewinnen und sich nun gemeinsam mit anderen engagieren, um die Gesellschaft zu verändern, in der wir leben.

WER SOLL FÜR OMA SORGEN?

Sie sind voller Lebenskraft, fit und energiegeladen. Aber Sie wissen, daß Sie sich nicht darauf verlassen können, daß das immer so sein wird. Das Älterwerden bringt neue Herausforderungen mit sich, und es ist klug, im voraus an die Veränderungen zu denken, die notwendig werden, wenn die Gesundheit nachläßt. Welche Auswirkungen wird das auf Ihre Kinder und Enkelkinder haben? Was können Sie im voraus planen, damit sich Ihre Töchter und Schwiegertöchter nicht zwischen den Bedürfnissen ihrer Kinder und Ihren Ansprüchen an Sie hin und her gerissen fühlen? (Denn die Hauptverantwortung für die Betreuung von Familienmitgliedern lastet immer noch auf den Schultern der Frauen.) Eine Frau, die heute fünfundsechzig Jahre alt ist, hat im Durchschnitt eine restliche Lebenserwartung von achtzehn Jahren, und man kann davon ausgehen, daß sie mindestens zehn dieser Jahre gesund und aktiv sein wird.[26] Danach ist jedoch damit zu rechnen, daß ihr Sehvermögen nachläßt (aufgrund von Glaukomen, Katarakten oder Diabetes) oder daß sie eine Hörhilfe braucht. Obwohl sich diese gesundheitlichen Probleme behandeln lassen, wird sie bei den ganz normalen, alltäglichen Verrichtungen Hilfe brauchen. Die Hälfte aller Frauen hat im Alter von siebzig Jahren infolge von Osteoporose, die zu einer erhöhten Sprödigkeit der Knochen führt, bereits einen Bruch des Beckens, der Handgelenke oder der Oberschenkel erlitten.[27] Die Arthritis kann Knie und Hände steif werden lassen, und auch die Muskeln sind nun schwächer als in den mittleren Lebensjahren. Einige Frauen beginnen auch unter Gedächtnisverlust zu leiden, und eine bedauernswerte Minderheit erkrankt an der Alzheimerschen Krankheit.

Immer mehr Frauen, die die Mutterschaft bis Ende Dreißig hinausgeschoben haben, müssen gleichzeitig kleine Kinder und alte Eltern betreuen, und dabei arbeiten sie oft auch noch außer Haus, ob in einem bezahlten Beruf oder auf Freiwilligenbasis. Die Vielfalt dieser Aufgaben überfordert sie. So kommt es, daß sie sich andauernd gestreßt und schuldig fühlen. Eine Großmutter versteht vielleicht nicht, warum das Leben ihrer Tochter mit Dingen ausgelastet ist, die sie erledigen muß, und zwar nicht irgendwann, sondern sofort. Wenn sie keinen Bezug zum Leben ihrer Kinder und Enkelkinder hat, kann es sein, daß sie sich sozial isoliert und von ihrer Familie zurückgewiesen fühlt und daß sie deswegen Groll und Selbstmitleid entwickelt. Viele Paare gelangen an den Punkt, an dem sie sich fragen müssen: »Was, um alles in der Welt, machen wir mit Mutter?« Es kann sich für eine Tochter oder Schwiegertochter als ein Ding der Unmöglichkeit herausstellen, in ihrem hektischen Leben Zeit zu finden, um zu Oma nach Hause zu fahren, ihre Wäsche zu waschen oder für sie zu kochen, oder auch nur sofort in der auf der anderen Seite des Flurs liegenden Wohnung der Großmutter zu erscheinen, wenn sie dort erwartet wird.

Wenn keine Helfer zur Verfügung stehen, kann die einzige Alternative darin bestehen, eine spezielle Altenbetreuung in Anspruch zu nehmen, wo diese Art von Hilfe angeboten wird, oder sich für ein »Heim« zu entscheiden.

Nur wenige Staaten sehen eine ausreichende Betreuung für ältere Behinderte vor. Wenn eine Großmutter in ihren vier Wänden gefangen ist, ist ein effizienter, engagierter Hilfsdienst unabdingbar. Dänemark ist in dieser Beziehung eine bemerkenswerte Ausnahme. Die Heimhilfe wird von der örtlichen Gemeinde finanziert und steht *allen* älteren Menschen kostenlos zur Verfügung. In Deutschland haben beinahe nur Sozialhilfeempfänger und Personen, die einen Krankenhausaufenthalt hinter sich haben, Anspruch auf eine Heimhilfe, und in Großbritannien werden nur zehn Prozent der älteren Menschen von einer Heimhilfe unterstützt.[28]

Es wäre ausgesprochen unrealistisch, die Tatsache zu ignorieren, daß unsere Mobilität voraussichtlich abnehmen wird, wenn wir über fünfundsiebzig sind. Wie sollen wir mit dieser Aussicht zurechtkommen?

So sehr uns unsere Kinder auch lieben mögen, müssen wir doch damit rechnen, daß sie vielleicht nicht in der Lage sein werden, sich mit unseren Problemen auseinanderzusetzen, während sie gleichzeitig versuchen, gute Eltern zu sein und mit den unvermeidlichen Krisen der Kindererziehung fertig zu werden.

Wenn Sie die Hoffnung haben, über achtzig Jahre alt zu werden, ist es sinnvoll, über verschiedene Wohn- und Betreuungsinitiativen nachzudenken und vorauszuplanen.

4

Unsere eigenen Großmütter

Welche Art Großmutter möchten Sie sein? Vielleicht hat Ihre Wunschvorstellung etwas mit den Erinnerungen zu tun, die Sie von Ihrer eigenen Großmutter haben.

Durch die Debatten, die die Feministinnen über Großmütter führen, zieht sich wie ein roter Faden die Verherrlichung dieser Frauen als Arbeitspferde, Dulderinnen und Eroberinnen. Die Literatur, die manche feministischen Verlage zu diesem Thema herausgeben, grenzt an Mystik. Angesichts dieser Werke muß es jeder Frau, die sich als Feministin betrachtet, schwerfallen, zu bekennen, daß sie ihre Großmutter mütterlicherseits nicht mag (denn es ist immer diese Großmutter, die in den Himmel gehoben wird) oder daß sie wenig mit ihr gemeinsam hat.

Die Wirklichkeit sieht natürlich anders aus. Nicht alle Großmütter waren edel, klug oder auch nur liebevoll. Das »enfant terrible« unter den britischen Journalistinnen, Julie Burchill, behauptet, daß ihre Großmutter sie und ihre Cousins dazu angestiftet hätte, möglichst oft die Schule zu schwänzen, und sie unter Drohungen mit einem weißglühenden Schürhaken dazu gezwungen hätte, Ladendiebstähle für sie zu begehen.[1] »Natürlich liebten wir sie mehr als alle anderen.« Die Ausnahmen springen einem mit erfrischender Offenheit von den Buchseiten entgegen. Aber

Julie Burchill ist nicht die einzige Autorin, die über andere Erfahrungen schreibt. Margaret Atwood scheint zum Beispiel auf ihre eigene Biographie zurückzugreifen, wenn sie die Beziehung einer erfundenen Figur zu ihrer Großmutter beschreibt, einer überstrengen Frau, die das kleine Mädchen zur Strafe in den Kohlenkeller zu sperren pflegte. Sie beschreibt die schreckliche Angst, die das kleine Kind bei dieser Behandlung verspürt:

»Ich halte meine Großmutter um ihre Beine gefaßt, aber ich habe nicht das Gefühl, daß es Beine sind, sondern ich empfinde ihren Körper wie eine Figur aus einem Guß, vom Hals bis hinunter zu ihrem Rocksaum. Ich habe das Gefühl, mich an dem Rand von etwas festzuklammern. Sicherheit … wenn ich loslasse, werde ich fallen. Ich möchte, daß sie mir vergibt, aber sie löst meine klammernde Hand von ihren Beinen, Finger für Finger. Sie lächelt. Sie ist stolz darauf, nie die Beherrschung zu verlieren. Ich weiß, ich werde ganz allein in dem Keller eingeschlossen werden. Davor habe ich Angst … Manchmal sind da unten kleine Männchen, ich kann hören, wie sie sich bewegen, kleine Dinger, die einen anspringen und einem die Beine hinauflaufen. Ich weine vor Angst, ich kann nicht damit aufhören, und selbst wenn ich nichts angestellt hätte, würde sie mich jetzt da unten einsperren, weil ich laut war, weil ich geweint habe. *Lache, und die Welt wird mit dir lachen*, pflegte meine Großmutter zu sagen. *Weine, und du wirst allein weinen.*«

Später fügt sie hinzu:

»Ich betete immer, daß ich nicht lange genug leben würde, um so zu werden wie meine Großmutter.«[2]

Manche Großmütter lösen wahrhaft schreckliche Erinnerungen aus, wie jene, die immer ihren Mund offen hatte, »mit dieser violetten Zunge, in der Mitte gesprungen durch sieben Jahrzehnte unablässigen Gebrauchs, eine Zunge, die in der dahinterliegenden schwarzen Höhle verschwand«.

»Diese Stimme, die mit ihrem kobaltblauen Papagei namens Bootsie um die Wette kreischte ... ›Ihr seid zu spät dran‹, bellte sie am Telefon meine Eltern an, die meine Schwester und mich alle paar Wochen für einige schreckliche Stunden bei ihr vorbeibrachten. Dort, am Teetisch, unter dem gestickten Bild dreier Katzen in Kleidern, die in einen mit Seerosen bewachsenen Teich sprangen, zwischen den weißen Porzellanfiguren von Schwänen und Hirtinnen, angetan in Kleidern des achtzehnten Jahrhunderts – dort regierte Großmutter. Sie kaufte uns Malbücher, ließ uns aber die Bilder nicht ausmalen. Wir saßen untätig daneben und sahen ihr zu, wie sie mit ihren Stiften sorgfältig Bambi, Cinderella oder Rotkäppchen nachzog.«

Als eine ihrer Enkeltöchter heiratete, hielt sie beim Hochzeitsempfang Hof wie »eine große, juwelenbehangene Kröte in grünem Satin«. Nicht lange danach wurde sie in demselben grünen Satin zu Grabe getragen, und ihre Enkelin, die neben dem Sarg kniete und betete, konnte nicht verstehen, warum sie plötzlich so anders aussah, bis es ihr mit einem Schlag bewußt wurde: Endlich, nach so langer Zeit, war dieser Mund geschlossen.[3]
Ich selbst kannte nur eine meiner Großmütter. Von der anderen konnte ich mir nur aus den Erzählungen meiner Mutter ein Bild machen. Aber die Mutter meines Vater sah ich zwei- bis dreimal die Woche, und ich weiß noch, daß sie mir leid tat. Sie war eine

große, hagere Frau mit von weißen Fäden durchzogenem, dunklem Haar, mit Drahtbrille, einem Gazeschal um den Hals und geknöpften Schuhen, die ihre Zeit damit zubrachte, mit ihren knochigen Fingern Klavier zu spielen oder sich mit anderen Großmüttern die Zeit beim Bridge zu vertreiben. Ihre Welt war eng begrenzt, voller Ängste, und drehte sich nur um ihre Person. Sie fürchtete die Gewitter, die ich liebte, und wurde böse, wenn ich die Narzissen in dem kleinen Garten pflückte, den sie mir zur Pflege überlassen hatte.

Es war so schwer, ihr etwas zu erklären, so schwer, ihr Verständnis zu wecken. Sie sah einfach nicht, wie ungerecht sie war, und sie hatte auch kein Gefühl für das faszinierende Schauspiel von Blitz und Donner, das mich in seinen Bann schlug. Zwischen uns lag eine tiefe Kluft. Heute weiß ich, daß sie sicher sehr einsam war und sich danach sehnte, von der Frau ihres einzigen Sohns als Freundin akzeptiert zu werden, aber sie wußte nicht, wie sie das bewerkstelligen sollte. Ich fühlte zu ihr weder Nähe noch Zuneigung.

Trotzdem erinnern sich die meisten Frauen, die mir ihre Großmütter beschreiben, gern an sie, und sie verspüren eine starke Bindung zu ihnen. Wenn Sie eine Großmutter hatten, die Sie liebten, und darüber nachdenken, welche Eigenschaften Sie besonders an ihr schätzten, bekommen Sie vielleicht eine Vorstellung von dem, was Sie selbst Ihren Enkelkindern geben können. Sprechen Sie mit anderen Frauen darüber, wie sie ihre Großmütter in Erinnerung haben, und über ihre Beziehungen zu den Großmüttern, die noch am Leben sind.

So kocht nur Oma

Wenn Frauen ihre Großmütter beschreiben, kommt das Thema »Essen« oft vor: Der Knoblauchgeruch in Omas Küche, die blitzenden Gläserreihen mit eingemachten Pfirsichen und Apfelmus in ihrer Speisekammer, der Geschmack der noch ofenwarmen Lebkuchen oder die Lollis, die es als Belohnung für gutes Benehmen gab. Die Rundfunksprecherin Gloria Hunniford hat ein ganzes Buch mit den Kochrezepten ihrer Großmutter zusammengestellt.

»Granny McCall lebte auf einer Farm«, erzählt sie, »und meine schönsten Erinnerungen habe ich an die langen, heißen Sommer, in denen wir viel Zeit mit ihr verbrachten, bis das Heu eingefahren war. Alle Arbeiten wurden manuell verrichtet. Das Heu mußte mit einer Gabel hochgehoben werden, und sobald alles auf den Heuwagen aufgeladen war, durften wir auf den Wagen springen und auf der duftenden Fuhre nach Hause fahren. Meine Großmutter war eine sehr üppige Frau, und ich werde nie vergessen, wie ich sie durch den Hitzeschleier sah, einen mit Baumwollstoff gefütterten Weidenkorb, Tassen starken Tees und Gitterfladen auf dem Schoß – flache, dreieckige Köstlichkeiten, die auf einem Gitter gebacken werden und für Irland sehr typisch sind. Sie wurden mit schmelzender Butter und selbstgemachter Marmelade gegessen. Bevor man sich's versah, rannen einem schon die Butter und die frische Pflaumenmarmelade das Kinn hinunter. Ich habe in den besten Restaurants der Welt gegessen, aber ich schwöre, daß auch das raffinierteste Gericht es nicht mit Granny McCanns Gitterfladen aufnehmen konnte.«[4]

Für entwurzelte Familien, die über verschiedene Länder verstreut lebten oder durch Genozid auseinandergerissen wurden, repräsentierten die Großmütter die Kontinuität einer kulturellen Tradition, die andernfalls in Vergessenheit geraten wäre. Ihnen kam bei der Erhaltung der kulturellen Identität durch Speisen seit jeher eine wichtige Rolle zu. Meine Mutter, der das Kochen verhaßt war, lernte, auf dem Eisengitter ihrer Schwiegermutter schottische Pfannkuchen zu machen. Das war eine Anerkennung der Werte Mut, Sparsamkeit und harte Arbeit, die es den armen Handwerkergroßeltern meines Vaters ermöglicht hatten, in einer schwierigen Umwelt zu überleben. Wenn mein Vater mir beibrachte, Kartoffelfladen zu backen, indem er zuerst mit einer Gänsefeder prüfte, ob das Gitter heiß genug war, oder wenn er mir einprägte, daß Porridge mit Salz und nicht mit Zucker gegessen werden sollte, dann ging es nie darum, ob die jeweilige Speise gut schmeckte, sondern um das Privileg, in eine tief verankerte kulturelle Tradition eingeführt und damit zu einem Teil des Familienstammbaums gemacht zu werden. Wenn ich für mein Enkelkind Fladen backe, gebe ich diese Tradition weiter und erhalte diese Identität, wenn auch in einer weit weniger konzentrierten Form.

Frauen erinnern sich an den Geruch und den Geschmack von Hühnersuppe und *Kugel* einer polnischen Großmutter, an die gefüllten Kohlrouladen und den Borschtsch einer russischen Großmutter, an überwältigende italienische Spaghettiessen oder an selbstgemachtes Brot, Blaubeermarmelade oder Rhabarberweine. »Bei ihr bekam ich immer mit Hühnersuppe übergossenen Kartoffelbrei«, erzählt eine kanadische Frau von ihrer jüdischen Großmutter. »Das habe ich sonst nirgendwo gegessen.« Während manche Kochbuchautoren die Kochkunst ihrer Großmütter nicht erwähnen, weil sie ihre Kindheit in einem kulinarischen Niemandsland verbrachten, erinnern sich andere gern an die Gerichte, die sie als Kinder liebten. Diese großmütterlichen Rezepte schleichen sich zwischen all die kalifornischen, französischen, italienischen oder brandneuen »Nouvelle Cuisine«-Rezepte ein. »Dieses Rezept bereitete meine Kinderfrau an den Waschmontagen als Beilage zu den unvermeidlichen Resten des kalten Sonntagessens zu«, schreibt ein Starkoch, der für seine exotischen Gemüsekreationen berühmt wurde, über seine Kartoffelfladen mit Kräutern.[5] Es ist, als wollten diese Köche eine Schuld bei jenen Frauen begleichen, die sie in ihrer Kindheit zuerst in der Küche rackern und dann stolz die Speisen auftragen sahen, und gleichzeitig ihre persönliche Beziehung zur Familie und zur kulturellen Tradition stärken.

Die Vorurteile und Dogmen, mit denen Großmütter ihre Enkel oft plagen, können das Kind dazu veranlassen, sich nach dem Gegenteil dessen zu sehnen, was die Großmutter so rigide vertritt. Die renommierte Gastronomieautorin M. Fisher sagt, daß sie dem »nervösen Magen« ihrer Großmutter viel verdanke. Die Familienmitglieder genossen die Zeiten, in denen Oma auf Kur fuhr, um Meerwasser zu trinken und sich Darmspülungen zu unterziehen, denn dann konnten sie endlich essen, was ihnen schmeckte, sie konnten die Mahlzeiten genießen, darüber reden und sich entspannen. »Jetzt bin ich da, mindestens fünfundneunzig Jahre nachdem sich meine Großmutter mütterlicherseits zum ersten Mal den relativ üppigen Fastenkuren und Darmspülungen zur Behandlung der damaligen Modekrankheit unterzog. Ob positiv oder negativ, ich sehe darin die Gründe dafür, daß ich mehrere Bücher über Gastronomie geschrieben habe – ein Thema, auf das meine Vorfahrin, wenn überhaupt, mit einem dezenten, aber aus den tiefsten Tiefen ihres Verdauungstraktes kommenden Rülpser reagiert hätte.« Sie fährt fort: »Wäre meine Großmutter nicht mit ihrem nervösen Magen gesegnet gewesen, wäre mir vielleicht nie zu Bewußtsein gekommen, daß das gemeinsame Essen an einem Tisch mehr als nur den Körper nährt...«[6]

Das Geschenk des Essens steht für die Liebe. Das kann für ein kleines Kind wichtig sein: die ganz besonderen Kekse, die Sie gemeinsam mit ihm backen, der nach Butter duftende, lockere Kümmelkuchen oder der sherrygetränkte Biskuitauflauf mit einem Berg Schlagsahne, gekrönt von Kirschen, an den ich mich aus meiner eigenen Kindheit erinnere. Diese Dinge können die Erinnerung an die großmütterliche Liebe lebendig halten.

Allerdings besteht die Gefahr, daß die Speisen der Kindheit romantisch verklärt werden und daß man sich vorstellt, wie die Großmutter geschickt und ohne sich anzustrengen in der Küche arbeitete, voll und ganz dem Vergnügen hingegeben, den Ihren aus reiner Liebe zu dienen. So ist es wohl nicht immer gewesen. Meine eigene Mutter haßte das Kochen. Sie empfand es als reine Zeitverschwendung. Wenn sie also ihre fünf kleinen Enkeltöchter zu Besuch hatte, ernährte sie sie mit kaltem Reispudding direkt aus der Dose. Mein Vater brachte mit Dosen roter Bohnen und weichen, schleimigen Spaghetti in Tomatensauce in einem besonders durchdringenden Rot etwas Abwechslung in den Speiseplan. Meine Kinder liebten die Aufenthalte bei den Großeltern, und so kam es, daß den kalten Reispudding bald die Aura von etwas ganz Besonderem umgab. Der Grund lag zum einen darin, daß meine Töchter ihre Großeltern anbeteten, und zum anderen darin, daß sich die dortige Ernährung so grundlegend von den sorgfältig zusammengestellten Mahlzeiten mit frischem Gemüse und Obst, die sie zu Hause bekamen, unterschied.

Manche Dinge, die ein Kind als beeindruckende Leistungen betrachtet, sind für die Großmutter vielleicht bestenfalls Routinearbeiten und schlimmstenfalls Sklavenarbeit in der Küche. Die indische Schriftstellerin Shashi Deshpande erzählt, wie ihr dies plötzlich aufgrund einer Bemerkung bewußt wurde, die ihre Schwiegermutter machte, indem sie ihre abgearbeiteten Handinnenflächen hob, »ganz ohne zu klagen oder sich selbst zu bemitleiden: ›Früher habe ich jeden Morgen fünfzig bis sechzig *bhakris* (eine Art trockenes Fladenbrot) gebacken. Manchmal‹, so fuhr sie fort, ›glaube ich, daß ich nur dazu auf der Welt war.‹ Diese Worte, aus dem Mund einer nüchternen, prosaischen Frau kommend, die niemals vom ›Leben‹ oder irgendwelchen anderen allgemeinen Dingen sprach, machten wirklich starken Eindruck auf mich… Als ob sich die Perspektive verlagert hätte, änderte sich meine Sicht der Dinge mit einem Schlag. Und statt dieses sicheren, warmen Refugiums meiner Kindheit sah ich nun eine andere Küche, eine Küche, in der die Frauen an endlose, öde Arbeitsroutinen gekettet waren und stundenlang zusammengekrümmt vor einem rauchenden Feuer hocken mußten. Dieses Bild wurde nicht von angenehmen Geräuschen untermalt, sondern von dem wütenden Lärm, den die Frauen mit ihren Töpfen und Pfannen schlugen.«[7]

Manchmal erinnern sich Frauen an ihre Großmütter mit einer Angst, die nur dadurch gemildert wird, daß ihnen die besonderen Torten und Kuchen, die sie gebacken haben, im Gedächtnis geblieben sind. Es ist traurig, daß zwischen manchen Großmüttern und ihren Enkelkindern das Essen die einzige Verbindung ist und daß diese Erinnerung manchmal die einzig positive ist, die ein erwachsenes Enkelkind in seinem Gedächtnis behält. Eine Frau, die als kleines Kind große Angst vor ihrer strengen Großmutter hatte, die ihre Gefühle niemals ausdrückte und unfähig war, Liebe zu vermitteln, sagte mir:»Alles schien immer so dunkel. Ihr Haus war dunkel. Ihre Kleidung war dunkel. Ich fragte mich immer, warum nie jemand die Fenster öffnete. Wenn wir sie besuchten, mußten wir ruhig sein. Aber sie schenkte mir Schokolade, und ich hatte das Gefühl, daß diese Schokolade für mich und für niemand anderen bestimmt war. Die Atmosphäre war düster und drükkend, so lange, bis sie mit der Schokolade kam. Ich wußte, daß sie sie in einer goldfarbenen Metalldose aufbewahrte, die auf dem Kühlschrank stand – nur für mich! Daß sie sich die Mühe machte, an mich zu denken und die Schokolade zu kaufen und sie dann bis zu meinem Besuch in der Dose für mich aufzubewahren, gab mir das Gefühl, etwas Besonderes zu sein.«

Aber ein liebevolles Geschenk in Form von Essen kann Liebe, die auf andere Weise ausgedrückt wird, nicht ersetzen.

SPIELSACHEN UND GELIEBTE DINGE

Wenn Erwachsene an ihre Kindheit zurückdenken, können sie die Geschenke, die sie als Kinder von ihren Großeltern erhielten, oft genau beschreiben. Es scheint zur Rolle der Großmutter zu gehören, daß sie immer etwas mitbringt. Oft handelt es sich dabei um teure Spielsachen, die sich die Eltern nicht leisten können. Aber oft sind die Geschenke auch ungeeignet, und oft sind es zu viele. Eine Frau sagt über die Mutter ihres Mannes:»Sie bringt bei jedem Besuch Spielsachen mit, und wir versinken schon in dem verdammten Zeug. Aber trotz aller freundlichen Bitten, damit aufzuhören, macht sie immer weiter! Wir haben schon begonnen, die Sachen karitativen Institutionen zu spenden.«

Es kann schwierig sein, ein kleines Kind dazu zu bringen, sich über ein Spielzeug zu freuen und danke schön zu sagen, wenn es sich offensichtlich stärker für die Schachtel interessiert, in der es verpackt war, als für das Geschenk selbst. Schwierig wird die Sache auch, wenn ein kleiner Junge, der endlich eine eigene Puppe wollte, einen Laster bekommt, oder wenn einem Mädchen, dem ein Baukasten viel lieber gewesen wäre, schon wieder eine Puppe geschenkt wird. Es ist ratsam, mit der Tochter oder Schwiegertochter darüber zu sprechen, welche Spielsachen für das jeweilige Entwicklungsstadium des Kindes geeignet sind. Außerdem empfiehlt es sich, daß die Großeltern Spielsachen, die sich die Eltern vielleicht nicht leisten können, zu einer besonderen Gelegenheit schenken. Aber Geschenke brauchen nicht teuer zu sein. Billige Spielsachen bleiben den Kindern oft lange im Gedächtnis, während teure manchmal sehr schnell vergessen werden. Eine Frau erinnert sich lebhaft daran, wie ihre lachende Großmutter Fotos von den Kindern machte, die mit der Seifenblasenlösung, die sie ihnen geschenkt hatte, munter Blasen in die Luft blubberten.

Erwachsene erinnern sich oft genau an Dinge, die eigentlich nicht als Spielsachen gedacht waren – an bestimmte Gegenstände im Haushalt der Großmutter, die etwas Besonderes waren: den Schreibtisch mit Geheimlade, die Schmuckschatulle, in der Broschen und Ringe mit falschen Steinen glitzerten, das Zauberbild, das von der einen Seite betrachtet einen Garten darstellte und von der anderen eine Frau mit Strohhut und einem Blumenstrauß, den Porzellanhund auf dem Kaminsims, dessen Kopf hin und her wackelte, den Schneesturm, den man in einem Glas entfachen konnte. Eine Frau erinnert sich an eine Ballettpuppe in einer Flasche, die sich zu drehen begann, wenn man einen Schalter betätigte:»Ich durfte die Flasche nicht anrühren, aber meine Oma drückte den Schalter immer wieder für mich.« Eine andere erinnert sich daran, wie gern sie die Weingläser in der Glasvitrine ihrer Großmutter betrachtete. Diese Großmutter sammelte auch Uhren:»Wenn wir kamen, schlugen und spielten die Uhren in allen Räumen.« Ich selbst habe eine intensive Erinnerung an den Duft der Vorratskammer mit ihrem kühlen Steinboden und an die Zartheit der Musselindeckchen, mit denen die Sahneschüsseln oder Saftkrüge verschlossen wurden und von denen strahlendblaue Perlenschnüre baumelten, die mir als Kind wunderbar schön erschienen.

DER STOFF, AUS DEM DIE ERINNERUNGEN SIND

Jede von uns bringt besondere Talente für das Großmuttersein mit: die Fähigkeit, Märchen und spannende Geschichten zu erzählen, einem Kind dabei zu helfen, lesen, schreiben, rechnen zu lernen oder sich eine Fremdsprache anzueignen, Schach zu spielen oder die Vergangenheit zu erforschen. Vielleicht liegt unsere Stärke auch im Spielen oder im Kuscheln. Wie viele andere Frauen, die über ihre geliebten Großmütter sprechen, erinnert sich eine Frau an die schönen Zeiten, die sie mit ihrer Großmutter verbrachte:»Einkaufen gehen, lesen, singen, sich schön anziehen, zu Abend essen, in einem großen Bett schlafen, Ferien auf dem Land, in den Arm genommen werden, Hausarbeit machen, die Fotos meiner Eltern ansehen, als sie jung waren, sich die Geschichten darüber anhören, was sie so taten, und ein gemütlicher, weicher Schoß, auf den man klettern konnte.« Eine andere erzählt:»Ich genoß es, bei ihr zu Besuch zu sein und in ihrem Bett zu schlafen. Sie wiegte mich in den Schlaf. Ich fand, daß ihr Busen weicher war als die weichsten Kissen. Als ich größer wurde, sprach ich mit ihr über meine Probleme, und sie erzählte mir die ihren.« Sie fährt fort: »An diese Dinge zu denken macht mich traurig«, und schon treiben ihr die Gedanken an ihre kürzlich verstorbene Großmutter die Tränen in die Augen. Eine andere Frau, deren Großmütter beide schon tot sind, sagt über sie: »Sie waren immer da, wenn ich sie brauchte, und sie schenkten mir jede Menge Liebe und Fürsorge. Ich vermisse meine Großmütter sehr, vor allem jetzt, wo ich selbst zwei Töchter habe. Es ist traurig, daß sie sie nicht im Arm halten und ihre Liebe an sie weitergeben konnten. Ich wäre wirklich glücklich, wenn ich sie noch einmal sehen könnte, um sie zu küssen und zu umarmen.« Manchen Großmüttern fällt es schwer, ihre Zuneigung körperlich auszudrücken. Eine Frau beschreibt ihre Großmutter so: »Die Sprache der Berührung, die meiner Familie so fremd war, ließ meine Großmutter erstarren wie die gestärkten Hemden der Jungen in den Pensionaten ... Selbst wenn sie heute lebendig vor mir stünde, würde sie es als Inbegriff von schlechtem Geschmack empfinden, von Zuneigung zu sprechen. Aber der elfenbeinfarbene Afghane auf dem Schaukelstuhl, den sie mir zu Weihnachten schenkte, beteuert mir jedesmal, wenn ich an ihm vorbeigehe, ihre Liebe.«[8]

Wenn die Großmütter bei der Geburt eines Kindes schon tot sind, haben die Eltern oft das Gefühl, daß ein Loch in der Familie klafft, entstanden durch das Fehlen jener ganz besonderen Liebe, die nur eine Großmutter zu geben imstande ist. Und sie beginnen von neuem zu trauern. »Bei ihr zu Hause gab es soviel Liebe und Wärme. Ich vermisse meine kleine Oma, und ich finde es so schade, daß sie meine Jungs nicht kennenlernen kann«, schreibt eine sehr junge Mutter. Ihre Großmutter hatte ihr in den turbulenten Teenagerjahren Verständnis und Sicherheit geschenkt. An dieser Stelle des Briefes wird ihre Schrift unleserlich, und die Tinte ist von Tränenflecken verschmiert: »Es tut mir leid, daß der Brief nun so aussieht, aber jetzt bin ich ganz aufgewühlt.«

Eine feinfühlige Großmutter, die einem Jugendlichen im schwierigen Alter mit Toleranz und Sympathie begegnet, wird von pubertierenden Teenagern oft als sicherer, friedlicher Hort der Zuflucht betrachtet. So erinnern sich Frauen: »Sie schenkte uns Liebe, Unterstützung und ein Gefühl der Zugehörigkeit. Sie akzeptierte uns so, wie wir waren.« Eine Frau sagt, ihre Großmutter sei »durchsetzungsstark, aber nie diktatorisch gewesen, und sie hatte nie Vorurteile. Ich stand ihr immer nahe. Ich konnte mit ihr sprechen, und sie hörte zu, während meine Mutter immer sehr beschäftigt war. Sie war meine beste Freundin.« »Mir taten die Leute leid, deren Großmutter nicht im selben Haushalt lebte«, sagt eine andere Frau. »Sie war immer für mich da. Wir saßen oder lagen gemeinsam auf ihrem Bett und sprachen über alle möglichen Dinge, hauptsächlich aber über Menschen und Beziehungen. Ich habe so viele wichtige Erinnerungen an diese Zeit, daß ich ein ganzes Buch darüber schreiben könnte. Ich liebe meine Oma so, als wäre sie immer noch am Leben.« Diese Großmutter litt als alte Frau unter der Alzheimerschen Krankheit. »Einige Tage, bevor sie starb, erhellte sich ihr Geist noch einmal, und sie fragte mich, ob ich zurechtkommen würde, wenn sie gestorben sei… Mir fällt es schwer, an sie zu denken, ohne zu weinen, aber gleichzeitig fühle ich mich privilegiert, eine so besondere Beziehung zu einem so wundervollen Menschen gehabt zu haben.« Eine andere Frau fühlte sich gelangweilt von einer Großmutter, »die sich durch das übermäßige Einnehmen von Medikamenten um den Verstand brachte. Aber dann hörte sie mit dem Arzneimittelmißbrauch auf, und sobald sie ›clean‹ war, erlebte sie eine geistige Wiedergeburt. Durch meine Schwangerschaft entstand ein enger Kontakt zwischen uns, und als sie ihren ersehnten Urenkel im Arm hielt, erlebte sie die glücklichsten Augenblicke seit vielen Jahren.« Sie starb, als das Baby ein halbes Jahr alt war.

Großmütter weben am Geflecht der Familiengeschichte. Sie verknüpfen Gegenwart und Zukunft mit der Vergangenheit, und die Geschichten, die sie mündlich weitergeben, sind ein wichtiger Bestandteil des Selbstgefühls einer Familie und der Familienidentität, die jedes Mitglied verspürt. Wenn es keine Großmutter gibt, oder wenn sie es vorzieht, das Buch der Vergangenheit unaufgeschlagen zu lassen, weil sein Inhalt schmerzlich für sie ist, wenn sie sich nur an die Tragödien und nicht an die Komödien erinnert, oder wenn sie in ein Seniorenheim in den sonnigen Süden gezogen ist und die Enkelkinder sie nur einmal im Jahr zu einem Urlaub voller Vergnügungen besuchen, dann ist oft niemand da, der diesen Platz ausfüllt.

Wenn Sie selbst ein Enkelkind bekommen, werden Sie ihre eigene Großmutter in neuem Licht sehen. Vielleicht fühlen Sie sich erst jetzt richtig mit ihr verwandt. Eine Frau, die als Kind vor ihrer Großmutter Angst hatte, schreibt:

»Wächserne Haut, Haar von Seide
Beine aus poliertem Holz
die Venen deiner Hand wie blaue Bänder

du warst die Alte, das Weib, die Hexe,
von der die Folklore singt.
Jetzt bist du meine Schwester.[9]

5

ANDERE GROSSMÜTTER

GROSSMÜTTER IN TRADITIONELLEN KULTUREN

In den meisten traditionellen Kulturen genießt die Großmutter eine ungeheure Bedeutung und Autorität. Dort gelangen Frauen eigentlich erst in dem Augenblick zu Macht, in dem sie Großmütter werden. Im arabischen Harem ist es die Großmutter, die alle anderen dort lebenden Frauen kontrolliert. Eine Marokkanerin beschreibt ihre Kindheit mit den folgenden Worten: »Gegenüber vom Zimmer der Männer lag der erhabene Raum, in dem meine Großmutter väterlicherseits, Lalla Mani (*lalla* ist im Arabischen die weibliche Form des Ausdrucks für Respekt), residierte. Da mein Großvater bereits tot war, hatte meine Großmutter die symbolische Rolle des Haremsvorstands inne. Sie war eine konstitutionelle Monarchin, fast vergleichbar der englischen Queen. Die offiziellen Familienoberhäupter waren mein Onkel und mein Vater, wobei mein Onkel als Erstgeborener der ein wenig Wichtigere war. Aber bei jeder familiären Entscheidung wie in Schulfragen oder bei einer bevorstehenden Verheiratung mußten sie sich mit meiner Großmutter beraten. Selbst wenn im Haus eine Feier veranstaltet werden sollte, mußte meine Großmutter gefragt werden. Lalla Mani gab mir die Gewißheit, daß

Frauen an die Spitze vordringen konnten – eine Gewißheit, die mit dem Abbröckeln der Großfamilie verlorengegangen ist. In Marokko haben wir heute für die Älteren keine solchen Rollenmodelle mehr.«[1] Wenn Frauen in traditionellen Kulturen Großmütter werden, erwerben sie Würde und Autorität als Matriarchinnen. Sie können ihre Stimme als ältere Respektsperson erheben und die kulturellen Traditionen ihres Volkes durch ihre Töchter und Schwiegertöchter weitergeben. Diese Zeit ist ein Höhepunkt in ihrem Leben. In Stammesgesellschaften können ihnen auch religiöse Funktionen übertragen werden. In vielen südafrikanischen Dörfern hütet die Großmutter der Häuptlingsfamilie die heilige Flamme, die nie verlöschen darf, und wenn ein neues Dorf errichtet wird, ist sie es, die das zeremonielle Feuer feierlich entzündet. In manchen Kulturen wird eine Frau nicht nur dann Großmutter, wenn sie eigene Kinder hat. In Thailand wird eine Frau zum Beispiel »Großmutter« gerufen, sobald eine ihrer jüngeren Verwandten ein Baby bekommt. Dort ist die Großmutterrolle nicht an die Reproduktion gebunden.[2] Daß die Chinesen für alte Menschen große Verehrung empfinden, ist bekannt. Die höchste Pflicht eines chinesischen Sohnes besteht darin, seinen Eltern ein glückliches und komfortables Alter zu ermöglichen, und die Jugend bringt älteren Menschen das entgegen, was wir Ehrerbietung nennen würden. In der traditionellen japanischen Familie waren Söhne so wichtig, daß ein Paar, das keine männlichen Erben hatte, die den Familiennamen weitertragen, nach dem Tod der Eltern die Ahnentafeln zieren oder im Alter für sie sorgen konnten, oft den Sohn eines Bruders adoptierte und ihn als sein eigenes Kind aufzog. In Japan wie in Thailand werden so gut wie alle alten Menschen Großeltern.[3]

Unter den schwierigen Lebensbedingungen der Nomaden werden alte und schwache Leute, aber auch ganz junge, als Belastung empfunden. Bei diesen Völkern ist es üblich, daß die Frauen unmittelbar nach der Geburt in den Sattel klettern und wieder reiten müssen. Alte, schwache Sippenmitglieder, die mit den anderen nicht mehr Schritt halten können, werden in der arktischen Witterung zurückgelassen und dem Tod durch Unterkühlung ausgesetzt. Aber in den seßhaften bäuerlichen Kulturen werden die Alten selbst dort verehrt, wo Armut herrscht. Auf den Fidschi-Inseln sagte man mir: »Wir lassen unsere Eltern nicht allein. Wir bleiben in ihrer Nähe, im selben Haus oder in der nahen Umgebung. Wir teilen alles mit ihnen. Was uns gehört, gehört auch ihnen. Was ihnen gehört, gehört auch uns.«

Auch in ganz Afrika wird das Alter respektiert. Bei den Kgatla in Botswana lebt ein Paar nach der Hochzeit entweder im Elternhaus des Mannes oder in dem der Frau, und die beiden Jungvermählten müssen sich der Autorität des Vorstands dieses Haushalts beugen. Wenn es sich um das Haus der Eltern der Frau handelt, muß sich der Ehemann in der Nacht heimlich ins Zimmer stehlen. Wenn es hingegen das Haus seiner Eltern ist, muß sich die Frau unterwerfen und sich wie eine Sklavin benehmen. In beiden Fällen kontrolliert die Großmutter alles, was im Haus vor sich geht. Während der Schwangerschaft gibt die Mutter der Frau ihrer Tochter Ratschläge, und bei der Geburt ist sie an ihrer Seite. Wenn eine Frau zu ihrer Schwiegermutter zieht, wird sie von ihr getestet und geschult, und die Großmutter macht es sich zur Aufgabe, der Frau dabei zu helfen, eine gute Mutter zu sein und ihre Enkelkinder gut zu versorgen. Wenn es ihnen möglich ist, behalten Großmütter diese Aufsichtsrolle bis ins hohe Alter, oft sogar bis zum Tag ihres Todes.[4]

Verheiratete Söhne haben die Pflicht, ihren Eltern beim Pflügen zu helfen, ihnen von Zeit zu Zeit Geschenke zu machen und ihnen in jeder erdenklichen Weise behilflich zu sein. Verheiratete Töchter helfen im Haushalt und schenken Lebensmittel und Kleider. Es wird großer Wert darauf gelegt, die Eltern zu ehren und ihnen zu gehorchen, und die jungen Menschen beraten sich mit ihnen, bevor sie etwas Neues in Angriff nehmen oder eine wichtige Entscheidung treffen. Eine Kgatla-Großmutter hat eine große Würde und starken Einfluß auf Entwicklung und Wohlergehen ihrer Kinder und Enkelkinder.

Bei den Stämmen Südafrikas kehrt eine Frau zur Geburt für gewöhnlich ins Haus ihrer Großmutter zurück. Dieses gilt als der sicherste Ort, zum einen, weil es von den Ahnen bevölkert ist, und zum anderen, weil die Großmutter die Menopause aller Wahrscheinlichkeit nach bereits hinter sich hat und das Haus daher nicht vom Menstruationsblut »verunreinigt« werden kann.[5] Die Großmutter ist ebenso wie die Mutter der Frau oder die Mutter des Mannes bei der Geburt anwesend. Nach der Geburt wird die junge Mutter mit ihrem Kind isoliert und so lange von ihrer Mutter (bei den Pedi, Xhosa und Sotho) oder von der Schwiegermutter (bei den Zulu) betreut, bis die nachgeburtlichen Blutungen aufgehört haben. In der Vergangenheit wurden die jungen Mütter viel länger als heute von den älteren Frauen versorgt und in ihren neuen Pflichten unterwiesen, oft bis das Kind drei Jahre alt war. Heute ist die Großmutter insbesondere in urbanen Gebieten nur noch so lange zuständig, bis der Nabelschnurrest des Kindes abgefallen ist. Junge Mütter haben es schwer, weil die Männer ihnen bei der Babypflege oder bei den Haushaltspflichten kaum zur Hand gehen.[6]

Auf abgelegenen Inseln der Fidschi-Gruppe, die über ein gut organisiertes, modernes Gesundheitssystem verfügen, erfuhr ich 1994 in Gesprächen mit Hebammen und Frauen, daß manche Frauen, die ihr erstes Kind bekommen, und die meisten, die bereits ein oder mehrere Kinder haben, für Geburtszwecke immer noch das Haus ihrer Mutter dem Krankenhaus vorziehen. Dort bringen sie ihr Kind mit Hilfe einer Hebamme, ihrer Mutter oder anderer älterer Frauen zur Welt. Es gilt als Schande, eine Frau dazu zu zwingen, ohne Unterstützung durch weibliche Familienangehörige ein Kind zur Welt zu bringen. Wenn sie allein ins Krankenhaus muß, bedeutet das, daß sie in einem entscheidenden Augenblick ihres Lebens im Stich gelassen wurde: »Wenn du ein Kind bekommst, muß deine Mutter an deiner Seite sein.« Die Großmutter mütterlicherseits überwacht die Schwangerschaft, regt zu körperlicher Betätigung an und mischt die Kräuter, aus denen der »Buschtee« zubereitet wird. Diesen Tee trinkt die werdende Mutter, »um das Baby zu erfrischen«, um Schwangerschaftsbeschwerden zu lindern und, wenn sie über die Zeit ist, die Wehen in Gang zu bringen. Oft ist es die Großmutter mütterlicherseits, die den Bauch der jungen Mutter mit Kokosöl massiert und das Baby badet, die Mahlzeiten kocht, in den Tagen nach der Geburt die älteren Kinder beaufsichtigt und die Zeremonie des »Endes der Blutung« leitet, wenn die Frau aus ihrer Zurückgezogenheit wieder auftaucht.

Auch in Korea finden, ebenso wie in anderen vorindustriellen Kulturen, Geburten traditionell im familiären Rahmen statt. Eine wichtige Funktion der Hebamme besteht darin, bei der Integration von Mutter und Kind in die Familie des Mannes behilflich zu sein. Die Schwiegermutter ist dafür zuständig, die Frau ihres Sohnes auf die Geburt vorzubereiten, und es gilt als unbestritten, daß ihr Verhalten und ihr Geist den Charakter des Babys schon zu einer Zeit beeinflussen, wenn sich das Kleine noch im Bauch der Mutter entwickelt. Daher ist es wichtig, daß im Haus Friede und Harmonie herrschen. Aufgabe der Schwiegermutter ist es, ihrer Schwiegertochter köstliche und liebevoll angerichtete Speisen zu servieren, ihr die Umgebung so angenehm wie möglich zu gestalten und alles zu tun, um sie glücklich zu machen. Die Schwiegermutter steht der Frau während der Wehen bei, massiert ihr den Rücken und den Bauch mit klopfenden Bewegungen und betet zu Sanshin, der Geburtsgöttin. Sobald das Baby auf der Welt ist, kocht sie für die junge Mutter die traditionelle Reismahlzeit mit Seetangsuppe. Sie sorgt dafür, daß sie Ruhe hat und gutes Essen bekommt, sie hält das Haus ruhig, sauber und ordentlich und schafft eine Atmosphäre, in der sich das Baby willkommen fühlt. Aber sie achtet auch darauf, daß Mutter und Kind Zeit für einander haben. Sie bringt Sanshin Opfergaben dar und betet, daß die Mutter viel Milch für das Kind hat.[7]

In den meisten Kulturen beteiligt sich die Großmutter aktiv an der Betreuung und Erziehung der Enkelkinder. Neben den Schwestern oder Schwägerinnen (je nachdem, wo sich das Heim der Familie befindet), Cousinen und Tanten ist sie ab dem Augenblick der Geburt voll in die Betreuung eingebunden. In Japan, wo die Großeltern oft im selben kleinen Haus wie die Kinder und Enkelkinder leben, in dem die Räume nur durch Reispapier unterteilt sind, kann es vorkommen, daß ein Enkelkind bei den Großeltern schläft. Wenn der Platz sehr beschränkt ist, schläft oft sogar die gesamte Familie in ein und demselben Raum. Die westliche Sitte des Alleinschlafens ist der traditionellen japanischen Kultur fremd.

In manchen Gesellschaften wird der Großmutter ein Enkelkind zum Großziehen übergeben. Oft werden die Kinder ins Haus der

Großmutter geschickt, um endgültig von der Brust entwöhnt zu werden, was oft erst im Alter von drei Jahren oder später der Fall ist. Nach einer Weile kehren sie dann in ihr Elternhaus zurück, aber es kommt auch vor, daß sie bei der Großmutter bleiben, bis sie erwachsen sind. Wenn die Mutter krank ist oder stirbt, schießt bei der Großmutter selbst oft wieder Milch ein, auch wenn sie das gebärfähige Alter bereits hinter sich hat. Dann kann sie ihre Enkelkinder stillen. Wenn die Großmutter älter wird, erledigt eines der älteren Enkelkinder die Besorgungen, trägt Feuerholz und Wasser und hält Augen und Ohren für sie offen. Man darf sich das nicht so vorstellen, daß ein Kind, das bei der Großmutter aufwächst, mit einer alten Frau in Isolation lebt. Es ist vielmehr Teil der Großfamilie, und die Beziehung zwischen Mutter und Kind gilt nicht als etwas Exklusives. Die Großmutter ist Teil einer eng verwobenen Gemeinschaft, und alle Mitglieder dieser Gemeinschaft, nicht nur die unmittelbar zur Familie gehörigen, spielen eine Rolle im Leben der Kinder. Eine hawaiianische Großmutter mütterlicherseits hat das Recht, sich eines der Kinder ihrer Tochter zum Großziehen auszusuchen. Aber auch einer kinderlosen Schwester oder Cousine, die ein Baby haben möchte, kann ein Kind überlassen werden. Ersatzmütter sind in diesen Kulturen etwas Selbstverständliches. In Teilen Westafrikas kann jede ältere Frau des weiteren Familienkreises von einer Frau in untergeordneter sozialer Stellung verlangen, ihr nach der Entwöhnung ein Kind zu überlassen, oder sie kann das Stillen auch selbst übernehmen. Bei den Fulani ist man davon überzeugt, daß die Milch einer Schwangeren dem Baby in ihrem Bauch gehört. Die werdende Mutter muß also zu stillen aufhören, unter anderem auch deshalb, weil ihr Uterus, so sagt man, eine ganz besondere Hitze ausströmt, die bei einem Kind Durchfall, Fieber und

Gewichtsverlust auslösen kann. In diesem Fall übernimmt daher eine andere Frau – oft die Großmutter väterlicherseits, die im selben Haushalt lebt – die Betreuung des älteren Kindes. In Haushalten, in denen mehrere Frauen gleichzeitig schwanger sind, kann es sein, daß die Großmutter für eine ganze Schar von Enkelkindern zuständig ist, die bei ihr essen und schlafen.[8] Während in den nördlichen Ländern Paare über vierzig kaum die Möglichkeit haben, ein Kind zu adoptieren, und den meisten Frauen dieses Alters eine Fertilitätsbehandlung verweigert wird, weil man davon ausgeht, daß eine Frau jung sein muß, um den Belastungen der Kindererziehung gewachsen zu sein, wird den älteren Frauen in den traditionellen Gesellschaften eine aktive Rolle im tagtäglichen Leben der kleineren und größeren Kinder übertragen. Die gesamte Arbeit der Kinderbetreuung, aber auch die Betreuung der Männer und Alten, wird unter den Frauen aufgeteilt. Durch diese gemeinsamen Pflichten und Sorgen entsteht ein starkes weibliches Unterstützungsnetzwerk, und die Leben der Frauen sind in vielerlei Hinsicht und auf komplexe Weise miteinander verwoben.

Die starken emotionalen Bande zwischen Müttern und Töchtern einerseits und Töchtern und Großmüttern andererseits, wie sie für die Ndembu in Sambia, eine matrilineare Gesellschaft, charakteristisch sind, entwickeln sich bereits ab der frühen Kindheit. Der Grund dafür ist, daß die Kinder ab dem Alter von drei oder vier Jahren bis kurz vor der Pubertät im Haushalt der Großmutter mütterlicherseits aufwachsen.[9] Wie wichtig diese Großmutter ist, kommt in der Religion der Ndembu zum Ausdruck: Die Geister der Mutter und der Großmutter mütterlicherseits kommen oft zu Besuch zu den Frauen, während die Geister der Mutter und Großmutter des Ehemanns kaum jemals in Erscheinung treten. Wenn Mutter oder Großmutter gestorben sind, werden ihre Geister als Mittel gegen Unfruchtbarkeit beschworen, denn man ist davon überzeugt, daß sie es sind, die den Eingang zum Uterus bewachen und eine Empfängnis verhindern können. Erst wenn sie besänftigt sind, kann eine Schwangerschaft eintreten. In der Nkang'a-Zeremonie, dem Pubertätsritual der Mädchen, wird die junge Frau aus dem Haus ihrer Mutter weggeführt, damit sie heiraten und Enkelkinder gebären kann. Am Ende des Rituals wird sie dann in die Hütte ihrer Großmutter geführt, bevor sie dem Ehemann für die Hochzeitsnacht übergeben wird. Das Ritual symbolisiert die Trennung der jungen Frau von der Familie ihrer Mutter – nun kann sie hinausgehen und Kinder bekommen, um dann in jenen Familienzweig zurückzukehren, dessen höchstrangige Vertreterin ihre Großmutter mütterlicherseits ist.

In manchen vorindustriellen Gesellschaften Nordamerikas genießen die Großmütter ebenfalls ein hohes Maß an Autorität. Bei den Hopi-Indianern ist die Großmutter mütterlicherseits die Vorsteherin des Haushalts, der im allgemeinen aus einer Frau, ihren Töchtern, deren Ehemännern und unverheirateten Söhnen und Töchtern besteht. Die Söhne der Großmutter nennen deren Haus und nicht jenes, das sie mit ihren Frauen teilen, ihr Heim. An Festtagen besucht ein Sohn immer seine Mutter, und nach ihrem Tod seine Schwester, während seine Frau alle Festtage weiterhin im Haus ihrer Mutter verbringt. In ähnlicher Weise gibt es auch bei den Navajo das, was man »matrilokale Großfamilien« nennt.[10] Wenn ein Paar heiratet, kann es entweder bei der Mutter des Ehemanns oder bei der Mutter der Frau leben, aber die Wahrscheinlichkeit, daß die Wahl auf die Mutter der Frau fällt, ist größer. Die Großeltern entscheiden beispielsweise, wann die

Schafe geschoren werden sollen, sie sind die ultimative Autorität in allen Fragen der Landwirtschaft. Eine Navajo-Großmutter zwingt der Familie ihre Entscheidungen nicht auf. Sie steht vielmehr im Zentrum des Kommunikationsnetzes und koordiniert die Dinge so, daß alle miteinander kooperieren.[11] Sie hat es nicht nötig, die Männer als *Hebel* zu verwenden, sondern sie nimmt eine politische Rolle als Vermittlerin ein.

In Atjeh an der nördlichen Spitze Sumatras sind die Frauen die Eigentümerinnen der Häuser, und selbst wenn die Männer Land besitzen, wird es von den Frauen bearbeitet. Da sie es sind, die den Reis – Hauptnahrungsmittel und wichtigster Bestandteil der Opferriten – anpflanzen, können die Männer ohne ihre Zustimmung und Mitwirkung den Göttern keine Opfer darbringen. Die Bindung zwischen einer Mutter und ihren Kindern und Enkelkindern ist die stärkste Bindung der Gemeinschaft, und die Männer werden lediglich als Gäste behandelt, die die Gastfreundschaft der Frauen oft über Gebühr strapazieren. Etwa fünfzig Prozent aller Ehen enden in Scheidung.[12]

In den ehemaligen Sklavengesellschaften wird die Großmutter noch wichtiger, wenn die Familie unter Bedingungen urbaner Armut lebt. Arme schwarze amerikanische Haushalte bestehen oft aus drei Generationen: einer Frau, einer oder mehreren ihrer Töchter, den Kindern ihrer Töchter und den Männern, die mit den Frauen zusammenleben. Frauen mit Kindern haben oft keine andere Wahl, als bei ihren Müttern zu leben und sich die Ressourcen mit ihnen zu teilen, und aus demselben Grund leben auch arbeitslose Söhne bei ihren Müttern.

Auch in der gesamten Karibik haben die Großmütter eine mächtige Position inne. Sie ziehen ihre Enkelkinder oft ab dem Zeitpunkt ihrer Entwöhnung von der Brust groß. In Jamaika will es die Tradition, daß eine Frau aus den bäuerlichen Schichten erst dann heiratet, wenn sie eine langjährige und fruchtbare Beziehung zu einem Mann aufgebaut hat, der sie und die Kinder versorgt. So kann es vorkommen, daß eine Frau in mittleren Jahren mit ihren eigenen Kindern und den Kindern ihrer Töchter zusammenlebt und daß sie alle Kinder zusammen großzieht. Obwohl die Großmütter über diese Gepflogenheit murren, ist es ihnen mit zunehmendem Alter durchaus angenehm, von starken, gesunden Kindern umgeben zu sein. Wenn die Großmutter älter wird, übernehmen die Mädchen schrittweise immer mehr Verantwortung für die Führung des Haushalts, und wenn sie das Greisenalter erreicht hat, kann sie erwarten, daß ihre Enkelinnen nun als Gegenleistung für sie sorgen. Es gilt als etwas Schreckliches, wenn eine ältere Frau keine jungen Leute hat, die ihr helfen. Bei meinen Feldforschungen machte ich die Bekanntschaft von Großmüttern, die stolz erzählten, daß ihre emigrierten Söhne ihre Freundinnen absichtlich geschwängert hätten, um ihnen ein kleines Kind zu hinterlassen, wenn sie ins Ausland gingen. In diesen Fällen zogen Frauen, deren Töchter ihnen keine Enkelkinder geschenkt hatten, die Kinder ihrer Söhne auf.

Wenn eine junge Frau schwanger wird, wird sie von ihrer Mutter nicht beschimpft, vorausgesetzt, daß es einen Mann gibt, der die Verantwortung für das Baby übernimmt. Er braucht sie nicht zu heiraten, aber er muß bestimmte finanzielle Verpflichtungen übernehmen. Wenn es jedoch keinen Mann gibt, der sich dazu bereit erklärt, kann es passieren, daß das Mädchen verprügelt und aus dem Haus geworfen wird. Dann schreiten die Verwandten mütterlicherseits ein und bedrängen die Großmutter, die Tochter doch wieder zu Hause aufzunehmen, was sie meist nach einer bestimmten Zeit auch tut. Früher wurde das Kind im Haus der

Großmutter geboren, und die Frau betreute es mit Hilfe ihrer Mutter etwa neun Monate bis ein Jahr lang. Danach kehrte sie in die Stadt zurück, um sich Arbeit zu suchen, und ließ das Kleine bei ihrer Mutter zurück. Das Muster ist ähnlich dem der Ndembu. Eine junge Frau verläßt das Haus ihrer Mutter, um Kinder zu bekommen, die sie zu ihrer Mutter zurückbringt und ihr überläßt. Das Verprügeln und Hinauswerfen ist ein Übergangsritual, welches das Eintreten der Frau in die Mutterrolle symbolisiert, eine Zeremonie, bei der die junge Mutter sozusagen für ihr Recht auf Sexualität und Mutterschaft »bezahlt«.

In Guyana haben die Männer nicht nur zu Hause, sondern auch in der Politik und im wirtschaftlichen Leben nur wenig zu sagen, während die Mütter und Großmütter sehr einflußreich sind. Die Kinder einer zu Hause lebenden Mutter nennen ihre Großmutter oft »Mama« und ihre Mutter beim Vornamen, als ob sie eine Schwester wäre. Das ist vor allem dann der Fall, wenn die Großmutter selbst noch kleinere Kinder hat. Eine Großmutter behandelt ihre eigenen Kinder und ihre Enkelkinder genau gleich. Sie ist die Chefin der Familie.[13] Aber auch wenn Kinder und Enkelkinder nicht gemeinsam aufwachsen, behandeln die Großmütter ihre Enkelkinder liebevoll und mit großer Geduld.[14] Bei Streitigkeiten mit der Mutter stehen sie ihnen zur Seite. Wenn ein junges Mädchen zum Beispiel zu einer Tanzveranstaltung gehen will und die Mutter es ihr verbietet, setzt sich die Großmutter oft für ihre Enkelin ein.

Dadurch erhebt sich eine interessante Frage im Zusammenhang mit Großmüttern. In den meisten Gesellschaften ist man davon überzeugt, daß Großmütter ihre Enkelkinder verwöhnen und nicht streng genug zu ihnen sind. Man sagt, sie seien so nachsichtig, daß die Enkelkinder bei ihnen tun und lassen können, was sie wollen. Anthropologen haben für dieses Phänomen den Ausdruck »Äquivalenz der Generationen« geprägt. Er bedeutet, daß Angehörige der jeweils übernächsten Generation einen entspannteren Umgang miteinander pflegen als jene der unmittelbar aufeinanderfolgenden Generationen.

Auf der ganzen Welt können Großeltern und Enkelkinder auf eine Weise miteinander scherzen, wie es zwischen Eltern und Kindern kaum möglich ist. Die Enkelkinder können ihre Großeltern provozieren und unfolgsam sein, ohne dafür bestraft zu werden. Aber trotzdem kann eine Großmutter, die ihre Enkelkinder verwöhnt, ihren Schwiegertöchtern gegenüber autoritär, wenn nicht sogar tyrannisch auftreten. In Taiwan wird unter jungen Frauen, die bei ihren Schwiegermüttern leben, eine hohe Selbstmordrate verzeichnet.[15] Auf der anderen Seite empfinden es die meisten Schwiegertöchter trotz der tagtäglichen Probleme als Vorteil, die Schwiegermutter in der Nähe zu haben, denn dadurch können sie jederzeit ihre eigenen Eltern besuchen, und sie haben auch immer Hilfe bei der Kinderbetreuung. Die älteren Frauen kritisieren ihre Schwiegertöchter für Strafen, die sie als zu hart empfinden, und das tun sie selbst dann, wenn sie ihre eigenen Kinder auf eine ähnliche Weise zu bestrafen pflegten.

Taiwanesische Großmütter haben alle Hände voll zu tun, Partner für ihre Enkelkinder zu suchen und zu planen, wen sie heiraten sollen, wenn sie erwachsen sind. Die Schwiegertöchter tolerieren das, weil sie davon ausgehen, daß Oma vermutlich nicht mehr leben wird, wenn diese Entscheidungen tatsächlich anstehen. Die Großmütter ziehen von Haus zu Haus, um ihre Pläne zu verfolgen und als Vermittlerinnen zwischen den Familien aufzutreten. Sie arrangieren auch Adoptionen, regeln familiäre Zerwürfnisse und handeln bei Streitigkeiten Kompromisse aus, bei denen alle ihr Gesicht wahren können.[16] Bei Familienzeremonien wird die Macht der Frauen eindrucksvoll zur Schau gestellt, und die Großmütter spielen bei Geburtstagen, Hochzeiten, Begräbnissen und religiösen Festen eine überaus aktive Rolle. Die jüngeren Frauen profitieren von den Erfahrungen der Großmütter, die genau wissen, wie eine bedeutende Familienzeremonie das letzte Mal, das vorletzte Mal – und soweit die Erinnerung zurückreicht – begangen wurde. Manche Großmütter machen sich einen Namen als weise Frauen der Gemeinde, und sie werden von anderen Dorfbewohnern konsultiert, wenn es um Fragen der Familie, der Ehe oder der Kindererziehung geht. Sie spielen auch eine tragende Rolle bei den Kreditinstituten, bei denen sich die Familien kurzfristig Geld für eine Hochzeit oder ein Begräbnis leihen. Außerdem sind sie in kleinem Rahmen auch kommerziell aktiv. Sie verkaufen ihre Hühner und Enten an Nachbarn oder auf dem Markt, und oft vergeben sie auch Kredite zu hohen Zinsen. Eine Lieblingsbeschäftigung der taiwanesischen Großmütter, vor allem wenn es sich um ehemalige Prostituierte handelt, besteht im Kartenglücksspiel Mah-jong, und die Familie hat oft alle Hände voll zu tun, um Oma davon abzuhalten, die Familienersparnisse zu verspielen.

Aber die Großmütter sind auch in religiöser Hinsicht überaus aktiv. Sie besuchen die religiösen Zentren und verbinden dabei touristische Interessen mit der Verehrung der Götter. Wenn ein Tempel restauriert wird, sind es die Großmütter, die das Geld für die Reparaturen beschaffen und die Feierlichkeiten organisieren. Religiöse Feste werden mit Freiluftopern und Puppenspielen kombiniert, und die älteren Frauen sitzen oft stundenlang da und sehen sich die Nachmittags- und Abendaufführungen an. Diese langatmigen Opern und Puppenspiele scheinen die erfolgreichsten Sendungen des taiwanesischen Fernsehens zu sein, und Anthropologen sagen, daß es so gut wie unmöglich ist, ein Interview zu bekommen, während eine dieser Sendungen ausgestrahlt wird.[16]

Wenn eine japanische Großmutter mit einundsechzig Jahren in die letzte und älteste Altersgruppe eintritt, wird für gewöhnlich ein Fest veranstaltet. Von nun an muß sie mit großer Rücksicht behandelt werden. Jede Bitte muß ihr gewährt werden, ihre Meinungen müssen respektvoll beachtet werden, und niemand darf sie kritisieren. Zum ersten Mal seit ihrer Kindheit darf sie wieder rote Kleider tragen. Als Zeichen dafür, daß sie nun den vollen Status einer *oba-san* genießt, trägt sie einen karmesinroten Unterrock. In Japan gilt das Alter nicht als Behinderung, die man zu ignorieren oder zu verstecken trachtet, sondern als Meilenstein am Ende des langen Weges der Kindererziehung.

In manchen nördlichen Kulturen versuchen die Frauen heute, aus dem Älterwerden und aus der Würde des Großmutterwerdens ein neues Selbstbewußtsein zu schöpfen. Die Silbe »grand« im englischen Wort »grandmother« kommt aus dem Lateinischen und bedeutet »eindrucksvoll«, »wichtig«, »mächtig« und »stark«. In den Vereinigten Staaten begehen Gruppen jüdischer Frauen zum Beispiel die Zeremonie des *simhat lochmah*, ein Fest der Weisheit, das normalerweise den Männern vorbehalten ist. Bei diesem Fest trägt eine Frau, begleitet von ihren Freundinnen, die Thora, welche die Weisheit des Volkes repräsentiert. Dabei erhält sie einen neuen Namen, der ihren neuen Status symbolisiert. Heute reklamieren die Frauen das »Groß« in »Großmutter« für sich.

113

DIE GROSSMUTTER IM MYTHOS UND
DIE GROSSMUTTERGÖTTIN

Wenn man bedenkt, wie wichtig die Großmütter in den traditionellen Gesellschaften sind, dann überrascht es nicht, daß sie in Mythen und Legenden als mächtige Figuren dargestellt werden. Da gibt es die Muriranga-whenua, die dem Volk der Maori ihren Kieferknochen, den Knochen der Magie und der Weisheit, gab, oder Eva, dem christlichen Glauben nach die erste Frau und damit die Großmutter der Menschheit, die den Apfel der Erkenntnis über Gut und Böse pflückte und ihn dem Mann zu essen gab. Die Legende weiß auch zu berichten, daß die Großmutter eines Stammes als erster Mensch die für den Wassertransport und die Essenszubereitung notwendigen Töpfe herstellte und brannte oder die Kunst des Kochens erfand, um ihr hungriges Volk zu sättigen. Die hawaiianische Göttin Pele manifestiert sich im Körper einer alten Frau. Ihr Name ist Tutu, was soviel wie »Großmutter« bedeutet.

Da die Großmutter in Mythen und Legenden so mächtig ist, wird sie oft als gefährlich dargestellt. Muriranga-whenua pflegte ihre Enkelkinder zu verspeisen, bis der Held der Maori ihr eine Falle stellte und sie ihm als Belohnung für seine Verschwiegenheit ihren Kieferknochen überließ. Wenn wir die europäischen Märchen betrachten, ist sich das Rotkäppchen unsicher, ob es seiner Großmutter vertrauen kann – und das mit gutem Grund: In der Haut der Großmutter verbirgt sich ein Wolf.

Die Großmutter wird für die Erfahrung und die Weisheit verehrt, die sie verkörpert. Sie stellt ein ungeheuer wichtiges Verbindungsglied dar. Möglicherweise ist sie die letzte Überlebende einer Vorfahrenkette und damit die letzte Repräsentantin der Ursprünge ihres Stammes oder Clans. Sie kennt die alten Mythen und Legenden, die Geschichte und die Vergangenheit. Aber darüber hinaus verkörpert die archetypische Gestalt der Großmutter auch die Macht von Erde und Natur. Sie ist die Großmuttergöttin.

Göttinnen werden oft als schöne junge Mädchen dargestellt, aber das ist nur eine mögliche Facette. Eine der frühesten Göttinnenmetaphern war der Mond, und die Mondphasen wurden mit den Lebensphasen einer Mutter gleichgesetzt. »Der aufsteigende Mond war das junge Mädchen, die Jungfrau; der Vollmond war die schwangere Frau, die Mutter; der sich verdunkelnde Mond war die weise alte Frau, deren Licht im Inneren glühte.«[18] Die in die Felsen der Dordogne gemeißelten Göttinnen oder die Venus von Willendorf sind keine jungen Mädchen. Ihre schwellenden Hüften und ihre vollen, runden Bäuche zeugen davon, daß sie bereits Leben in sich getragen haben, daß ihre Brüste schwer von Milch waren. In Catal Huyuk in Anatolien wurde die Muttergöttin als junges Mädchen, als gebärende Frau und als Großmutter dargestellt. Die Großmuttergöttinnen des Paläolithikums wurden durch die schwangeren Göttinnen des Neolithikums ersetzt. Wenn im Pantheon neue Göttinnen aufstiegen, wurden die älteren zu Großmuttergöttinnen, und diese waren oft die mächtigsten von allen. Die Göttin Demeter, selbst eine Großmuttergöttin, entwickelte sich aus der mesopotamischen Fruchtbarkeitsgöttin. Ihr Abbild wurde aus Weizen, Roggen, Mais oder Reis hergestellt. In manchen landwirtschaftlichen Gegenden wird die letzte Garbe auch heute noch als Frau geformt und Großmutter genannt. Dieser Tradition sind auch die englischen Kornpuppen zuzurechnen.

Als die Großmuttergöttin der alten Zeiten im mittelalterlichen

Europa zur Hexe erklärt wurde, verwandelte sie sich in eine Göttin des Untergrunds. Im Hexenkult lebten bestimmte Elemente der Verehrung der Großmuttergöttin weiter. Die Hexe hatte vielerlei Ähnlichkeit mit Artemis/Diana, der Mondgöttin und Jägerin. Sie wurde zu Tana, der Göttin der Hexen, die sich später mit Luzifer, ihrem Bruder, vereinigte und – laut dem italienischen Hexenkult – Araelia, die Hexe Messiah, gebar. Im neunten Jahrhundert warnte der Rat von Ancyra vor »diesen verworfenen Frauen, die sich dem Satan verschrieben haben und sich von Illusionen und Erscheinungen von Dämonen verführen lassen«, und »die der Überzeugung anhängen, daß sie nächtens mit Diana als deren Dienerinnen, auf gewissen Bestien reitend und ihren Kommandos folgend, in Gesellschaft unzähliger anderer Frauen immense Entfernungen überwinden«.[19]

Die Hebräer verehrten einen männlichen Kriegsgott. Aber zuerst mußten sie die Großmuttergöttinnen der Erde und des Heims vernichten, die als lokale Göttinnen die weibliche Macht symbolisierten. Als die patriarchalische Religion die Oberhand gewann, fielen diese Göttinnen der Ablehnung und der Verachtung anheim, obwohl sie von den Frauen insgeheim immer noch verehrt wurden. Nach und nach wurden die bäuerlichen Kulturen der großen Flußtäler von semitischen, als Nomaden lebenden Ziegen- und Schafhirten erobert. In diesen Kulturen wurde eine Göttin verehrt, und als die von Männern dominierte Mythologie die Religion der Muttergöttinnen zu verdrängen begann, verwandelte sich die Göttin in eine alte Großmuttergöttin. Die Menschen von Babylon verehrten die Großmuttergöttin Tiamat, die große weibliche Kraft, welche die Energie hinter allen erschaffenen Dingen symbolisierte. Bald versammelten sich die männlichen Götter, um sie zu bekämpfen. Sie hatten gehört, daß Tiamat kommen sollte. Als sie ihren Mund öffnete, schickte der junge Gott Marduk aus Babylon Winde in ihren Rachen, die sie in Stücke bliesen, und dann schnitt er ihr die Gliedmaßen ab und formte aus ihrem Körper Erde und Himmel.

Die australischen Aborigines in Arnhem Land und in einem Teil der Northern Territories verehren die Großmuttergöttin im Kunapipi-Kult, dem Kult der »alten Frau«. Tatsächlich gibt es zwei von diesen Großmüttern, Wanwaluk genannte Schwestern, die die Erde in der vorgeschichtlichen Traumzeit durchstreiften. Bei Kunapipi handelt es sich um ein postpubertäres Ritual, einen Initiationsritus, der auf den Übertritt eines Jungen ins Erwachsenenalter folgt. Dabei geht es um die spirituelle Reifung einer Gruppe junger Männer sowie um die rituelle Wiedergeburt der Primärenergie, die sich in Fruchtbarkeit und der Regeneration des Kosmos ausdrückt. Die Novizen betreten einen heiligen, dreieckigen Tanzplatz und vollziehen damit den rituellen Wiedereintritt in den Bauch der Großmuttergöttin, aus dem sie regeneriert wieder hervorgehen. Das Schauspiel wird nicht nur für die jungen Männer, sondern für die Gemeinschaft im allgemeinen aufgeführt, und nicht nur für die Menschen, sondern für alle lebendigen Wesen. Die Großmuttergöttin erfüllt die Erde mit neuem Leben.

6

DIE (ÜBER)EIFRIGE GROSSMUTTER

In unseren Industriekulturen ist die Großmutter nicht länger eine unantastbare Ikone. Großmutter zu werden bedeutet für die meisten Frauen keine besondere Errungenschaft im Leben. Wir können jedenfalls sicher sein, daß wir deswegen von niemandem verehrt oder gar als kostbares Bindeglied zwischen den lebenden Menschen und den Göttern der Vorfahren betrachtet werden. Es gibt uns auch kein grünes Licht, uns nach Belieben frei zu benehmen oder alle Familienangelegenheiten nach unserem Gutdünken zu regeln, wie das die Großmütter in Taiwan tun. Eine moderne Großmutter kann auf keinen Fall dem Vorbild einer Göttin gerecht werden, und eine Frau, die sich darauf freut, Großmutter zu werden, darf nicht erwarten, wie eine Göttin behandelt zu werden. Trotzdem sehnen sich viele Frauen danach, Großmutter zu werden. Sie freuen sich nicht nur auf eine vage, allgemeine Weise, sondern sie betrachten es als eine Art besonderes Geschenk, ein Enkelkind zu bekommen. Frauen, die solche Gefühle haben, hängen oft romantischen Vorstellungen von einem liebevollen und gemütlichen Familienleben nach und stellen sich vor, daß sie nach der Geburt des Babys die zentrale Stelle im Familiennest einnehmen werden. Sie versprechen sich vom Großmutterwerden ein erfüllteres und sinnvolleres Leben, das ihnen mehr Liebe bringen und das Gefühl vermitteln wird, *gebraucht* zu werden.

Es gibt Frauen, die es nicht erwarten können, Großmutter zu werden. Wenn ihnen ihre Kinder keine Enkel schenken, dann empfinden sie das als persönliches Versagen. Ihr Verlangen nach einem Enkelkind kann genauso stark sein wie die Sehnsucht einer unfruchtbaren Frau nach einem eigenen Kind. Sie reden schon von Babys, lange bevor sich der Sohn oder die Tochter bereit fühlt, eine Familie zu gründen, oder auch nur sicher ist, den richtigen Partner gefunden zu haben. Sie nehmen jeden Freund und jede flüchtige Bekanntschaft genau unter die Lupe und bewerten im stillen, wie gut sich der oder die Betreffende als Vater oder als Mutter eines Enkelkindes eignen würde. Sie beginnen, »für alle Fälle« Spielzeug, Bilderbücher und Babykleidung zu kaufen. Oft gehen sie ganz selbstverständlich davon aus, daß ihre Söhne und Töchter heterosexuell sind und sich eine »normale Familie« wünschen, auch wenn sie es eigentlich besser wissen müßten. Es kann aber auch sein, daß eine geheime Angst vor einer vermuteten Homosexualität ihrer Kinder sie dazu treibt, sie unter Druck zu setzen, um zu beweisen, daß sie letzten Endes doch »normal« sind. Es kann sein, daß ein Paar zusammenzieht und die Möchtegern-Großmutter ihrer Tochter sofort Fragen stellt wie: »Wann werdet ihr solide werden?« Wenn die Tochter keinen männlichen Partner hat, schwelgt ihre Mutter in detaillierten Beschreibungen, wie glücklich ehemalige Schulkameradinnen und die Töchter von Freundinnen und Nachbarinnen mit ihren Ehemännern und Familien sind.

Sowohl verheiratete als auch unverheiratete Töchter und Schwiegertöchter fühlen sich von den Erwartungen der älteren Frauen bisweilen extrem irritiert. Solche Ansprüche können eine Beziehung großen Belastungen aussetzen, vor allem dann, wenn die Frau bereits über dreißig ist und sich in ihrem Beruf glücklich und ausgefüllt fühlt, wenn sie zu dem Entschluß gelangt ist, daß sie in diese gewalttätige und verschmutzte Welt keine Kinder setzen möchte, wenn sie lesbisch ist und keine Familiengründung plant, oder wenn sie aus irgendeinem Grund nicht schwanger wird.

Man vergißt auch leicht, daß viele Paare unfreiwillig kinderlos bleiben: In den Vereinigten Staaten sind es mindestens fünf Millionen.[1] Die genaue Zahl werden wir nie erfahren, weil das Thema Unfruchtbarkeit ein Tabu ist, über das die meisten Paare nicht gern sprechen. Viele lassen sich auch nie deswegen behandeln. Der Unfruchtbarkeit haftet ein Stigma an, und eine Frau, die nicht schwanger werden kann, versucht, diese Tatsache vor ihrer Mutter und vor allem auch vor ihrer Schwiegermutter geheimzuhalten. Wenn sie sich deswegen schämt, wird sie alles daran setzen, daß niemand von ihrem Problem erfährt. Es ist wie ein Fluch, der manchmal auch mit dem Abbruch einer früheren, unerwünschten Schwangerschaft in Verbindung gebracht wird. Elizabeths Mutter beschuldigte ihre Tochter, egoistisch und von ihrer akademischen Karriere »besessen« zu sein, weil sie »Richard keine Kinder schenken« wolle. In Wirklichkeit wünschte sich Elizabeth verzweifelt ein Baby, aber das Problem war, daß ihr Mann steril war. Sie ließ eine Reihe von Tests an sich durchführen, bevor er sich seinerseits zu einer Untersuchung bereit erklärte. Dabei zeigte sich, daß er so gut wie keine lebensfähigen Spermien produzierte. Sie überlegte eine *In-vitro*-Befruchtung mit Spendersamen, aber ihr Mann gab ihr unmißverständlich zu verstehen, daß er ein solches Kind nie als sein eigenes akzeptieren würde. Wenn eine Großmutter ihre Hoffnung auf ein Enkelkind zum

Ausdruck bringt, dann läuft sie Gefahr, das Paar in seiner Intimität zu stören, ganz gleich, ob es sich selbst ein Kind wünscht oder nicht. Nuancen in der Ausdrucksweise machen einen großen Unterschied. Wenn die Möchtegern-Großmutter zum Beispiel sagt: »*Wenn* ihr (endlich) Kinder bekommt« und nicht »*Falls* ihr Kinder bekommt«, setzt sie ihre Tochter oder Schwiegertochter unter Druck, schwanger zu werden – und zwar nicht, weil sie oder ihr Partner es sich wünschen, sondern weil die ältere Frau eine »vollständige« Familie haben möchte, weil sie sich nach einer ausgefüllten Zukunft sehnt oder weil sie schlicht und einfach erwartet, daß alles »normal« ist und daß sie wie ihre Freundinnen Enkelkinder hat, auf die sie stolz sein und an deren Leben sie teilnehmen kann. Es kann auch sein, daß eine Frau das Großmutterwerden als Teil ihrer persönlichen »Entwicklung« betrachtet. Eine vierundsechzigjährige Psychiaterin, die ein Tagebuch über das Großmutterwerden schrieb, meinte: »Ich fühle mich zu alt, um zum ersten Mal Großmutter zu werden. Man hat immer die Vorstellung, daß Kinder einem beim Wachsen helfen, aber ich habe das Gefühl, daß meine Kinder meine Weiterentwicklung *gehemmt* haben.«[2] Als die Schwangerschaft ihrer Tochter dann vier Monate weiter fortgeschritten war, fühlte sich dieselbe Frau plötzlich zu *jung*, um Großmutter zu werden. Als berufstätige Frau wehrte sie sich dagegen, auf einmal hauptsächlich als Großmutter betrachtet zu werden: »Das Ganze ist wirklich viel für mich… ich kriege es einfach nicht auf die Reihe. Ich werde jeden einzelnen Aspekt meines derzeitigen Lebens, aber auch meine Vergangenheit unter die Lupe nehmen müssen, um auf dieser neuen Ebene wieder zu einem geschlossenen Selbstbild zu finden.«[3]

Viele Frauen haben das Gefühl, deshalb schwanger zu werden

oder ein zweites Kind bekommen zu müssen, weil eine übereifrige Großmutter es so geplant hat, aus der Überzeugung heraus, daß jede Frau, die nicht Mutter werden will oder die Mutterrolle nicht genießt, egoistisch ist oder sich in einer Weise auf ihre Karriere konzentriert, die für eine Frau »unnatürlich« ist. Es kann auch sein, daß die ältere Frau das Nichteintreten einer Schwangerschaft als Akt persönlicher Feindseligkeit und grausamer Zurückweisung durch ihre Tochter empfindet. Sie hat den Eindruck, als nütze diese ihre Unabhängigkeit aus, indem sie immer wieder auf ihre Eigenständigkeit pocht, und als setze sie das, was die ältere Frau als aggressive Abwehr der Mutterrolle interpretiert, als Waffe gegen sie ein.

Die meisten Frauen empfinden das Großmuttersein als Bestätigung ihrer eigenen Identität, als Beweis ihrer Existenz, der in körperlichen Ähnlichkeiten, Eigenschaften und Werten der Enkelkinder zum Ausdruck kommt. Sie suchen in ihren Enkelkindern die Kontinuität des Lebens. Sobald sie auf der Welt sind, beginnen sie in ihren Gesichtern zu forschen und ihr Verhalten zu beobachten, und sie halten Ausschau nach dem kleinsten Zeichen dieser Kontinuität.

Ein solches Verhalten kann weniger egozentrisch sein, als es auf den ersten Blick den Anschein hat, denn viele Frauen, die sich danach sehnen, Großmutter zu werden, betrachten ihr eigenes Leben als Teil der Familiengeschichte. Ihre starke Sehnsucht nach Enkelkindern erklärt sich zum Teil aus ihrem Wunsch, zu einer Familie zu gehören, die ein Erbe weitergibt. Bei Männern ist dieses Gefühl oft ebenso stark wie bei Frauen, denn in einer patrilinearen Gesellschaft ist es ihre Linie, die durch die Geburt eines Enkelkindes gesichert und gestärkt wird, vor allem, wenn ein Junge zur Welt kommt.

Viele Familien haben harte Zeiten, Armut und Diskriminierung durchgemacht, zum Beispiel, wenn sie durch ethnische und religiöse Verfolgung von einem Land in das andere gehetzt wurden. Manche haben einen systematischen Massengenozid überlebt. Tapfere Menschen widersetzten sich der Unterdrückung und brachen zu neuen Ufern auf, um Existenzen zu gründen und Karrieren aufzubauen. Solche Menschen können die Geburt von Enkelkindern als Bestätigung dafür empfinden, daß das Leben und Leiden ihrer eigenen Großeltern und Urgroßeltern Sinn hatte und daß ihre Mühen und Kämpfe nicht vergebens waren. In gewisser Weise sehen sie in der Geburt von Enkelkindern einen Triumph über die Ungerechtigkeit – einen Sieg über den Holocaust. Eine jüdische Frau bescheibt, wie sie ihre neugeborenen Zwillinge ins Haus ihrer Mutter brachte und ihr mitteilte, daß sie ihnen die hebräischen Namen ihrer verstorbenen Eltern gegeben habe. Daraufhin sagte ihre Mutter: »Jetzt habe ich meine Mutter und meinen Vater zurückbekommen.«[4]

Diese starke innere Bedeutung der Geburt eines Enkelkindes wird von den werdenden Eltern oft nicht verstanden. Es kann sein, daß sie den Wunsch der älteren Generation als irrelevant oder als Teil einer Geschichte zur Seite schieben, mit der sie nichts zu tun haben wollen. Die von den älteren Menschen ausgedrückten Gefühle erscheinen ihnen möglicherweise peinlich und sentimental. Vielleicht haben sie sogar den Eindruck, als versuchten die älteren Leute, ihnen eine persönliche Erfahrung zu stehlen und sie zu ihrer eigenen zu machen.

Möchtegern-Großeltern mit starkem Familiensinn können ihre Kinder unter einen unerträglichen Druck setzen, Nachkommen zu produzieren. Eine Frau, die nicht schwanger werden kann, sagt: »Meine Schwiegermutter drängt seit dem Tag unserer Hochzeit auf ein Enkelkind.« Ihr Bruder und ihre Schwester haben beide Kinder, aber ihr Mann ist der älteste Sohn, und deshalb legen seine Eltern besonderen Wert darauf, daß er eine Familie gründet.[5]

Es ist ein eigenartiges Phänomen, daß es uns in unserer modernen Gesellschaft, in der wir keine Kinder brauchen, um die Felder zu bearbeiten, die Herden zu hüten oder uns im Alter zu versorgen, in einer Zeit, in der die meisten von uns weder Land noch Kamele noch großartige Häuser besitzen, die wir unseren Erben weitergeben könnten, immer noch wichtig ist, daß unsere Kinder Nachkommen haben. Viele versuchen ihren Wunsch zu rechtfertigen, indem sie sagen, daß sie ihrer Tochter »Erfüllung als Frau« wünschen und wollen, daß sie die Freuden des Mutterseins genießen kann – obwohl sie eigentlich aus Erfahrung wissen müßten, daß die Mutterschaft außer Freude und Erfüllung auch ganz andere Dinge mit sich bringt. Sie bringt einer Frau unvermeidliche Leiden, und sie kann ihre Identität völlig untergraben, während sie ihr Bestes gibt, eine gute Mutter zu sein. Einer Frau sollte zugestanden werden, ein ausgefülltes und befriedigendes Leben zu führen, ohne Mutter werden zu müssen, so wie auch ein Mann glücklich und erfolgreich sein kann, ohne Vater zu sein. Neben diesem Weg gibt es noch viele andere Wege, die zu einem erfüllten Leben führen.

Wenn das Leben einer älteren Frau durch Trennung, Scheidung, Krankheit, Arbeitslosigkeit oder durch den Tod eines Partners durcheinandergeraten ist, ist sie vielleicht versucht zu glauben, daß die Geburt eines Enkelkindes alles wieder ins rechte Lot rücken und Hoffnung für die Zukunft bringen wird. Manche Frauen, die isoliert und allein sind und keine Beschäftigung haben, die sie ausfüllt, benutzen ihre Enkelkinder als Tröster und

Lückenbüßer für ihre Einsamkeit. Eine zweiundvierzigjährige Großmutter war gezwungen, den Job als Sängerin in Touristenhotels, den sie liebte, aufzugeben. Mit dem Verlust ihres Jobs ging der Verlust ihres Selbstwertgefühls einher. Nun hat sie ihre drei kleinen Enkelkinder unter ihre Fittiche genommen und sagt:»Ich würde verrückt werden, wenn ich nicht meine Enkelkinder hätte, mit denen ich sprechen kann.« Da ihre Enkelkinder sie zufällig brauchten, hielt sie sozusagen ihr Leben an, um die Frage zu vermeiden, was sie sonst noch beginnen könnte. Aber so etwas kann nur eine vorübergehende Lösung sein, denn die Kinder werden älter und verlassen irgendwann einmal unweigerlich das Haus.

Manche Frauen empfinden es als zweite Chance, Großmutter zu werden. Nun haben sie die Möglichkeit, Kinder so zu bemuttern, wie sie es ihrer Meinung nach bei ihren eigenen Kindern versäumt haben. Eine Frau drückt es so aus:»Ich hatte so viel zu tun, als meine Kinder klein waren, daß es mir nicht gelang, eine echte Beziehung zu ihnen aufzubauen. Nun kann ich das an meinen Enkelkindern wiedergutmachen.« Das ist zwar ein ehrenwerter Vorsatz, aber wenn das der einzige Grund ist, warum sie die Vorstellung, Großmutter zu werden, so begeistert, kann es sein, daß sie die Kinder nur benutzt, um ihre eigenen Bedürfnisse zu befriedigen, um eine Lücke in ihrem Leben zu füllen oder um zu versuchen, sich von den Schuldgefühlen wegen des von ihr empfundenen eigenen Versagens als Mutter reinzuwaschen. Diese Einstellung ist kein gutes Omen für die Beziehung zu ihren Söhnen und Töchtern, in denen vielleicht Bitterkeit und Groll aufsteigen, wenn sie sehen, daß die Frau, die nie Zeit für sie zu haben schien, als sie klein waren, nun in der Rolle der hingebungsvollen Großmutter brilliert.

Wenn Ihre Tochter oder Schwiegertochter Sie also (noch) nicht zur Großmutter gemacht hat und Sie sich sehnlichst Enkelkinder wünschen, dann ist es das Beste, einen Schritt zurückzutreten, der jungen Frau Platz zum Atmen zu lassen und ihre Privatsphäre nicht mit Ihren Zweifeln und Ängsten zu stören. Entspannen Sie sich! Seien Sie da, wenn die junge Frau über das Thema sprechen möchte, und hören Sie zu, anstatt unaufgefordert zu sagen, was Sie denken und ihr Ratschläge zu geben.

WARUM HAT SIE MIR NICHT GESAGT, DASS SIE SCHWANGER IST?

Es ist sehr wahrscheinlich, daß eine übereifrige Möchtegern-Großmutter erst nach mehreren Monaten von einer bestehenden Schwangerschaft erfährt. Der Grund ist nicht in einer feindseligen Einstellung der Tochter oder Schwiegertochter zu suchen, sondern er liegt in einem reinen Schutzmechanismus. Viele Frauen (und oft auch ihre Partner) erleben in den frühen Stadien einer Schwangerschaft einen wahren Sturm von Emotionen. Sosehr sie sich die Schwangerschaft auch gewünscht haben mögen – die Realität empfinden sie trotzdem als Schock. Wenn es ein »Unfall« war, müssen Entscheidungen getroffen, Zweifel ausgeräumt und vielleicht auch Verhandlungen geführt werden, und es muß ein Weg gefunden werden, die Schwangerschaft trotz allem zu akzeptieren. Auch wenn zwei Menschen diese gemischten Gefühle nicht durchmachen, kann es sein, daß sie Wert auf diese intime Zeit legen, in der nur sie vermuten oder wissen, daß sie ein Kind bekommen. Ihr gemeinsames Geheimnis schweißt sie zusammen. Dieses Geheimnis der Mutter zu verraten – insbesondere dann, wenn sie auf das Thema »Baby« überemotional reagiert –, würde das Risiko bedeuten, diese kostbare Intimität zu zerstören. Wenn eine Frau mehrere Fehlgeburten hinter sich hat, wenn sie aufgrund von Zwischenblutungen befürchtet, die Schwangerschaft nicht halten zu können, oder wenn sie sich zur pränatalen Gendiagnostik entschlossen hat und auf die Ergebnisse warten möchte, bevor sie ihre Schwangerschaft allgemein bekanntgibt, hat sie um so mehr Gründe, ihre Mutter – und vor allem ihre Schwiegermutter – erst in einem späteren Stadium einzuweihen. Es ist wichtig, daß eine Großmutter diese Dinge versteht und daß sie bereit ist, ihre Bedürfnisse zurückzustellen und sich zu dem Zeitpunkt über die Ankündigung des Babys zu freuen, den die Schwangere selbst für den richtigen hält.

Manche Frauen haben die Zeit, in der ihre Kinder klein waren, als Höhepunkt ihres Lebens in Erinnerung. Vielleicht sehen sie diese Zeit deshalb in einem so rosigen Licht, weil sie jetzt einsam sind und das Gefühl haben, unerwünscht zu sein. Wenn sie in ihrem Leben keinen anderen Sinn mehr sehen als den, jeden Tag die Hausarbeit hinter sich zu bringen, werden aus Mücken Elefanten, und die Erinnerungen an eine Zeit, in der sie ein aktives Leben führten und gebraucht wurden, erscheinen ihnen nun auf wundersame Weise verklärt. Die Romantisierung der Mutterschaft ist unter solchen Umständen das Ergebnis selektiver Erinnerung: Die Frau glorifiziert die rosigen Bilder und vergißt die düsteren. Die Ursache für diesen Mechanismus liegt in einem sozialen System, das von der Überzeugung geprägt ist, daß die Männer für die wichtigen Dinge des Lebens zuständig sind, während die Frauen die minderen Arbeiten verrichten. Frauen, die keine berufliche Ausbildung genossen oder nie gelernt haben, das Leben außerhalb ihres Heims kompetent zu meistern, haben ihre Erfüllung oft im Familienleben gesucht und gefunden. Für sie bedeutet es eine Aufwertung, kleine Kinder zu betreuen. Wenn alle Kinder außer Haus sind – vor allem, wenn auch der Mann gestorben ist –, verspüren Frauen, die diese Dinge als erfüllend empfanden, oft eine schmerzliche Leere und die Sehnsucht, ein Kind lieben und betreuen zu können, das von ihnen abhängig ist und sie braucht.

Auf der anderen Seite ist es unwahrscheinlich, daß eine Frau das Muttersein in allen seinen Stadien als erfüllend und das Selbstvertrauen stärkend erlebt hat. Denn aus dieser komplexen Rolle beziehen wir nicht in allen ihren Phasen ein gleichbleibendes Maß an Selbstsicherheit oder Freude. Manche Frauen mögen Babys, aber keine Zweijährigen. Andere kommen mit Acht- bis Zehnjährigen besser zurecht als mit Babys oder auch mit Jugendlichen. Das Gefühl, die Kontrolle zu haben, geht oft völlig verloren, wenn die Kinder in die Pubertät kommen. Großmütter kennen alle diese Phasen aus eigener Erfahrung, und oft freuen sie sich auf die Enkelkinder, weil sie hoffen, nun über die notwendigen Fähigkeiten zu verfügen und zu wissen, wie alles sein sollte. Nun meinen sie, die Grundregeln der Kindererziehung aufgrund ihrer eigenen praktischen Erfahrungen als Mutter neu definieren zu können.

Frauen, die so denken, befinden sich auf gefährlichem Terrain. In allen Kulturen, in denen – wie in ganz Nordamerika oder in den meisten Teilen Europas – bei den Traditionen und Gebräuchen der Kindererziehung kein Stein auf dem anderen blieb, müssen sich alle Frauen die Mutterrolle auf ihre eigene Weise und in ihrem eigenen Tempo neu erarbeiten, und es ist mehr als wahrscheinlich, daß sämtliche Fähigkeiten und Ratschläge, die früher von Generation zu Generation weitergegeben wurden, längst in Mißkredit geraten sind. Die meisten Großmütter sind sich dessen bewußt und sorgfältig darauf bedacht, sich unerbetene Ratschläge zu verkneifen – oft selbst dann, wenn diese durchaus willkommen wären! Wie mir eine Frau sagte, nachdem ihr erstes Enkelkind geboren war: »Ich bin fest entschlossen, niemals Ratschläge zu geben, auch dann nicht, wenn ich darum gebeten werde.« Eine Frau, die sich der Betreuung ihrer Familie verschrieben hat und deren Kinder von zu Hause ausgezogen sind, stellt mitunter fest, daß sich ihr Mann vollkommen an die lückenlose Bedienung gewöhnt hat, die ihm in der Zeit, in der die Kinder noch zu Hause wohnten, zuteil wurde. Nun stirbt der Mann vielleicht, und mit ihm der gesamte Sinn ihres Lebens. Manche Frauen finden nun den Mut, sich ein neues Leben aufzubauen. Anderen hingegen, die unter sozialer Isolation und oft auch unter Depressionen leiden und denen die dafür notwendige Bildung und das Selbstvertrauen fehlen, gelingt dies nicht. Aus der Geburt eines Enkelkindes schöpfen sie oft neue Hoffnung, und sie sehnen sich danach, in die Betreuung eingebunden zu werden. Aber es kann sein, daß ihre Töchter und ihre Schwiegertöchter genau das nicht wollen.

Je näher der Geburtstermin rückt, desto stärker wird die Schwangere bedrängt und gefragt, ob sie schon irgendwelche Anzeichen feststellt, wie sie sich fühlt oder ob sie schon Wehen spürt. Die Antworten auf diese Fragen können zurückhaltend oder sogar ausweichend ausfallen. Die Frau kann sich durch ein solches Verhalten bedrängt und sogar unter Druck gesetzt fühlen, so als versuchte die Mutter, ihr das Geburtserlebnis zu nehmen. Dies ist ihr Körper. Es handelt sich um keine Kopie des Geburtserlebnisses ihrer Mutter, und sie möchte nicht, daß die ältere Frau dabei Regie führt. Das Baby ist *ihr* Kind und nicht ein Rädchen in einer Dynastie.

Es gibt aber noch ein anderes Problem: Emotionen sind ansteckend. Eine Großmutter, die selbst ein negatives Geburtserlebnis hinter sich hat und befürchtet, daß irgend etwas schiefgehen könnte, kann die Schwangerschaft und die Geburt mit ihren eigenen Emotionen auf schädliche Weise überschatten. Ihr Mitgefühl kann so überwältigend sein, daß die jüngere Frau sie in dem Versuch, sich zu schützen, ungeduldig beiseite schiebt. Möglicherweise ist der älteren Frau die Sicherheit des Babys ein größeres Anliegen als das Glück und das Wohlbefinden seiner Mutter. So vermittelt sie ihrer Tochter oder Schwiegertochter das Gefühl, lediglich ein Behältnis für das kostbare Baby zu sein.

Aber auch eine Großmutter, für die die Themen Geburt und Kinder positiv besetzt sind oder die sich nur an die guten Seiten erinnert und die Mutterschaft rückblickend romantisiert, kann der Schwangeren zur Last fallen. Sie läßt ihr keinen Raum für eigene Erfahrungen, und sie gibt ihr keine Gelegenheit, ihre eigenen, möglicherweise sehr intensiven Gefühle, die durchaus Zweifel, Ängste und sogar Aggressionen umfassen können, zu erkunden. Wenn Sie Ihren Erinnerungen nachhängen, ist es wichtig, daß Sie sämtliche Farben des gesamten Erfahrungsmusters wahrnehmen. Alles andere wäre unehrlich. Sie brauchen nicht unbedingt Ihre ganze Geschichte mit all ihren Details zu erzählen. Treten Sie einen Schritt zurück und lassen Sie der Schwangeren Raum zum Atmen – aber seien Sie da, wenn Sie gebraucht werden.

Eine Großmutter, die verfügbar ist, kann unterstützen, dasein, wenn sie gebraucht wird, ermutigen und dazu beitragen, das Selbstwertgefühl der jungen Mutter zu stärken. Aber sie ist keine Autorität, was die Erziehung anbelangt, ganz gleich, wie viele Kinder sie selbst großgezogen hat. Sie kann sich bei der Babypflege genauso verloren fühlen wie die frischgebackene Mutter selbst. Sogar bei ganz einfachen Fragen – ob ein Baby auf der Seite, auf dem Rücken oder auf dem Bauch schlafen sollte, ob es auf einer zusammengerollten Decke oder einem Kissen liegen sollte, ob das Fenster im Kinderzimmer nachts geöffnet oder geschlossen sein sollte, ob das Baby in einem separaten Raum, im Bett der Mutter oder in einer Wiege daneben schlafen sollte – ändern sich die Mode und die Ratschläge der Fachleute ständig. Und wenn es hart auf hart geht, dann kann niemand, möglicherweise nicht einmal die Mutter selbst, mit Sicherheit sagen, was das Richtige für das Baby ist. Jedes Kind hat seine eigene Persönlichkeit und drückt seine Bedürfnisse auf unmißverständliche Weise aus, und jede Mutter und auch jede Großmutter muß zuallererst versuchen, von dem Baby zu lernen.

DIE SCHWESTERNSCHAFT DER GROSSMÜTTER

Wenn Sie Großmutter werden, lernen Sie mit Sicherheit andere Frauen kennen, die Enkelkinder etwa im selben Alter haben und die ihre Erfahrungen austauschen und über ihre wundervollen Enkelkinder sprechen möchten. Vielleicht wird Ihnen plötzlich bewußt, daß Frauen, die Sie schon lange kennen, ebenfalls Großmütter sind, daß Sie sie aber bisher nie in diesem Licht gesehen haben. Nun eröffnen sich neue Gesprächsperspektiven. Wenn man Großmüttern zuhört, wird einem bald bewußt, daß es in ihren Gesprächen um Konkurrenz und um das Mitteilen von Hoffnungen, Plänen und Fortschritten geht, daß sie einander aber in gewissem Maß auch bedauern und bemitleiden. Frauen mit Enkelkindern entdecken, daß sie Schwestern und Schicksalsgenossinnen sind und daß sie einem Klub angehören. Wie es eine

Frau ausdrückte: »Wir sind eine Clique von Freundinnen, die allesamt in das Großmuttersein verliebt sind. Es macht einfach Spaß! Wir denken sogar daran, gemeinsame Wochenendausflüge zu unternehmen.«

Manchmal wünscht sich eine Frau auch deswegen Enkelkinder, weil sie sich bisher aus der Gemeinschaft der Großmütter ausgeschlossen fühlte und nun auch dazugehören möchte. Sie empfindet das Nichtvorhandensein von Enkelkindern als Versagen, und sie hat das Gefühl, daß ihr ein Lebensstadium versagt bleibt, das ihr eigentlich zustünde, da sie selbst Kinder hatte. Übereifrige Großmütter haben oft das Gefühl, daß ihnen die Früchte der harten Arbeit des Mutterseins vorenthalten bleiben, wenn sie keine Enkelkinder bekommen. Wenn sie von anderen Frauen gefragt werden: »Wie viele Enkelkinder haben Sie?« schämen sie sich, sagen zu müssen: »Keine... bis jetzt.«

Die Leute gehen oft ganz selbstverständlich davon aus, daß eine Frau im Alter zwischen fünfzig und siebzig Jahren Enkelkinder hat. Nicht Großmutter geworden zu sein wird als eine Art Mangel empfunden, als etwas, wofür sich eine Frau entschuldigen muß und wofür sie ihren Freundinnen derselben Altersgruppe eine Erklärung schuldet. Es sind nicht nur die jungen Frauen, die unter Druck stehen, Kinder zu bekommen, sondern auch die älteren Frauen bekommen den sanften gesellschaftlichen Zwang zu spüren, Großmutter zu werden. So kommt es, daß sie den Fehler begehen – zunächst zaghaft – zu fragen: »Wann planst du eigentlich, Kinder zu bekommen? Möchtest du nicht ein Baby? Stimmt irgend etwas nicht? Wart ihr eigentlich schon einmal beim Arzt? Meint ihr nicht, daß ihr der Sache auf den Grund gehen solltet? *Versucht* ihr es überhaupt?« Die ewigen Fragen und Anspielungen können als belastend empfunden werden. Manchmal hat es den Anschein, als wetteiferten die Töchter und Schwiegertöchter darum, wer zuerst Kinder bekommt und in wie kurzen Abständen. Eine Frau, die ihrer Mutter kein Enkelkind in die Arme legen kann, gilt dann als Versagerin.

DAS DESIGNER-ENKELKIND

Großmütter benutzen ihre Enkelkinder oft ganz unverblümt dazu, sich selbst ins rechte Licht zu rücken. Treffen werden zu reinen Fotoschauen und treten an die Stelle echter Beziehungen. Es ist, als wäre das Enkelkind ein persönlicher Besitz oder ein Familieneigentum, mit dem die Oma vor ihren Freundinnen prahlen möchte. Das Kind wird fein herausgeputzt, zur Schau gestellt und für sein Erscheinungsbild, seine motorische Geschicklichkeit, seine intellektuelle Entwicklung oder sein gutes Benehmen als reines Wunderkind gepriesen. Ein solches Verhalten wird von der Mutter des Kindes als belastend und überaus unangenehm empfunden, und es kann ein Grund dafür sein, daß sie Besuche bei Oma weitgehend vermeidet oder immer wieder hinauszuzögern versucht. Für jede Großmutter, die ihr Enkelkind liebt, ist es eine Versuchung, den Leuten zu zeigen, wie hübsch und klug es ist. Daran ist im Grunde nichts auszusetzen, es sei denn, es führt dazu, daß die Kinder zu Modeaccessoires verkommen, wie in der Reklamewelt, wo sie für Toilettenartikel und Parfüms werben oder auf den Titelseiten von Hochglanzmagazinen in den Armen glamouröser Top-Models abgebildet werden.

Das Klatschmagazin *Hello* veröffentlichte einen Artikel über Gina Lollobrigida mit dem Kommentar: »Ihre neueste und schönste Rolle: Großmutter von Dimitri Milko Skofic.« Die Starschauspielerin, die mit ihrem vier Monate alten Enkelsohn im Garten posiert, wird in drei verschiedenen Garderoben abgebildet. Unter den Bildern steht:»Ganz stolze Großmutter, möchte sie ihren Enkelsohn in dem Luxusambiente präsentieren, das sie gewöhnt ist. Deshalb lud sie die Fotografen in den Garten ihres feudalen Heims in Appia Antica in Rom ein.«[6]

Eine Frau klagt über ihre Schwiegermutter:»Wenn sie zu uns kommt, dann nur, um Fotos zu machen. Sie rührt keinen Finger, um mir zu helfen. Ich kann mich zu Tode arbeiten, und sie läuft mit ihrer Kamera herum, um Schnappschüsse zu machen, die sie ihren Freundinnen zeigen kann.« Die Geschenke, die von ihr kommen, die exklusiven Höschen, die eleganten Kleidchen, die Lätzchen mit der gestickten Aufschrift»Baby« dienen ausschließlich dazu, dieses Image einer perfekten Großmutter mit einem perfekten Baby zu stärken. Bei Mädchen besteht die Gefahr, daß sie ausstaffiert werden, um ihre Weiblichkeit ins rechte Licht zu rücken. Viele Großmütter genießen es, hübsche Kleidchen zu kaufen und das Haar eines kleinen Mädchens in Löckchen zu drehen. Eine hübsche Enkeltochter wird dann wie ein Schmuckstück bewundert und zur Schau gestellt.

Manchmal ist es damit aber nicht genug. Manche Großmütter – vor allem im Süden der Vereinigten Staaten – erhoffen sich von Schönheitswettbewerben für kleine Kinder Spannung und Herausforderung. Kleine Mädchen werden für diese Wettbewerbe schon ab dem zarten Alter von vier Monaten gedrillt, und die Großmütter leisten ihren Beitrag zu den enormen Kosten für Flugtickets, Teilnahmegebühren (bis zu tausend Dollar), Modell-, Tanz-, Sing- und Stimmbildungskurse, aufwendige Kleider, die bis zu siebenhundert Dollar kosten können, Körperpflege- und Schönheitsbehandlungen sowie zu den Hotel- und Verpflegungskosten. Diese Schönheitswettbewerbe schaffen eine Bindung zwischen Mutter und Tochter und bringen Glanz und Glamour in ihr ansonsten ereignisloses und tristes Leben. Da gibt es das zehn Monate alte Mädchen, das bereits an zwanzig Wettbewerben teilgenommen hat.»Diese Wettbewerbe sind etwas, was wir gemeinsam machen«, erklärt die Mutter, und die Großmutter sagt:»Sie bieten uns eine Möglichkeit, Zeit mit dem Kind zu verbringen. Sie sind etwas, was uns verbindet.« Den Druck, den sie auf ihre Enkelin ausübt, rechtfertigt sie so:»Das Ganze macht ihr Spaß und gibt ihr ein positives Selbstgefühl. Das ist es, was diese Wettbewerbe bewirken.«[7] Oft tun sich die Großmütter bei den Schönheitswettbewerben auch zusammen. Bunny ist zum Beispiel Friseurin und stylt das Haar ihrer dreijährigen Enkelin, während Shirley, die andere Großmutter des kleinen Mädchens, die Kleider und Kostüme entwirft.»Die Wettbewerbe verbinden uns. Wir haben immer Klettverschlüsse, Klebstoff, Nadel und Zwirn, zusätzliche Pailletten und Stoffknospen bei uns. Es ist, als arbeiteten wir an einer Show mit und die Kleine wäre der Star. Unsere Aufgabe ist es, sie bei Laune zu halten.«

Viele Designer-Enkelkinder fügen sich in ihre Rolle, weil sie dafür mit Aufmerksamkeit und Liebe belohnt werden. Wenn sie allerdings älter werden, lehnen sie sich oft dagegen auf. Plötzlich weigern sie sich, vor den Freundinnen der Großmutter Klavier zu spielen oder zu zeigen, wie gut sie sich zu benehmen wissen, und sie sträuben sich auch dagegen, ihre jüngsten Prüfungserfolge aufzuzählen. Wenn es soweit kommt, bewegen sich Großmutter und Enkelkind auf Kollisionskurs, und die Besuche bei Oma werden als unangenehm empfunden oder, was noch schlimmer ist, als Qual. In diesem Fall muß das Kind oft bestochen werden, damit es sich dieser Tortur überhaupt unterzieht.

Oft geht es auch weniger darum, ein bestimmtes Kind zur Schau zu stellen, als der Außenwelt ein harmonisches Familienleben vorzuführen. Manche Großmütter sind vor allem daran interessiert, die »Gemeinschaft« der Familie zu demonstrieren. Sie möchten unbedingt zeigen, daß sie eine vereinte Familie haben, in der jeder jeden liebt. Es ist äußerst unwahrscheinlich, daß dies immer genau den tatsächlichen Verhältnissen entspricht, selbst wenn die Liebe zwischen den Familienmitgliedern aufrichtig ist. Solche Erwartungen setzen die ganze Familie unter Druck, was dazu führt, daß – vor allem, wenn die Kinder ins Teenageralter kommen – dazu führt, daß sie bei Familienzusammenkünften nicht ihr »wahres« Selbst zeigen können, weil sie Oma sonst vor den Kopf stoßen würden. Kein Wunder, daß sie sich solchen Zusammenkünften nach Möglichkeit zu entziehen versuchen!

Da es so viele Fallen gibt, in die übereifrige Großmütter tappen können, ist es kein Wunder, daß viele Frauen sich kaum zu agieren getrauen. Sie beten ihre Enkelkinder an und versuchen, ihr Bestes zu geben. Warum dann all diese Schwierigkeiten? Gibt es ein Patentrezept dafür, der Großmutterrolle in idealer Weise gerecht zu werden? Ist es möglich, die jüngere Generation zu unterstützen, ohne sich einzumischen, zu helfen, ohne zu kritisieren, stark zu sein, ohne herrisch zu wirken, sich für die Kinder zu interessieren, ohne sie zu zwingen, ein künstliches Verhalten an den Tag zu legen, und liebevoll zu sein, ohne sie zu sehr zu verwöhnen? Vielleicht liegt der Schlüssel darin, zu erkennen, daß jedes Kind eine einzigartige Persönlichkeit ist, diese Persönlichkeit ab dem Tag seiner Geburt zu respektieren und zurückzutreten und die Enkelkinder in jedem Stadium ihres Wachstums zu genießen, ohne zu versuchen, ihnen das eigene Tempo aufzuzwingen oder sie nach den eigenen Vorstellungen zu formen.

7

DIE GROSSMUTTER WIDER WILLEN

Viele Frauen empfinden die Nachricht, daß sie Großmutter werden, wie eine Gezeitenwende. Manche freuen sich unbändig über das zu erwartende Enkelkind, andere hingegen werden von widersprüchlichen Emotionen zerrissen. Da alle Welt erwartet, daß eine Frau glücklich darüber ist, Großmutter zu werden, ist es oft schwer, negative Gefühle anzusprechen und zuzugeben. Tatsache ist, daß viele Frauen die Großmutterpflichten in einem Alter, in dem sie zum ersten Mal in ihrem Leben zwischen Alternativen wählen können, als Last empfinden. Sie befürchten, ihre kostbare, eben erst gewonnene Freiheit schon wieder aufgeben zu müssen. Aber nicht nur die zu erwartenden neuen Pflichten können einer Frau angst machen, sondern auch die Notwendigkeit, ihr Selbstbild zu verändern. Wer dieses Gefühl nicht aus eigenem Erleben kennt, versteht möglicherweise nicht, worum es hier geht. Die neue Rolle erscheint der Frau unpassend, es ist, als wollte man ihr die Kleider einer Fremden überziehen: »Aber ich *fühle* mich nicht wie eine Großmutter!« protestiert sie empört. »Ich bin einfach noch nicht *bereit*, Großmutter zu werden!«
Die Nachricht, daß ein Enkelkind erwartet wird, ist auf der Straße der Erkenntnis, daß wir altern, oft ein bedeutender Mei-

lenstein als die Menopause. Schließlich bedeutet die Menopause nichts anderes als das Ausbleiben der monatlichen Blutung. Die meisten Frauen empfinden das im Grunde als Erleichterung. Endlich keine Tampons und Binden mehr, keine Menstruationskrämpfe, keine Rückenschmerzen, kein Blut. Und für diejenigen, die unter monatlichen Stimmungsschwankungen und anderen mit dem Zyklus verbundenen Problemen zu leiden hatten, bedeutet die Menopause eine Befreiung von vormenstruellen Spannungen, Kopfschmerzen und anderen hormonell bedingten Leiden. Nur etwa zehn Prozent aller Frauen haben Probleme mit der Menopause, obwohl die Hersteller von Hormonersatzpräparaten Beschwerden wie Hitzewallungen, emotionale Aufgewühltheit und die Risiken der Osteoporose unermüdlich hochspielen. Großmutter zu werden weckt in vielen Frauen den unangenehmen Gedanken, die besten Jahre bereits hinter sich zu haben. Wie eine Frau es ausdrückte: »Ich hatte das Gefühl, daß das Leben nun an mir vorüberziehen würde. Ich würde keine Kinder mehr bekommen können. Ich fühlte mich betrogen.« Der Höhepunkt der Krise dieser Frau wurde nicht durch die biologische Uhr ausgelöst, die ihr mitteilte, daß sie nicht länger fruchtbar war – das hätte sie noch hinnehmen können –, sondern durch die Nachricht, daß ihre Tochter schwanger war. Nun fühlte sie sich mit einem Mal zur Seite gedrängt.

Der Eintritt der Menopause und die Ankunft des ersten Enkelkindes fallen häufig zusammen. Viele Frauen empfinden es als durchaus positiv, während der Zeit der Menopause Großmutter zu werden. Sie gewinnen dadurch das Gefühl, daß der Fluß des Lebens weiterfließt – ihre eigene Menstruation bleibt aus, und ihre Tochter bekommt ein Baby: »Die Schönheit des zeitlichen Ablaufs«, schrieb mir eine Frau, die auf die Nachricht von der

Geburt ihres Enkelkindes wartete, »ist die Tatsache, daß meine Tochter das Wunder eines neuen Lebens erlebt, während auch für mich eine neue Phase meines Lebens beginnt.« Ich bin mir sicher, daß das Phänomen des Großmutterwerdens in einen großen Teil der Forschungsarbeiten und Artikel einfließt, die sich mit den emotionalen Reaktionen der Frauen auf das Eintreten der Menopause befassen. Die Bedeutung dieses Übergangs wird dadurch verschleiert, daß die Menopause als Einzelereignis im Leben der Frauen im mittleren Alter derart hochgespielt wird, aber auch durch die Tatsache, daß dieses Phänomen als medizinisches Leiden und nicht als Übergangsphase im Leben interpretiert wird.

Es ist viel einfacher, die Midlife-crisis und die Belastungen, denen die Frauen im Alter zwischen vierzig und fünfundfünfzig Jahren ausgesetzt sind – das Gefühl mancher Frauen, »benutzt« zu werden, »nutzlos« oder »ausgebrannt« zu sein –, aus biologischer Sicht zu erklären, als dafür den sozialen Druck und den Wandel im öffentlichen Image und im privaten Selbstbild verantwortlich zu machen, den das Großmutterwerden mit sich bringt.

In den Erinnerungen an unsere eigenen Großmütter finden wir auch kaum den magischen Schlüssel dafür, wie eine perfekte Großmutter sein sollte. Die Welt hat sich verändert, und das gilt auch für die Ziele, die wir in unserem Leben verfolgen. Wir sind viel zu beschäftigt mit unserer Karriere und anderen Verpflichtungen, um die gemütliche, grauhaarige »Oma in der Küche« zu spielen, die immer offene Arme und massenhaft Zeit zum Geschichtenerzählen hat.

Wir haben gesehen, daß das Großmutterwerden in den traditionellen Kulturen eine Verbesserung des Status mit sich bringt. Eine Frau, die Kinder großgezogen, ihre Töchter erfolgreich verheiratet und für ihre Söhne gute Frauen gefunden hat, wird nun für die langjährigen Mühen des Mutterseins belohnt. Ihr eigenes Leben, aber auch das Leben ihrer Eltern und Großeltern erfährt eine Fortsetzung. Wie es eine griechische Bäuerin ausdrückte: »Mein Leben reicht so weit wie das des kleinen Christos« (ihres kleinen Enkelsohns).[1] Ihr Selbstwertgefühl verbessert sich, und andere Menschen empfinden diese Verbesserung ihres Status ebenso. Ihr Garten ist fruchtbar gewesen.

Im Gegensatz dazu fühlen sich Frauen in westlichen Kulturen, die Großmutter werden, oft nutzlos und an den Rand gedrängt. Immer wieder bekomme ich von Großmüttern zu hören: »Ich versuche, mich nicht einzumischen. Ich achte sorgfältig darauf, nie meine Meinung zu sagen. Ich weiß schon, daß meine Vorstellungen als altmodisch empfunden werden.« Der Grund dafür ist, daß wir von den Experten einer richtiggehenden Gehirnwäsche unterzogen werden. Viele praktische Ärzte, Kinderärzte, Kinderschwestern und allgemeine Gesundheitsexperten warnen die frischgebackenen Mütter davor, auf ihre eigenen Mütter zu hören. Statt dessen raten sie dazu, sich an ihre Empfehlungen zu halten. Witze über Großmütter und Schwiegermütter kursieren zuhauf, und die Art und Weise, wie ältere Frauen in Fernsehserien und Komödien dargestellt werden, sagen viel aus über den Argwohn, die Angst oder auch den schieren Haß, der älteren Frauen entgegengebracht wird. Natürlich gibt es auch positive, idealisierende Bilder. In Fernsehserien, die das romantische Landleben verklären (die Waltons sind ein Prototyp dieser Serien), werden die Großmütter als sorgende, gütige Wesen dargestellt, die in reiner Selbstlosigkeit ihre Weisheit, ihre Liebe, ihre althergebrachten Fähigkeiten und ihre traditionellen volksmedizinischen Rezepte gegen jede Art von Krankheit weitergeben. Sie sind großzügige, warmherzige Versorgerinnen. Kinder und

Enkelkinder wenden sich an sie, wann immer sie Probleme haben. Sie sind immer zur Stelle mit Mitleid, selbstgebackenen Keksen und Kuchen und haben für alle Probleme Lösungen parat. Aber positive Großmutterdarstellungen können auch als bedrohlich empfunden werden, weil sie den Frauen ein Ideal vorspiegeln. Das Problematische an allen Idealen ist, daß sie unmöglich zu erreichen sind. Es handelt sich dabei um Träume, um unerreichbare Ziele, um Trugbilder. Eine Frau, die versucht, eine ideale Großmutter zu sein, muß zwangsläufig scheitern. Sie riskiert auch, ihr Leben zu einem Zeitpunkt in Unordnung zu bringen, an dem es nach den langen, chaotischen Jahren der Kindererziehung, in denen sie der Willkür ihrer Umgebung ausgesetzt war, endlich seinen geregelten, von ihr selbst bestimmten Gang nahm. Als die Kinder außer Haus waren, empfand sie eine neu gewonnene, kostbare Freiheit. Endlich hatte sie das Gefühl, tun und lassen zu können, was sie wollte, und jene Fähigkeiten und Interessen zu entwickeln, die zwangsläufig brachlagen, als sie jünger war. Und nun soll dieses wunderbare Gefühl der Freiheit womöglich nicht von Dauer sein? Erwachsene Kinder gehören heute einer Bumerang-Generation an: Sie besuchen die Universität, absolvieren eine Berufsausbildung, bekommen dann oft keinen Job und werden durch den wirtschaftlichen Druck zurück in die Abhängigkeit gezwungen – aber diesmal mit Kindern. Es gibt Großmütter, die die dadurch entstehende Situation genießen. Andere hingegen empfinden sie als Störung ihres kostbaren persönlichen Freiraums. Dieses Thema ist normalerweise ein Tabu, aber wenn Großmütter einmal begonnen haben, ehrlich über ihre Gefühle zu sprechen, taucht das Wort »betrogen« sehr oft auf. »Jetzt, wo ich mir meine Freiheit eben erst errungen habe, möchte ich sie nicht schon wieder verlieren. Ich fühle mich betrogen.«

Manche Frauen hatten für ihre Tochter hochfliegende Pläne und machen sich nun Sorgen, daß die junge Frau ihre Freiheit und ihre Karrieremöglichkeiten durch eine Schwangerschaft gedankenlos aufgeben könnte. Sie befürchten, daß sie auf das Recht verzichten könnte, sie selbst und nicht nur Ehefrau und Mutter zu sein. Eine Großmutter erzählte mir, daß sie entsetzt war, zu hören, daß ihre Tochter schwanger war, und daß sie ausgerufen habe: »Warum, um alles in der Welt, müssen die Frauen das tun – ihre Unabhängigkeit aufgeben?« Frauen, die das Gefühl hatten, durch Heirat und Kinder in eine Falle gelockt worden zu sein und in einer Tretmühle von Hausarbeit und Kinderbetreuung festzustecken, wünschen sich für ihre Töchter ein anderes Leben, und sie reagieren oft mit heftiger Enttäuschung, wenn sie sehen, daß sie ihre eigenen tatsächlichen oder vermeintlichen Fehler wiederholen. Frauen, die hart um ihre Bildung gekämpft und versucht haben, sich eine Karriere aufzubauen und die Erfolgsleiter hochzuklettern, haben oft ebenfalls das Gefühl, daß ihre Töchter sich durch eine Schwangerschaft um die mühsam erkämpften Chancen bringen. Sie mögen unrecht haben, aber das ist eben ihr Gefühl, und ihre Töchter spüren unweigerlich, was sie denken.

Vielleicht gibt es auch praktische Gründe dafür, daß sich eine Frau von der Nachricht, daß sie ein Enkelkind bekommt, vor den Kopf gestoßen fühlt. Wenn sie ihre ersten Kinder bekam, als sie Anfang Zwanzig war, und später mit vierzig – diesmal mit einem anderen Partner, wie es heute gang und gäbe ist – nochmals Mutter wurde, findet sie sich vielleicht in einer Situation, in der ihre jüngeren Kinder, die noch im Vorschulalter oder knapp darüber sind, immer noch mehr oder weniger ganztägig betreut werden müssen. Eine Frau, deren jüngstes Kind acht Jahre alt war und die zwanzig Jahre lang als Tagesmutter gearbeitet hatte, er-

144

klärte mir: »Gut vierundzwanzig Jahre lang hatte ich immer mindestens ein Kind unter fünf Jahren im Haus.« Sie konnte es kaum fassen, wie sehr sich ihr Leben zum Positiven veränderte, nachdem sie aufgehört hatte, kleine Kinder zu betreuen. So gesehen überrascht es nicht, daß sie sich wie eine Geisel fühlte, als sie hörte, daß ihre älteste Tochter sie zur Großmutter machen würde. Sie protestierte: »Aber ich bin einfach noch nicht bereit, schon wieder in die *Geberrolle* für ein Baby zu schlüpfen!«

In den besten Jahren

Auf jede Frau, die ihr leeres Nest beklagt und sich fragt, was, um alles in der Welt, sie mit dem Rest ihres Lebens beginnen soll, kommen mit Sicherheit viele andere Frauen, die das Gefühl haben, daß die vor ihnen liegenden Jahre neue Chancen, Herausforderungen und Aufgaben für sie bereithalten. Der Brennpunkt ihrer Aktivitäten verlagert sich aus dem häuslichen Bereich hinaus. Das kann ihre Kinder in eine große Verwirrung stürzen. Sie wissen nicht mehr genau, wie sie diesen eigenartigen Großmutterderwisch, der erst in seinem Terminkalender nachsehen muß, bevor er irgendwelche Verpflichtungen eingehen kann, einstufen sollen. Eine Tochter drückt es so aus: »Oma hütet die Kinder gern und sagt auch immer wieder, wie sehr sie sie liebt, aber in der Praxis liegen die Dinge nicht ganz so einfach. Opa und sie verbringen so viel Zeit damit, Kurse zu machen, an Klubausflügen teilzunehmen, den Blinden vorzulesen und in die Oper oder ins Theater zu gehen, daß der Ruhestand für sie wie ein Fulltime-Job ist! Es ist wirklich nicht leicht, ein freies Plätzchen in ihrem Terminkalender zu finden.«

»Das mit der besten Zeit des Lebens ist eine trügerische Sache«, warnt Miss Jean Brodie ihre Schülerinnen. »Ihr kleinen Mädchen – wenn ihr erwachsen werdet, müßt ihr immer aufmerksam sein, damit ihr erkennt, wann eure beste Zeit gekommen ist. Und dann müßt ihr sie voll auskosten.«[2] Frauen in ihren mittleren Jahren wird oft bewußt, daß die beste Zeit ihres Lebens angebrochen ist. Wenn sie dann wirklich den Mut finden, diese Zeit voll auszukosten, kann das die Familie ganz schön aus dem Gleichgewicht bringen.

Monica hat sechs Kinder, die mittlerweile alle erwachsen sind, und eine ganze Schar von Enkelkindern. Als sie jung war, stürzte sie sich Hals über Kopf in die Mutterrolle – sie hatte keine andere Wahl – und widmete ihr Leben ihrem Mann und ihren Kindern. Sie konnte es gar nicht erwarten, daß sie heirateten, sich ihr Leben einrichteten und ihr Enkelkinder schenkten, und sie und ihr Mann Charles führten den Vorsitz bei opulenten Hochzeiten, zu denen Freunde und Familienmitglieder aus der ganzen Welt angereist kamen. Es hatte den Anschein, als sei Monica die geborene Großmutter und sonne sich in ihrer Rolle. Aber als sie mit etwa fünfundfünfzig Jahren von einem schweren Leiden genas, das sie zum Nachdenken über sich selbst und ihre eigenen Wünsche gebracht hatte, bemerkte sie plötzlich, daß sie immer ungeduldiger mit ihren Enkelkindern wurde, die ihr immer irgendwie zwischen den Beinen herumzulaufen schienen und die sie für ziemlich ungezogen hielt.

Eines naßkalten Wintertages half Monica ihrem Mann, aus einem Bastlerset einen Lampenschirm aus Buntglas zusammenzubauen. Er gelang gut, und ihr Mann äußerte den Wunsch, noch etwas anderes zu versuchen. Monica sprach mit dem Vikar der örtlichen Kirche und erfuhr, daß er sich anstelle des alten, farblosen Fensters über dem Alter ein Buntglasfenster wünschte, daß er aber das nötige Geld nicht hatte.»Mein Mann arbeitet mit Buntglas. Er wird das Fenster machen«, versprach sie. Charles fühlte sich überfordert, aber nun gab es kein Zurück mehr. Die beiden begannen, Informationen über Buntglas einzuholen und ein Fenster zu entwerfen. Sie fuhren nach Tschechien, um sich leuchtendblaue Spezialfarben zu besorgen, und Stück für Stück, Feld für Feld nahm ihr Buntglasfenster Gestalt an. Es wurde zu einem großen Erfolg, und die beiden wurden gebeten, ein Fenster für ein Restaurant herzustellen und danach ein weiteres Kirchenfenster. Heute führen sie gemeinsam ein Unternehmen, in das sie immer mehr Zeit investieren. Monica ist inzwischen an einem Punkt angelangt, an dem sie bei sich zu Hause keine Enkelkinder mehr hüten möchte.»Ihr könnt das Haus benützen, aber ich kann leider nicht da sein«, sagt sie zu ihren Kindern. Sie freut sich zwar, wenn sie alle bei großen Familienzusammenkünften trifft, aber sie hat sich von ihrem früheren Leben gelöst. Elizabeth, ihre älteste Tochter, sagt:»Sie ist wirklich eine schlechte Großmutter!« Monica steht in der Blüte ihres Lebens. Und sie hat nicht die Absicht, ihre beste Zeit ungenützt vorübergehen zu lassen.

Immer mehr Frauen, denen es gelingt, sich von der langen Phase ihres Lebens zu lösen, in der sie ihre Kinder großzogen, stellen fest, daß sie nun die Chance haben, etwas anderes zu tun als hungrige Mäuler zu stopfen, unordentliche Zimmer aufzuräumen und zu versuchen, Ordnung in das allgemeine Chaos zu bringen. Aber für die meisten ist dieser Weg mit Hindernissen gepflastert. Ab Mitte Vierzig bis Ende Fünfzig sind die Frauen oft in einer Situation gefangen, in der sie junge, alte und oft auch ganz junge Menschen betreuen müssen. Tatsächlich wenden die Frauen heute mehr Zeit für die Betreuung alter Menschen auf als für die Betreuung ihrer Kinder.[3] Es ist kein Wunder, daß in vielen Gesellschaften die Frauen mittleren Alters über »schwache Nerven« klagen. Der Grund dafür liegt darin, daß ihre Menopause bereits eingetreten ist, daß sie aber immer noch unter einem enormen Druck als Versorgerinnen stehen.

Wenn Frauen ihren vierzigsten Geburtstag hinter sich haben, lernen sie in vielen Fällen zum ersten Mal in ihrem Leben, sich selbst zu behaupten. Manche gehen darüber hinaus und entwickeln Gefühle des Grolls und des Zorns. Endlich entlädt sich der jahrelang aufgestaute Frust über die endlose Hausarbeit, die Kinderbetreuung und die Bedienung der Männer. Vielleicht können sie nicht viel tun, um ihre Lebensbedingungen zu verändern, aber nun steht ihnen zumindest die gesellschaftlich akzeptierte Möglichkeit offen, wegen der Menopause über »schwache Nerven« zu klagen. Eine Anthropologin stellte fest, daß achtzig Prozent der von ihr befragten, peruanischen Frauen nach der Menopause über »schwache Nerven« klagten.[4] Sie brüllten ihre Kinder an, gerieten ständig außer sich und kritisierten alles und alle. Ihre »nervios« ermöglichten es ihnen, dem von ihnen verspürten Zorn Ausdruck zu verleihen, und alle waren sich einig, daß das beste Heilmittel darin bestand, daß sie aus dem Haus gingen, ihre Freundinnen besuchten, sich Kinofilme ansahen und von ihren üblichen Verpflichtungen gegenüber den Männern befreit wurden. Das alles ermöglichte ihnen die Menopause! Das wurde von den Frauen, die kaum über Bildung verfügten und deren Leben in einem stark eingeschränkten Rahmen verlief, als Befreiung empfunden.

In vielen Ländern haben sich im Lauf der letzten zwanzig oder dreißig Jahre enorme soziale Veränderungen vollzogen, durch die sich auch die Rolle der Großmütter veränderte. Diese Veränderungen machten weder vor ländlichen noch vor städtischen Gebieten halt und auch nicht vor Regionen, in denen die Tradition immer noch eine wichtige Rolle spielt.

Catherines Ehemann starb nach einer langen, schweren Krankheit, während derer sie ihn pflegte. Die beiden lebten in einem kleinen französischen Dorf, wo die Männer ihre Zeit mit dem Fischen und der Bearbeitung der Weingärten zubrachten, während die Frauen die Hausarbeit erledigten, kochten und sich jeden Vormittag in der *boulangerie* trafen, um ofenfrische Baguettes zu kaufen, oder im *lavoir*, der öffentlichen Wäscherei, wo sie Neuigkeiten austauschten und einander emotionale Unterstützung und praktische Hilfe gaben. Die Frauen teilten die Hausarbeit mit ihren Töchtern und Schwiegertöchtern, und die Familien beschränkten sich nicht auf ihre angestammten Häuser. So konnte es durchaus vorkommen, daß ein Enkelsohn, ein Onkel oder ein Cousin ein Schlafzimmer im Haus eines Verwandten hatte. Das Ergebnis war, daß die Häuser von verschiedensten, weit entfernten Verwandten bevölkert waren. Aber als die jungen Leute weggingen, um sich Arbeit in den Städten zu suchen, als die moderne Haushaltstechnologie samt Waschmaschinen eingeführt wurde und weiter unten auf der Straße ein Supermarkt seine Pforten öffnete, entvölkerte sich das Dorf plötzlich. Die Folge war, daß *lavoir* und *boulangerie* geschlossen wurden und daß schließlich auch das alte Frauennetzwerk zerfiel. Catherine fühlte sich immer einsamer, und ihr Leben verlief nun in sehr eingeschränkten Bahnen.

Nach dem Tod ihres Mannes begann sie über die Stränge zu schlagen. Sie ging eine Beziehung mit einem Mann aus dem Nachbarstädtchen ein, sie mottete ihre rustikalen Baumwollröcke und Schürzen ein und tauschte sie gegen einen schicken neuen Kleidungsstil. Zum ersten Mal in ihrem Leben legte sie Make-up auf, ließ sich das Haar schneiden und dauerwellen und zog von zu Hause fort. Ihr einziger Sohn ist Maurer in ihrem alten Dorf, wo er mit seiner Frau und seinen drei Kindern immer noch lebt. Als Catherine noch im Dorf lebte, hatte sie ihre Enkelkinder oft für ein oder zwei Stunden zu Besuch, und sie zeigte sie stolz herum. Nun sind die Kinder im besten Fall im Sommer für zwei oder drei Tage bei ihr. Sie sagte mir, daß sie genug davon habe, Mahlzeiten zu kochen und diese lebhaften Kleinen (die mir übrigens tadellos brav und artig erschienen) zu betreuen. Dieser Wandel in ihrem Lebensstil vollzog sich innerhalb der letzten zehn Jahre.

In diesem Teil des Languedoc sind die Großmütter traditionell fest in das Leben ihrer Kinder und Enkelkinder eingebunden. Geheiratet wird innerhalb des Dorfes. Als der Sohn des Tischlers heiratete, war sein Vater sehr besorgt, weil die Braut kein Mädchen aus dem Ort war. Nun, sie kam aus dem nächsten Dorf, ganze fünf Kilometer entfernt. Catherines Sohn heiratete eine Frau aus der Nähe von Paris, und deshalb hatte Catherine nicht die Möglichkeit, mit der anderen Großmutter zu plaudern und die Pflichten mit ihr zu teilen. Heute ist die Familie zersplittert.

KINDERBETREUUNG

Trotz dieser tiefgreifenden sozialen Veränderungen wird von den Großmüttern auch heute noch erwartet, daß sie allzeit bereit sind, auf die Kinder aufzupassen und ihre Betreuung zu übernehmen, wenn eine Tochter in Urlaub fahren oder wieder ins Arbeitsleben eintreten möchte. Man erwartet von ihnen, daß sie finanzielle Hilfestellung leisten, und das auch noch *gern*. Eine Großmutter sagt: »Ich hasse es, als selbstverständlich betrachtet zu werden. Die Kinder sagen einfach: ›Oma macht das doch gern!‹« Wenn eine Großmutter verfügbar ist, kann es passieren, daß sie unabsichtlich in eine Rolle gerät, die der einer Sozialarbeiterin entspricht. Selbst die Regierungen betrachten es oft als selbstverständlich, daß die Großmütter bereit sind, die Kinderbetreuung zu übernehmen, und sie erwarten, daß die unterstützenden Beziehungen innerhalb der Familie die Lücken der Sozialpolitik stopfen. In Großbritannien und in den Vereinigten Staaten ist die Politik jedenfalls nicht so konzipiert, daß sie arbeitende Eltern unterstützt, und es wird von der unausgesprochenen Annahme ausgegangen, daß die weiblichen Verwandten im Notfall »aushelfen« – gilt Hilfsbereitschaft doch als »natürliche« Eigenschaft der Frauen, die sie jederzeit bereitwilligst unter Beweis stellen sollten.

Viele Frauen, die die langen Jahre der Kinderbetreuung hinter sich haben, treten in ein neues Stadium ihres Lebens ein, in dem sie sich eine Karriere aufzubauen versuchen oder eine neue Berufsausbildung machen, in der sie ihre als Mutter erworbenen Managementfähigkeiten einsetzen können. Da ist es nur verständlich, daß sie die Nachricht, daß sie Großmutter werden, in eine Vielzahl von Konflikten stürzt. Eine Frau, die ihre Collegeausbildung fortsetzte, eine Tätigkeit als Zeitungskolumnistin aufnahm und »eine fanatische Volleyballspielerin« wurde, sagt, daß sie ihr Leben als vollkommen ausgefüllt empfand. »Das sich leerende Nest wurde immer attraktiver für mich.« Deshalb regten sich in ihr ambivalente Gefühle, als ihre Tochter ihr mitteilte, daß sie Großmutter werden würde. Eine andere sagte: »Ich habe das alles durchgemacht – Kinder bekommen, sie großgezogen. Ich habe meinen Teil geleistet. Ich finde es nicht richtig, daß sie die Kinder bei mir läßt, während sie sich eine schöne Zeit macht. Wenn sie in der Arbeit ist, ist es etwas anderes, weil ich weiß, daß sie das Geld brauchen.« Eine andere Frau ist derselben Meinung und sagt, daß sie nicht »benutzt« werden möchte: »Ich mag nicht auf die Kinder aufpassen, während sie arbeitet. Ich habe sie gern zu Besuch, wenn wir es vorher vereinbart haben, zum Beispiel am Wochenende, und ich passe auch bei ihr zu Hause auf die Kinder auf, wenn sie am Donnerstag abend ins Theater geht. Aber ich möchte keine festen Verpflichtungen übernehmen. Ich bin in Frühpension gegangen, um endlich frei zu sein, und nicht, um den Babysitter zu spielen.« Eine andere Großmutter, die nach einer Karriere im Management vor kurzem in den Ruhestand gegangen ist, beklagt sich: »Sie betrachten es als selbstverständlich, daß ich die Kinder in den Schulferien zu mir nehme, aber mich haben sie noch kein einziges Mal ins Restaurant eingeladen.« Als ich sie fragte, warum sie ihrer Tochter ihre Gefühle nicht mitteilte, sagte sie, sie wolle »nicht an diese heiklen Dinge rühren«. Die Mutter einer Alleinerziehenden mit einem fünfzehn Monate alten Kind sagt: »Nie habe ich Zeit für meine eigenen Bedürfnisse.« Sie beschreibt sich neben ihrer Rolle als Großmutter als »Ehefrau, Mutter, Krankenschwester, Klagemauer, Köchin, Einkäuferin, Putzfrau, Fußabtreter, Zuhörerin, Beraterin und Tochter«. Sie sehnt sich danach, alle diese Pflichten abzuschütteln und sich ein wenig persönlichen Freiraum zu schaffen. Aber dieser Wunsch löst auch Schuldgefühle in ihr aus. »Nach den achtzehn Jahren, in denen ich mit den Kindern zu Hause war, und weiteren achtzehn Jahren, in denen ich meine Karriere aufbaute, wollte ich keine Strukturen mehr, keine wöchentlichen

Verpflichtungen. Ich wollte frei sein.« Das ist es, was die Frauen vor allem wollen: ihre Freiheit.

In der Vergangenheit waren die Frauen mit solchen Problemen nicht konfrontiert. Der Grund lag darin, daß sie von ihrer Mutterrolle nahtlos in die Rolle einer Großmutter schlüpften. Wenn die Familie größer wurde, ergab sich das Großmuttersein ohne Übergänge und ganz spontan aus der Mutterrolle. Die Frauen hatten den köstlichen Geschmack der neuen Freiheit in den mittleren Jahren niemals gekostet.

Schwiegermütter sprechen offener über diese Dinge als Mütter. Wie wir im zwölften Kapitel sehen werden, fühlen Schwiegermütter nicht dieselbe Verpflichtung zu helfen, und manchmal lehnen sie es sogar ab, weil sie befürchten, die Beziehung zu ihrer Schwiegertochter dadurch einer zusätzlichen Belastung auszusetzen: »Bei meiner eigenen Tochter kann ich sagen, was ich denke. Aber bei meiner Schwiegertochter weiß ich, daß ich mich zurückhalten muß und mich nicht einmischen darf. Es ist das beste, sie in Ruhe zu lassen, auch wenn ich nicht ihrer Meinung bin. Ich biete ihr auch nicht an, die Enkelkinder zu nehmen, weil das die Situation zwischen uns noch zusätzlich belasten würde.« Den Frauen fällt es auch weniger leicht, ihre Schwiegermütter um Hilfe zu bitten als ihre Mütter. Der Grund liegt zum Teil darin, daß sie nicht das Gefühl haben, Anspruch auf ihre Hilfe zu haben, es sei denn, es handelt sich um einen Notfall. Aber oft ist es auch so, daß die Großmutter mütterlicherseits ähnliche Werte vertritt und dieselbe Einstellung zur Kindererziehung hat wie ihre Tochter. Wenn das nicht der Fall ist, können die beiden Frauen meist über ihre unterschiedlichen Einstellungen sprechen und aushandeln, wie vorgegangen werden soll (obwohl es in der Praxis nicht immer so reibungslos funktioniert).

Schwiegertöchter sind oft sehr unsicher, was die Einstellungen und Überzeugungen ihrer Schwiegermütter anbelangt. Sie argwöhnen oft, daß Mängel im Verhalten ihrer männlichen Partner auf deren Erziehung zurückzuführen sind. »Sie hat ihn vernachlässigt. Seinen Bruder hat sie angebetet, aber ich glaube, er hat unter ihrer Lieblosigkeit sicher gelitten. Da war es klar, daß er nie Selbstbewußtsein entwickeln konnte. Sie hat ihn sehr eigenartig ernährt. Sie hatte keine Ahnung von Ernährung, damals so wenig wie heute. Ich könnte die Kinder auf keinen Fall länger als ein paar Stunden bei ihr lassen.«

Manche Schwiegertöchter sind durchaus pragmatisch, was die unterschiedlichen Auffassungen anbelangt. Eine sagte zu mir: »Es gab Zeiten, in denen wir nicht miteinander auskamen, Zeiten, in denen es mir lieber gewesen wäre, nicht von ihr abhängig zu sein. Aber wenn man von jemandem abhängig ist, muß man eben Kompromisse schließen, wenn es um Werte und Verhaltensweisen geht oder um das, was man toleriert. Ich habe mich damit abgefunden, obwohl es nicht immer leicht ist.«[5]

SCHWANGERSCHAFT IM TEENAGERALTER

Viele amerikanische Mütter werden erstmals mit der Großmutterrolle konfrontiert, wenn ihre Tochter ihnen mitteilt, daß sie schwanger ist. Die Vereinigten Staaten verzeichnen den höchsten Prozentsatz aller Teenagerschwangerschaften der westlichen Welt. Schätzungen zufolge sind es über eine Million Schwangerschaften pro Jahr. In Großbritannien hingegen ist die Zahl der Teenagerschwangerschaften stark rückläufig und liegt heute um ein Drittel niedriger als Ende der sechziger Jahre.

Eine Frau, die das Gefühl hat, daß ihre Tochter selbst noch ein Kind ist, muß es unweigerlich als Schock empfinden, wenn ihre Tochter schwanger wird, vor allem dann, wenn sie keinen festen Partner hat. Eine Frau sagt, daß sie, als ihre siebzehnjährige Tochter ihr mitteilte, daß sie schwanger sei, »ganz entsetzt war, weil mein eigenes jüngstes Kind erst dreizehn war und ich noch nicht die Chance gehabt hatte, mich von der Mutterrolle zu lösen und ein kinderfreies Intervall zu genießen. Ich war auch verärgert, weil Nicola mir erst im fünften Monat von ihrer Schwangerschaft erzählte und weil wir nicht einmal gewußt hatten, daß sie einen Freund hatte.« Zum Mißfallen ihrer Mutter verkündete die Tochter ausgerechnet an ihrem achtzehnten Geburtstag, daß sie sich verlobt hätte und schwanger sei. Ihre Mutter erzählte mir, daß ihre Tochter und ihr Freund Langzeitarbeitslose seien. Der Freund ist ein am ganzen Körper tätowierter Exhäftling, den Nicola vor der Schwangerschaft nur einen Monat lang kannte.

Rachel wuchs in einem Mennonitenhaushalt auf, in dem die moralischen Werte streng beachtet wurden und eine voreheliche Schwangerschaft als etwas sehr Schockierendes galt. Sie erzählte mir, daß ihre Cousine, die vor der Eheschließung schwanger wurde, vor die gesamte Kirchengemeinde hintreten und ihre Sünde bekennen mußte. Rachel, die heute Ende Vierzig ist, empfand ihre letzten zehn Lebensjahre mit drei Teenagern im Haus als Alptraum. Es gab gewalttätige Zusammenstöße, großteils wegen Drogen, Sex und Schulschwierigkeiten, und ihr Mann und sie nahmen an einem »Tough Love«-Programm teil. Das ist ein amerikanisches Erziehungsprogramm, das sich auf strikte Disziplin stützt und bei dem mit dem Jugendlichen auf der Grundlage strenger, sehr beschränkter Regelungen darüber verhandelt wird, was akzeptabel ist. Ein weiteres wichtiges Element dieses Programms ist, daß es keinerlei Unklarheiten darüber gibt, was einen Regelverstoß darstellt. Ein bitterer Streit zwischen ihrer siebzehnjährigen Tochter Sophie und ihrem Vater gipfelte darin, daß die Tochter drohte, das Haus zu verlassen. Er antwortete: »Dann geh!« Sie ging tatsächlich und zog zu ihrem Freund, der einige Monate jünger war als sie. Zwei Monate später fragte sie ihre Mutter, ob sie mit ihr einkaufen kommen wolle. »Aber können wir uns davor noch ein bißchen zusammensetzen und miteinander sprechen?« »Gut, ganz kurz«, antwortete die Mutter. »Ich bin schwanger.« Schockiert und entsetzt sagte die Mutter: »Oh!« Da brach die junge Frau in Tränen aus. »Ich dachte, du würdest dich freuen!« »Da hatte ich es also«, kommentiert ihre Mutter. »Ich stellte mich dann aber rasch auf die neue Situation ein.« Sophie litt in den ersten Monaten ihrer Schwangerschaft unter starker Übelkeit, und Rachel zweifelte neun Monate lang daran, daß am Ende ein lebendiges, gesundes Baby herauskommen würde. »Ich hatte Angst, mich auf das Ganze einzulassen. Ich bereitete mich innerlich auf eine Fehlgeburt vor oder auf ein Baby, das irgendwelche Schäden haben würde.« In den letzten Wochen litt Sophie unter Präeklampsie[*], was weitere Ängste auslöste. Dann wurde das Baby geboren – ein perfektes, gesundes kleines Mädchen. Als Rachel die Kleine in die Arme nahm, verliebte sie sich sofort in sie. In den nächsten vier Wochen verbrachte sie jeden Abend bei Sophie, ging mit der Kleinen spazieren, wiegte sie, sang ihr vor und kümmerte sich um sie, so daß sich die frischgebackenen Eltern ausruhen konnten. »Ein so winziges, warmes Wesen in meinem Arm. Ich liebte dieses Gefühl. Von wegen Bindungen.

[*] Schwangerschaftsbedingte Erkrankung, die bis zu plötzlich auftretenden, lebensbedrohlichen Krämpfen und Bewußtlosigkeit führen kann.

Wenn das keine Bindung geschaffen hat …!« Sie beschreibt ihre ganz besondere Beziehung zu ihrer Enkeltochter so: »Es ist so ganz anders, als wenn man drei kleine Kinder unter vier Jahren um sich hat, wie es in unserer Familie war. Nur ein Baby zu haben, das ich genießen kann, empfinde ich als Glücksfall.« Ein weiterer Nebeneffekt dieser Geburt ist, daß sich die Beziehung zu ihrer Tochter stark verbessert hat: »Wir sind jetzt Freundinnen.« Dasselbe empfand eine Frau, die schockiert war, als sie erfuhr, daß ihre Tochter schwanger war. »Ich war voller Sorge, Groll und Wut auf meine Tochter.« »Die Geburt verlief nicht optimal. Es war kein Ehemann da, der ihre Hand hätte halten können. Ich war es, die ihr zur Seite stand und die sie während der langen, schwierigen Wehen tröstete. Ich hielt Billy in meinen Armen, als er keine fünf Minuten alt war, und mit einem Mal fielen all die Ängste und die negativen Gefühle von mir ab. Ich liebte ihn von Anfang an.«

Selbst wenn eine Tochter schon älter ist, kann ihre Mutter sich dagegen wehren, Großmutter zu werden. Der Grund dafür kann sein, daß die Tochter nicht verheiratet ist oder in keiner festen Beziehung lebt. »Ich war entsetzt. Sie war damals Studentin, und ich ging davon aus, daß sie das Kind abtreiben lassen würde.« Aber diese Frau unterstützte ihre Tochter trotzdem in ihrer Entscheidung, das Baby zu bekommen. Heute ist sie der Ansicht, daß es viel mehr Spaß macht, Großmutter zu sein, als sie es jemals für möglich gehalten hätte. Eine andere Frau erzählte mir, daß ihre Tochter sie von Übersee anrief und ihr als erstes die Frage stellte: »Möchtest du Großmutter werden?« »Sehr gern«, antwortete sie, »aber nicht jetzt!« »Nun, du wirst es aber. Ich bin nämlich schwanger.« Den Vater des Kindes hatte sie verlassen, und als sie bemerkte, daß sie schwanger war, lebte sie nicht einmal mehr im selben Land wie er. »Sie war damals achtundzwanzig«, sagt ihre Mutter, »aber wenn einem so etwas mit der eigenen Tochter passiert, dann hat man das Gefühl, daß sie wieder zehn ist.« Diese Großmutter stellte sich sehr schnell auf die Situation ein, und ihr Mann und sie hießen die werdende Mutter mit offenen Armen willkommen. Das war für sie keine Frage, denn, wie sie sagt, »wir lieben unsere Kinder«. Die beiden beten ihren Enkesohn, der heute zweieinhalb ist, an, obwohl seine Betreuung tagsüber immer noch problematisch ist.

Manche Töchter drücken den Großeltern das Kind buchstäblich in die Hand und gehen ihrer Wege. Eine Tochter, deren Liebhaber zu der Erkenntnis gekommen war, daß die Vaterrolle zuviel Verantwortung mit sich brachte, begann sich in unpassender Gesellschaft herumzutreiben und gab ihren achtzehn Monate alten Sohn einfach bei ihren Eltern ab. Heute, sieben Jahre alt, ist er immer noch dort. Das Paar hat auch eine siebzehnjährige Tochter, die Michael wie einen jüngeren Bruder behandelt, indem sie ihn abwechselnd ärgert und verwöhnt.[6] Diese Großeltern sagen, daß das Leben, das ihre Tochter führt, und die Freunde, die sie hat, so bizarr seien, daß sie sie keinem Kind, geschweige denn ihrem geliebten Enkelkind, zumuten würden. Der Großvater sagt: »Ich hatte zwar geplant, mit Mitte Vierzig die englischen Klassiker zu lesen, aber das habe ich nun zugunsten anspruchsvoller Werke wie den Teenage Mutant Ninja Turtles oder Power Rangers verschoben.« Obwohl der kleine Junge den beiden viel Arbeit verursacht, war er in den letzten fünf Jahren die größte Quelle ihres Glücks. Durch ihn entdeckten sie wieder, wieviel Freude es bedeutet, kleine Kinder um sich zu haben, und sie kommentieren trocken, daß die eigentlichen Probleme des Elternseins in dem Augenblick einsetzen, in dem die Kinder erwachsen werden.

Viele Frauen, die wider ihren Willen Großmütter wurden, sagen, daß sich alles in dem Moment veränderte, in dem das Baby kam. Die Angst wich der Freude, als sie das Kind kennenlernten und entdeckten, wieviel Spaß, tiefe Zufriedenheit und – für manche – auch einen neuen Lebenssinn ein so kleines Wesen bringen kann. Eine Frau, deren Mann völlig überraschend an einem Herzanfall gestorben war, konnte ihre Trauer beiseite schieben und das Wagnis eingehen, wieder zu lieben. Eine Frau, die an Brustkrebs leidet, sich einer radikalen Brustamputation unterzog und erfahren mußte, daß sich in ihrem Körper bereits Metastasen gebildet haben, genießt jeden Tag, den sie noch mit ihren Enkelkindern verbringen kann, und blickt trotz ihrer Schmerzen in die Zukunft. Eine Alkoholikerin, die weiß, daß ihre Tochter ihr das Baby nicht allein anvertrauen würde, stellt sich nun endlich ihrer Krankheit, schließt sich einer Selbsthilfegruppe an und beendet ihre Abhängigkeit. Eine andere Frau, die von all den endlosen Mittagessen, Einkaufstouren und den Unterhaltungsveranstaltungen, an denen sie mit ihrem Mann teilnehmen muß, gelangweilt ist, hat festgestellt, daß sie jetzt für wichtigere Dinge gebraucht wird, und entwickelt ein neues Selbstbewußtsein. Eine Frau, die in einen langen Konflikt mit ihrer rebellischen Tochter verstrickt war, hat von den Kämpfen zwar Narben davongetragen, kann heute aber wieder mit ihrer Tochter kommunizieren, und die beiden teilen ihre Begeisterung für das schöne, kluge Baby!

Großmutter zu werden bedeutet zu wachsen. Es ist, als würde eine Tür aufgestoßen. Ein trockener Brunnen füllt sich mit Wasser, und ein Baum schmückt sich mit Blüten.

GEBURT

Der Umgang mit Schwangerschaft und Geburt hat sich in den letzten Jahren und Jahrzehnten so stark verändert, daß es zwischen den Frauen der verschiedenen Generationen kaum noch eine Erfahrungsbrücke zu geben scheint. Deshalb fällt es Müttern und Töchtern oft schwer, spontan und locker über dieses Thema zu sprechen. Die Empfehlungen über Gewichtszunahme, körperliche Bewegung in der Schwangerschaft und Säuglingsernährung haben sich verändert und stehen häufig im Widerspruch zu dem, was den älteren Frauen empfohlen wurde. Diese Diskontinuität der Erfahrung ist eine direkte Folge der Tatsache, daß sich die Medizin des Themas »Geburt« bemächtigt hat. So ist das Gebären für die überwältigende Mehrzahl der Frauen heute keine rein private Angelegenheit mehr, und die Informationen, die innerhalb der Familie über dieses Thema weitergegeben werden, sind sehr beschränkt.

SCHWANGERSCHAFT

In den traditionellen Kulturen liegen die Dinge ganz anders. Dort gehört es zum volksmedizinischen Wissen, welche Heilkräuter

während der Schwangerschaft, bei der Geburt und in der Still-
periode verwendet werden sollen, welche Speisen günstig wirken
und welche zu vermeiden sind. Es gibt auch klare Vorstellungen
darüber, welche körperliche Bewegung und welche Arbeiten guttun und welche nicht. Ratschläge bezüglich Sex, Streß, richtige
Vorbereitung auf Geburt und Stillen sowie persönliche Beziehungen und andere Gefühlsaspekte von Schwangerschaft, Geburt
und Mutterschaft werden von den Großmüttern an die Mütter
und die Töchter weitergegeben.

Eine mexikanische Schwiegermutter kommt der Frau ihres
Sohnes während deren Schwangerschaft sehr nahe. Sie rät ihr, viel
zu gehen, um ihren Körper geschmeidig und ihre Muskeln kräftig
zu halten, und sie empfiehlt ihr, niemals bei Mondfinsternis aus-
zugehen, weil ansonsten die Gefahr besteht, daß das Baby einen
Wolfsrachen bekommt. Wie mir eine Großmutter erklärte: »Das
sind die Überlieferungen unserer Vorfahren, die ihr Leben nach
dem Mond ausrichteten.«[1] Alle diese Dinge sind Teil einer
Frauenkultur, die in den traditionellen Gesellschaften vieler länd-
licher Gebiete immer noch hochgehalten wird, die jedoch in den
Städten zunehmend verlorengeht und als »Altweiberkram« ver-
lacht wird.

In den Kulturen der Industrieländer neigen die Großmütter dazu,
obskure medizinische Weisheiten weiterzugeben. So »wissen« sie
genau, wieviel eine Frau in der Schwangerschaft zunehmen sollte
(sie sagen zum Beispiel, daß ein Kaiserschnitt notwendig werden
könnte, wenn die Gewichtszunahme zu groß ist), sie prognosti-
zieren, daß es Schwierigkeiten bei der Geburt geben könnte,
wenn die Mutter kleine Füße hat, oder sie sagen, daß es riskant
sei, nach dem fünfunddreißigsten Geburtstag ein Kind zur Welt
zu bringen. Oft behaupten sie auch, daß die Geburt eingeleitet

werden müsse, wenn die Mutter länger als eine Woche »überfällig« sei. Sie sprechen über die Vorteile von Klistieren, Dammschnitten und elektronischer Überwachung der kindlichen Herztöne, und sie verkünden Ernährungsmythen, zum Beispiel, daß die Mutter zum Stillen Brustwarzenhütchen verwenden muß, wenn ihre Brustwarzen flach oder eingezogen sind, oder daß sie das Baby alle vier Stunden auf jeder Seite zehn Minuten lang anlegen muß. Diese Vorstellungen waren in Mode, als die heutigen Großmütter ihre Kinder bekamen, aber mittlerweile ist die Wissenschaft zu anderen Erkenntnissen gelangt.

Heute beginnen wir langsam zu erkennen, daß die Erfahrungen der Frauen – und das Wissen, das sie einander seit jeher weitergegeben haben – durchaus wertvoll sind. Während einige Großmütter sorgfältig darauf achten, nicht zu sagen, was ihre Mütter und Großmütter taten, weil sie befürchten, für altmodisch gehalten zu werden, bemühen sich andere Frauen, die traditionellen Geburts- und Heilpraktiken neu zu erforschen, um Schwangerschaftsbeschwerden zu lindern und die Frauen auf die Geburt vorzubereiten. Die Heilkräuter, die die Frauen früher kannten, wie zum Beispiel Himbeerblätter und Schwarzwurz, gelangen heute zu neuen Ehren. Wenn die traditionellen Naturheilmittel und Heilkräuter genauer unter die Lupe genommen werden, zeigt sich oft, daß die Volksmedizin in bestimmten Bereichen durchaus ihre Berechtigung hat. So erzielt sie ausgezeichnete Ergebnisse, wenn es darum geht, morgendliche Übelkeit zu behandeln, den Hämoglobinspiegel der Frauen zu heben oder das Dammgewebe geschmeidig zu machen. Ich erinnere mich, daß meine Mutter jedes Jahr große Krüge einer sogenannten »Frühlingsmedizin« zubereitete, die sie auch für die Schwangerschaft empfahl. Das Elixier bestand aus frischen jungen Nesseln und einem großen Bund Petersilie. Diese Kräuter wurden in Wasser ausgekocht und mit selbstgemachtem Gerstenwasser, Zitronensaft und Honig als Süßstoff aufgewertet. Angeblich war diese Frühlingsmedizin gut für das Blut. Ich hätte mir nie träumen lassen, daß ich sie in der Schwangerschaft selbst einnehmen würde. Aber inzwischen habe ich erfahren, daß sie reich ist an Eisen, Folsäure und den Vitaminen C und B.

Frauen bringen in die Schwangerschaft ihrer Töchter ihre eigenen Geburtserfahrungen ein. Viele tun das ganz offen: »Alle Frauen unserer Familie haben einen vorzeitigen Blasensprung«; »Mit dir lag ich drei Tage lang in den Wehen. Ich kann mir nicht vorstellen, daß du eine leichte Geburt haben wirst.« Oder, positiver: »Du hast breite Hüften wie ich. Für mich waren die Geburten ein reines Kinderspiel.« Aber es kommt auch vor, daß die ältere Frau ihre negativen Geburtserlebnisse verschweigt und verdrängt, daß sie sich weigert, an sie zu denken, und daß sie nicht über das Thema Geburt sprechen möchte, weil, wie sie sagt, »heute alles anders ist« oder »du ohnehin in guten Händen bist«.

Als ich mein erstes Kind erwartete, sprach meine Mutter mit mir ziemlich offen über ihre langen, schmerzhaften Wehen, die sie mutig und mit Hilfe ihrer tiefen spirituellen Überzeugung überstanden hatte, daß es eine Ehre sei, Leben zu spenden. Sie bekam ihre beiden Kinder zu Hause, während mein Vater an ihrem Bett saß und ihre Hand hielt. Als sie mit mir in den Wehen lag, klopfte draußen vor dem Fenster ein Specht unermüdlich auf einen Baumstamm ein. Trotz seiner aussichtslos scheinenden Aufgabe gab er nicht auf und klopfte Stunde um Stunde weiter. Der Vogel gab ihr die Kraft, diese Wehen durchzustehen, die eine ganze Nacht, einen ganzen Tag und eine weitere Nacht dauern sollten. Meine Mutter war sehr zart, aber ihre Kinder wogen über neun

Pfund. Ich wußte: Wenn sie es geschafft hatte, würde ich es auch schaffen.

Viele schwangere Frauen sagen, daß sie mit ihren Müttern nicht über die Geburt sprechen können. Noch weniger gelingt ihnen das mit ihren Schwiegermüttern. »Sie spricht nie über solche Dinge«, sagen sie, und manchmal fügen sie hinzu: »Ich bin mir sicher, sie hat es schwer gehabt.« Oft weiß eine Frau von den negativen Geburtserfahrungen ihrer Mutter, auch wenn sie ihr nie davon erzählt hat und glaubt, sie wüßte nichts davon. Die bei der Geburt durchgemachten Leiden und die Erfahrung vieler Frauen, vollkommen machtlos zu sein, bleiben in vielen Fällen über Jahre hinweg unaufgearbeitet, und die Frauen, die weit davon entfernt sind, ihre negativen Geburtserlebnisse zu vergessen, tragen die Erinnerungen an die Geburt bis zu ihrem Tod in sich. Es gibt viele Großmütter, die immer noch unter dem Trauma einer Geburt leiden, bei der sie sich machtlos und mißbraucht fühlten, die aber nicht fähig sind, ihre Erfahrung in Worte zu kleiden, weil ihnen alles mit medizinischen Begriffen erklärt wurde und weil man ihnen sagte, daß alles nur dem Wohl des Babys diene.

In Frauen, die einmal ein Kind mit einem genetischen Schaden zur Welt brachten oder den Tod eines Kindes erleben mußten, kann die Nachricht von der Schwangerschaft einer Tochter gemischte Gefühle wecken, die von Angst bis Hoffnung reichen können. Vor fünfzig Jahren war es eine allgemein akzeptierte Tatsache, daß manche Kinder bedauerlicherweise eben nicht »normal« waren und daß man dagegen nichts tun konnte. Heute wird von den Frauen erwartet, daß sie sich pränatalen Untersuchungen unterziehen, um festzustellen, ob der Fötus irgendwelche Anomalien aufweist. Dinge wie Amniozentese, Bluttests und Ultraschalluntersuchungen gehören zur allgemeinen Untersuchungsroutine während der Schwangerschaft, mit der Folge, daß kranke Föten abgetrieben werden. Das stürzt die Frauen in ethische Gewissenskonflikte und die Familien in neue Ängste. Eine Großmutter, der bewußt ist, daß sie möglicherweise eine genetische Krankheit oder Behinderung wie Mukoviszidose oder Down-Syndrom oder auch eine Erbkrankheit wie Zwergwuchs weitergegeben hat, trägt eine schwere Last von Zweifeln und Schuldgefühlen. Nachdem bei ihrem Enkelsohn ein unnormales Herzgeräusch entdeckt worden war, schrieb mir eine Frau: »Unser ältester Sohn starb vor zehn Jahren. Er brach während eines Football-Spiels in der Schule einfach zusammen. Damals war er dreizehn. Als Todesursache wurde eine seltene Muskelschwäche festgestellt. Sie können sich sicher vorstellen, wie wir uns fühlen. Der Tod meines Sohnes ist ein Kummer, der nie von mir weichen wird. Unser kleiner Enkelsohn hat nun einen Teil von Francis in unser Leben zurückgebracht. Aber immer bleibt die Frage bestehen: Wird auch dieses Kind sterben?«

Eine Frau, die ein traumatisches Geburtserlebnis hinter sich hat, kann durch die Nachricht von der Schwangerschaft einer Tochter in Gefühle der Trauer und des Grolls gestürzt werden, die bis dahin nur in ihrem Unterbewußtsein schwelten. Trotzdem hat sie nun eine neue Chance, ihre unangenehmen Erinnerungen aufzuarbeiten. Sie kann sich näher darüber informieren, wie sich ein Frauenkörper auf Schwangerschaft und Geburt vorbereitet und inwieweit die Einstellungen und Handlungen anderer Menschen den physiologischen Prozeß und die emotionale Erfahrung auf positive oder auf negative Weise beeinflussen können. Sie kann sich zum Beispiel die Bücher ausleihen, die ihre Tochter liest, und gemeinsam mit ihr an Kursen und Diskussionsgruppen teilnehmen. Auf diese Weise kann die Schwangerschaft einer Tochter zu einer bereichernden Erfahrung für eine Großmutter werden, während sie der jungen Frau gleichzeitig eine starke und zuversichtliche emotionale Unterstützung zuteil werden läßt. In einer Gesellschaft, in der die Geburt zu einer medizinischen Krise verkommen ist, sehnen sich werdende Mütter oft nach einer solchen Unterstützung von Frau zu Frau – nach jener Art von Unterstützung, die ihnen offen oder stillschweigend zu verstehen gibt: »Natürlich schaffst du es! Du bist doch stark.«»Es ist deine Entscheidung. Es ist dein Körper und dein Baby.«»Du brauchst kein ›braves Mädchen‹ zu sein. Wenn du etwas wirklich willst, mußt du darauf bestehen.«»Ich weiß das auch nicht, aber versuchen wir doch, es herauszufinden.« Diese Art von Unterstützung hilft der jungen Frau vorauszuplanen und bestärkt sie in ihrem Recht, jederzeit ihre Meinung zu ändern und sich für einen anderen Arzt, ein anderes Krankenhaus oder einen anderen Geburtsort zu entscheiden. Sie akzeptiert aber auch, daß es Situationen geben kann, in denen eine Schwangere die Kontrolle lieber abgeben möchte.

Wenn eine Frau auf diese Weise an der Schwangerschaft teilnimmt, ist das nicht nur für sie selbst, sondern auch für ihre Tochter eine Bereicherung. An meinen vorgeburtlichen Diskussionsgruppen haben schon oft ängstliche Frauen gemeinsam mit ihren Töchtern teilgenommen. Oft war es so, daß die Tochter ihre Mutter dazu einlud, weil sie das Gefühl hatte, daß deren Ängste einen Schatten auf ihre Schwangerschaft werfen könnten, und weil sie hoffte, daß diese Ängste durch Informationen aufgelöst werden könnten. Normalerweise sträubten sich die Mütter anfangs dagegen, offen über ihre Erfahrungen zu sprechen, denn: »Man spricht doch nicht über derartige Dinge, nicht wahr? Jedenfalls nicht vor Schwangeren. Das könnte ja schreckliche Auswirkungen haben.« Sie saßen still da und hörten zu, während wir über die Geburtserfahrungen sprachen, die uns andere Frauen berichtet hatten. Ich fragte: »Was ist das Schlimmste, was Ihnen Ihrer Meinung nach bei der Geburt zustoßen kann?« Und dann gingen wir den am tiefsten sitzenden Ängsten gemeinsam auf den Grund. Wir sprachen darüber, wie die Frau mit ihrem Schmerz umgehen kann, wir stellten fest, daß eine Geburt das Ergebnis kraftvoller Muskelarbeit und des Drucks des abwärtsstrebenden Kopfes des Babys ist, und wir sprachen über die pharmakologischen Methoden und die Selbsthilfetechniken, die diese Schmerzen ausschalten oder lindern können. Dann begannen die Großmütter nach und nach, sich in das Gespräch einzuschalten und laut darüber nachzudenken, wie ihre eigenen Geburten hätten anders verlaufen können, wie die Menschen in ihrer Umgebung ihnen hätten helfen können, anstatt sie zu behindern; sie sprachen über das, was sie gebraucht hätten, aber nie bekamen, über die Umgebung bei der Geburt und vor allem über den Unterschied zwischen dem Gefühl, die Kontrolle zu haben, und dem Gefühl der vollkommenen Machtlosigkeit. Auf diese Weise leisteten diese werdenden Großmütter wichtige Beiträge zu meinen Diskussionsgruppen, und am Ende kam ihnen oft ein Seufzer der Erleichterung über die Lippen, daß sie es nun, nach so vielen Jahren, geschafft hatten, sich ihre schrecklichen Geburtserfahrungen nochmals bewußt zu machen und ihr Trauma zu bewältigen.

Viele Frauen wissen nicht, wie sie eine schwangere Tochter unterstützen können, die dabei ist, den Übergang von der Tochterrolle zu der Rolle der Mutter eines eigenen Kindes zu vollziehen. Dieser Übergang kann sich äußerst schwierig gestalten. Manchmal gebärdet sich die Tochter wie ein kleines Mädchen, dann wieder scheint sie von ihrer Mutter vollkommen unabhängig zu sein. In einer Zeitschrift für Schwangere berichtet Ellen Judith Reich, wie entsetzt sie war, als ihre Mutter sagte, sie werde um den voraussichtlichen Geburtstermin nach Papua-Neuguinea, oder vielleicht auch in die Türkei fahren. Alle waren sich ganz sicher gewesen, daß ihre Mutter begeistert sein und sie nach Kräften unterstützen würde. Und dann plante sie ausgerechnet für die Zeit, in der das Baby zur Welt kommen sollte, einen Urlaub! Ellen hatte ihrer Mutter schon mitgeteilt, daß Rick und sie die erste Woche oder so für sich sein wollten. »Aber nun war ich völlig perplex und vor den Kopf gestoßen. Ich nehme an, ich wollte sie trotzdem in der Nähe haben, für den Fall, daß ich sie am Telefon etwas fragen oder sie bitten wollte, doch schon früher zu mir zu kommen, falls ich es mir anders überlegte. Und ich fühlte auch Ärger. Da bekam ihre einzige Tochter ein Kind, ihr erstes Enkelkind. Ich konnte es überhaupt nicht fassen. War ich ihr denn *egal*?« Sie kritisiert ihre Mutter heftig, wenn sie das Gefühl hat, diese würde nicht ihr eigenes Leben führen. Aber nun, da sie tatsächlich tut, was sie will, fühlt Ellen sich zurückgewiesen. Sie fragt sich: »Liebt mich meine Mutter überhaupt, und glaubt sie eigentlich daran, daß ich tatsächlich ein Baby bekomme?«[2]

Viele Großmütter haben das Gefühl, in doppelter Weise gefangen zu sein. Sie wissen nicht, wie sie sich verhalten sollen: Ist es besser, sich in der Nähe aufzuhalten und verfügbar zu sein, gierig auf Neuigkeiten wartend, allzeit bereit, mit Liebe, Mitleid, Blumen und Champagner an die Seite ihrer Tochter zu eilen? Oder sollten sie lieber dafür sorgen, daß sie anderweitig beschäftigt sind, damit sie ihrer Tochter nicht im Weg stehen und das Paar eines der wichtigsten Ereignisse seines Lebens allein und ungestört genießen kann? Oder ist keine dieser Varianten genau das, was sich die Tochter vorstellt? Vielleicht ist sich die Tochter auch noch nicht völlig im klaren darüber, ob sie sich nach dem Einsetzen der Wehen ihre Mutter an ihrer Seite wünscht, aber sie möchte, daß die Mutter abrufbereit ist, falls sie sich doch nach ihrer Gegenwart sehnt. Die einzige Möglichkeit, diese Situation zu bewältigen, besteht darin, völlig offen darüber zu sprechen, die Karten auf den Tisch zu legen und klar zu sagen:»Ich kann es machen, wie du willst. Sag mir einfach, was dir lieber ist. Wir müssen darüber sprechen. Ich werde deine Entscheidungen respektieren, und wenn du deine Meinung änderst, werde ich versuchen, mich nach deinen Wünschen zu richten.«

GROSSMÜTTER BEI DER GEBURT

In vielen Kulturen ist es undenkbar, daß eine Großmutter bei der Geburt ihres Enkelkindes nicht anwesend ist. Man betrachtet es als selbstverständlich, daß eine Tochter zur Geburt in das Haus ihrer Mutter zurückkehrt oder daß die Mutter des Vaters bei der Geburt anwesend ist. Tatsächlich sind die Bezeichnungen für »Hebamme« und »Großmutter« oft identisch; manchmal wird auch von »Granny« oder »Nana« gesprochen. Auch wenn es nicht die Großmutter ist, die das Baby in Empfang nimmt, sondern eine andere ältere Frau diese Rolle übernimmt, werden Hebammen in vielen traditionellen Gesellschaften oft als Großmütter bezeichnet. Großmütter-Hebammen holen in bestimmten Gebieten der südlichen USA immer noch etliche Kinder auf die Welt und entbinden fast alle Frauen in den traditionellen Kulturen, da vor allem in den Ländern der Dritten und Vierten Welt die Frauen kaum Zugang zu Krankenhäusern haben, und wenn sie ihn haben, lehnen sie die unpersönliche Atmosphäre, den Kulturschock und die ihnen ungeeignet erscheinende Krankenhausbetreuung oft ab. Viele müssen auch lange Wegstrecken zurücklegen, um das nächste Krankenhaus zu erreichen. In den meisten Gesellschaften sind es nicht junge, kinderlose Frauen, die als Hebammen arbeiten, sondern ältere Frauen mit einer großen Familie mit vielen Kindern und Enkelkindern, die in der Gemeinde den Status von Großmüttern haben.

Diese Hebammen galten seit jeher als Großmütter, ganz gleich, ob sie selbst Kinder hatten oder nicht. In einem Buch, in dem Nicky Leap und Billie Hunter mündlich überlieferte Geschichten vom »Mädchen für alles« bis zu der professionellen Hebamme aufzeichneten, wird von einer Hebamme berichtet, die in den zwanziger Jahren in Northumberland, England, lebte: »Wenn einen die Mutter schickte, um Granny Anderson zu holen, dann rannte man, so schnell man konnte, die Wiese hinunter, um sie zu holen. Das Haus mußte makellos sauber sein, bevor sie es betrat. Geschrubbt mit Karbolsäure. Sie gab einem eine Liste der Dinge, die bereitgehalten werden mußten, wie Streifen von zerrissenen Laken, Stapel von Zeitungen und kochendes Wasser, denn in der damaligen Zeit hatte niemand fließendes Wasser. Und außerdem mußte immer eine Schüssel mit heißem Wasser und Karbolseife für Granny Anderson bereitstehen, damit sie sich die Hände waschen konnte. Das waren die unabdingbaren Voraussetzungen für ihre Hilfe.«[3] Als die ersten ausgebildeten Hebammen ihre Arbeit aufnahmen, waren sie oft mit dem Widerstand der Familien konfrontiert. Eine Hebamme, die in Battersea arbeitete, sagte, daß man ihr kein kochendes Wasser geben wollte, weil die Geburten im allgemeinen von den Großmüttern abgewickelt wurden.[4]

Als die Geburt immer stärker institutionalisiert wurde, übernahmen die Ärzte die Schwangeren- und Wöchnerinnenbetreuung, und die Großmütter-Hebammen wurden verdrängt. Die Geburt wurde ins Krankenhaus verlegt. Vor dem Zweiten Weltkrieg war es in den Vereinigten Staaten bereits gang und gäbe, daß die Kinder im Krankenhaus zur Welt kamen. In Großbritannien war das erst in den sechziger Jahren der Fall. In einer Studie über Hausgeburten in Irland weist Marie O'Connor nach, daß die »Geburtssprache« in den gälischen Teilen von Donegal in den vierziger Jahren ausschließlich von Frauen verstanden wurde.[5] Die Männer hatten mit diesen Dingen nichts zu tun und kannten nicht einmal die entsprechenden Worte. Bis in die sechziger Jahre hielt sich die Tradition, eine lokale Hebamme zur Geburt hinzuzuziehen, unterstützt von der Schwiegermutter und den Nachbarinnen, die Seife brachten und die schmutzige Wäsche zum Waschen mitnahmen. Als Ende der siebziger Jahren so gut wie alle Geburten in den großen Krankenhäusern stattfanden, endete die Einbeziehung der Großmütter abrupt. Shivauns Geburtsgeschichte ist außergewöhnlich. Sie hatte ihr erstes Kind im Krankenhaus geboren. Dort hatte es ihr überhaupt nicht gefallen. Als sie ihr zweites Kind bekam und in der Geburtsklinik die Wehen einsetzten, verspürte sie plötzlich das dringende Bedürfnis, nach Hause zurückzukehren. Also verließ sie die Klinik, stieg in den Bus, ging drei Meilen weit zu ihrem Haus und brachte eine Stunde später mit Hilfe ihrer Schwiegermutter und ihrer Nachbarin das Baby zur Welt.[6]

Heute ist für die meisten Frauen die Geburt eine Qual, die in einer unbekannten Umgebung unter Fremden durchgestanden werden muß. Deshalb geben sich die Hebammen große Mühe, die Betreuung wieder an das anzugleichen, was früher von den Großmütter-Hebammen geboten wurde: Aufbau einer persönlichen Beziehung zu der Gebärenden, Berücksichtigung der sozialen Situation, in der sich die Frau befindet, Offenheit der Kommunikation und eine Geburtsumgebung, in der sich die Frau wohl fühlt und in der sie auf ihren Körper vertrauen kann.

Frauen, die ihre Tochter ins Krankenhaus begleiten und vor dem Kreißsaal sitzen, in dem das Baby zur Welt kommen soll, empfinden die Geburt als belastendes Ereignis, weil sie ja nichts tun können, um ihrer Tochter zu helfen. Eine Frau, die ihre eigenen schmerzhaften Wehen noch in Erinnerung hatte, schrieb über die Gefühle, die sie vor dem Kreißsaal sitzend empfand, während ihre Tochter in den Wehen lag: »Ich hörte, wie eine Frau, die sich dort drinnen in Wehenschmerzen wand, brüllte: ›Schwester! Schwester! So helfen Sie mir doch!‹ Das sind Gefühle, die ich einfach nicht ertrage, die ich von mir wegschiebe, bei denen zu verweilen ich mir nicht gestatte. Das war nicht sie, die da geschrien hat. Ich werde die Tür schließen. Ich kann mich nicht mit dem Gedanken abfinden, daß meine Tochter leidet. Ich liebe sie so. Dieses Baby braucht wirklich lange, um auf die Welt zu kommen. Und ich sitze nur da, ich sitze, sitze und warte. Nun mach schon, Baby!«

Eine andere Großmutter eilte ins Krankenhaus, wohin ihre Tochter wegen ihres überhöhten Blutdrucks einen Monat vor dem Termin eingewiesen worden war. »Sie versuchten vierundzwanzig Stunden lang, die Geburt einzuleiten. Ergebnislos. So lange wartete ich im Krankenhaus, und dann fuhr ich nach Hause, um zu schlafen, oder es wenigstens zu versuchen. Kurz nach Mitternacht klingelte das Telefon. An Sally war ein Notkaiserschnitt durchgeführt worden, weil es Anzeichen dafür gab, daß es dem Baby nicht gutging. Alexander wog etwas über vier Pfund. Am nächsten Morgen fuhr ich in Begleitung meines

Mannes sofort ins Krankenhaus. Die arme Sally sah so elend aus, und wir durften sie nur einige Minuten lang sehen.« Trotzdem empfand sie es als unvergeßliches Erlebnis, ihren neugeborenen Enkelsohn in den Armen zu halten – wenn sie daran denkt, empfindet sie noch heute eine direkt physische Freude.

Bei der Geburt eines Enkelkindes anwesend zu sein, das kann eine glückliche und zutiefst befriedigende Erfahrung für eine Großmutter sein. Eine Frau, bei deren Tochter bei der ersten Geburt ein Kaiserschnitt durchgeführt worden war, konnte bei der zweiten Geburt, einer Hausgeburt, dabeisein. Das Paar hatte sie gebeten, während der Geburt das dreijährige Kind zu beaufsichtigen, damit ihr Schwiegersohn freie Hand haben würde, um seine Frau zu unterstützen. Das ältere Kind und sie waren die ganze Zeit über im Geburtszimmer und erlebten gemeinsam die Geburt des Babys. Wie sie sagt, war es ein »grandioses« Erlebnis, das sie nie vergessen wird.

Eine andere Großmutter bekam es mit der Angst zu tun, als sie erfuhr, daß ihre Tochter die Möglichkeit einer Hausgeburt in Betracht zog und daß sie ihren Mann und sie dazu einladen wollte. Sie sagte, daß sie große Angst davor gehabt hätte, »weil es heute ja praktisch keine Hausgeburten mehr gibt. Ich befürchtete Komplikationen.« Daraufhin lud ihre Tochter sie zu einem Gespräch mit den beiden Hebammen ein, die bei der Geburt anwesend sein sollten. Dieses Gespräch konnte sie zwar nicht überzeugen, aber sie respektierte nun die Entscheidung ihrer Tochter. Vier Tage vor Einsetzen der Wehen hatte ihre Tochter unregelmäßige Kontraktionen, und ihre Mutter hoffte, daß sie sich doch noch entschließen würde, das Kind im Krankenhaus zu bekommen. Aber sie blieb bei ihrem Entschluß. »Und dann geschah das Wunder.« Sie war ganz überrascht und entzückt, wie sehr sie in die Geburt ihres Enkelkindes eingebunden war. Sie hatte das Gefühl, Teil einer liebevollen Geburtsgemeinschaft zu sein, vereint im Bemühen um ihre Tochter. »Es war ein wunderschönes Erlebnis.« Bei der Geburt dabeizusein kann bedeuten, nur ruhig dazusitzen und zuzusehen. Vielleicht möchte Ihre Tochter, daß Sie ihr praktische Hilfe gewähren, oder vielleicht möchte sie, daß ihr Mann ihr die Hauptunterstützung gibt, so daß Ihre Rolle darin besteht, ruhig im Hintergrund zu wirken und für alle Fälle dazusein. Erst bei der Geburt wird genau klar, was von Ihnen erwartet wird. Vielleicht besteht Ihr Beitrag darin, den Partner Ihrer Tochter emotional zu unterstützen, indem Sie ihn zum Beispiel bei der Rückenmassage ablösen, wenn er müde wird und sich ausruhen möchte, oder darin, Zuversicht auszustrahlen und ihm in seiner Funktion beizustehen. Wenn er Anzeichen von Angst oder Überlastung zeigt, sollte er vielleicht kurz an die frische Luft gehen, einen kleinen Imbiß zu sich nehmen oder ein kurzes Nickerchen machen. Nach langen, mühsamen Stunden der Wehen kann es sein, daß sich Ihre Tochter um ihn sorgt und froh ist, wenn jemand da ist, der sich auch um seine Bedürfnisse kümmert. Auf der anderen Seite hat sie vielleicht das Gefühl, daß sie nicht weitermachen kann, wenn er nicht im Zimmer ist, und daß sie es als Einmischung in die Beziehung und in das Einverständnis zwischen ihr und ihrem Mann empfindet, wenn Sie ihm sagen, daß er es trotzdem tun soll. Seien Sie sensibel für die Bedürfnisse der Gebärenden und versuchen Sie nicht, Ihre eigenen Vorstellungen durchzusetzen. Das wichtigste ist, daß die Gebärende die Kontrolle über die Situation behält.

Wie kann die Unterstützung aussehen, die Sie der jungen Frau geben können? Sie könnten die Beaufsichtigung eines Enkelkindes übernehmen und ihm erklären, warum seine Mutter so ungewohnte Geräusche macht: das heftige Atmen, das Stöhnen, das Schreien oder Jammern. »Das ist harte Arbeit, weißt du. Deine Mama muß das Baby nach unten schieben, damit es geboren werden kann«. Erklären Sie ihm, daß das runde, runzlige Ding, das aussieht wie eine große Walnuß, der Kopfansatz des Babys ist. Sie können beschreiben, was die Plazenta ist und worin ihre lebensspendenden Aufgaben bestehen. Weitere Anregungen zu Begriffen und Bildern, mit denen Sie das alles beschreiben können, holen Sie sich am besten aus dem Geburtsbuch für Kinder, das ich geschrieben habe: *Being Born*.[7] Vielleicht sollten Sie sich dieses Buch besorgen, bevor das Baby zur Welt kommt, damit Sie dem älteren Kind die Geschichte von Schwangerschaft und Geburt erzählen können. So wird das Kind gut vorbereitet, und es kann seine Ängste und Befürchtungen äußern.

Es folgen einige Tips, wie Sie Ihrer Tochter die Geburt erleichtern können. Sie sind vor allem dann wichtig, wenn niemand sonst da ist, der ihr auf diese spezielle Weise helfen kann:

- Bieten Sie ihr einen Schluck Wasser an, wann immer sie Durst hat. Ein biegsamer Strohhalm erleichtert das Trinken, wenn sie auf der Seite liegt oder sich auf alle viere stützt.
- Geben Sie ihr kleine Eiswürfel zum Lutschen.
- Bürsten Sie ihr langsam das Haar.
- Wischen Sie ihr Gesicht zur Erfrischung mit einem feuchten Lappen ab, oder legen Sie ihr eine Kompresse auf die Stirn oder in den Nacken.
- Helfen Sie ihr, eine bequemere Position zu finden, so daß ihr Körper ganz oder halb aufrecht ist. Wichtig ist, daß sie ihr Becken frei bewegen und nach Belieben kreisen und hin und her schaukeln kann. Verwenden Sie Kissen, Möbelstücke oder

Ihren eigenen Körper als Stütze, damit sie dem Rhythmus ihres Körpers in ihrem eigenen »Geburtstanz« folgen kann.

– Wenn ihr Wärme am unteren Rücken oder an den Schultern guttut, geben Sie ihr eine Wärmflasche, die Sie immer wieder mit frischem, heißem Wasser füllen.

– Massieren Sie ihre Schultern oder Füße mit festen, langsamen Bewegungen von Fingern und Daumen und den unteren Teil ihres Rückens mit Ihren Fäusten oder Daumenballen. Verstärken Sie den Druck durch Ihr eigenes Gewicht, damit Sie eine bessere Tiefenwirkung erzielen.

– Halten Sie ihren Kopf in Ihren Händen und geben Sie ihren Schultern festen Halt.

– Sagen Sie ihr, daß sie ihre Sache gut macht. Strahlen Sie ruhige Sicherheit aus. Lächeln Sie.

Manche Frauen mögen es nicht, während der Wehen berührt zu werden, weil die Energie in ihrem Inneren so stark ist. Andere hingegen sehnen sich danach, gehalten, gestreichelt und massiert zu werden. Seien Sie sensibel für die Bedürfnisse Ihrer Tochter – ob sie berührt werden möchte oder nicht, ob sie Sie in ihrem Blickfeld haben möchte und während der Kontraktionen den Augenkontakt sucht oder ihre Augen schließt, und ob sie verbale Ermutigung schätzt oder lieber möchte, daß Sie nichts sagen. Zu Beginn der Wehen könnten ihr kleine, leicht verdauliche Snacks guttun, die sie bei Kräften halten. Wenn die Wehen lange dauern, sollten Sie auch daran denken, selbst etwas zu essen. Wenn eine Großmutter die Geburt nicht aus eigenem Erleben kennt – weil sie einen Kaiserschnitt mit Vollnarkose hatte oder weil sie ihr Kind adoptierte –, kann sie die Einladung, bei der Geburt einer Tochter anwesend zu sein, als große Herausforderung empfinden, die in ihr ein Wechselbad von widersprüchlichen Emotionen und tiefen Empfindungen auslöst. Eine Frau, die im Alter von sechs Jahren adoptiert wurde, erzählt über ihre Mutter:»Unsere Beziehung war immer sehr eng. Das einzige, was nicht stimmte, war, daß sie bei meiner Geburt nicht anwesend war.« Ihre Mutter erzählte mir:»Ich hatte wirklich Angst. Wie würde ich sein? Wie würde ich mich fühlen, wenn sie Schmerzen haben würde? Und ich war auch sehr aufgeregt und fühlte mich unglaublich geehrt. *Meine* Mutter hätte ich nie bitten können, mich zur Geburt zu begleiten, weil zwischen uns eine große körperliche Barriere bestand. Ich hätte zum Beispiel nicht gewollt, daß sie ins Zimmer käme, während ich die Schüssel benutzte. Der Grund, warum Bryony mich bei der Geburt dabeihaben wollte, war, daß ich dieses Erlebnis nicht aus eigener Erfahrung kannte.« Als erstes sprach Bryony ausführlich mit ihrem Mann über das Thema. Die beiden legten genau fest, welche Rolle die Mutter bei der Geburt spielen sollte, und sie waren sich darüber einig, daß es eine andere Rolle sein sollte als die von Bryonys Mann. Seine erste Reaktion war:»Und was soll ich dann tun?« Nun, es zeigte sich, daß die Geburt lang, schwer und hochgradig kompliziert war. Eine Epiduralanästhesie wurde durchgeführt, und der ganze Geburtsverlauf war, wie ihre Mutter sagte,»sehr beängstigend, weil einfach nichts weiterzugehen schien. Es war ein wunderbares Gefühl, das kleine Köpfchen zu sehen. Aber die Kleine schrie nicht. Ich hatte große Angst.« Bryony bekam ein »sehr blau aussehendes Baby« zu Gesicht, bei dem sofort mit der Wiederbelebung begonnen wurde. Ihre Mutter blieb bei ihr und hielt ihre Hand, während ihr Mann zusah, wie das Baby wiederbelebt wurde. »Sie war uns beiden eine große Unterstützung.« Bryonys Mutter erzählte, daß Bryony zu strahlen begann, sobald sie sah, daß »alles in Ordnung war«, und daß sie selbst »wie auf Wolken nach Hause ging«. Wichtig an diesem Erlebnis war für die Großmutter, daß sie – obwohl die Geburt schwierig war und alle Angst hatten, weil das Baby Mekonium ausgeschieden hatte (den ersten Darminhalt, der als Zeichen dafür gilt, daß das Baby unter Sauerstoffmangel litt) und nicht gesund aussah (schlaff, blau und schlecht atmend) – eine genau festgelegte Funktion hatte und daß ihre Anwesenheit von den Hebammen voll akzeptiert wurde, so daß sie sich als Teil eines Teams fühlte und nie von den Informationen abgeschnitten war. In vielen Krankenhäusern erleiden die Großmütter selbst ein Trauma, weil die Atmosphäre unfreundlich ist und die Wünsche und Bedürfnisse der Frau und ihrer Familie nicht berücksichtigt werden. Wenn Sie also vorhaben, Ihre Tochter zur Geburt zu begleiten, sollten Sie zuvor unbedingt mit den Hebammen und dem Pflegepersonal sprechen. Machen Sie sich möglichst genau mit dem Geburtsvorgang vertraut und fragen Sie Ihre Tochter, was sie sich von den Personen, die sie zur Geburt begleiten, von den Ärzten und von den Hebammen erwartet.

Für Frauen, deren Tochter adoptiert ist, kann es besonders eindrucksvoll sein, an den Vorbereitungen zur Geburt und an der Geburt selbst teilzunehmen, und viele dieser Frauen empfinden die sinnliche Wärme eines Neugeborenen als vollkommen unerwartete Überraschung: »Diese weiche, warme Haut an meinen Wangen und dieser süße Babyduft!« Eine Frau, die ihre eigene Tochter adoptiert hatte, sagte, sie freue sich darüber, daß ihre Tochter etwas zuwege gebracht hätte, was ihr selbst versagt geblieben war: »Das Ganze hat etwas Magisches an sich.«

Eine Geburt kann für eine Großmutter eine heilende, bereichernde und stärkende Erfahrung sein.

EINANDER NÄHERKOMMEN,
SICH VONEINANDER ENTFERNEN

Viele Mütter und ihre Töchter kommen einander durch Schwangerschaft und Geburt näher, und zwischen ihnen entwickelt sich ein neues Verständnis. Das hat damit zu tun, daß sie sich regelmäßig unter vier Augen treffen, ohne anderen Familienmitgliedern »etwas vorspielen« oder versuchen zu müssen, alles bei einem zufälligen, kurzen Treffen zu besprechen. Hier wird ein kontinuierlicher Dialog geführt.

Eine Frau erzählt von ihrer Tochter, einer erfolgreichen Geschäftsfrau, deren Leben ganz anders verläuft als das ihrer Mutter, und die nun ihr erstes Kind bekommt: »Früher pflegte Holly mir nur einen flüchtigen Kuß auf die Wange zu geben, aber jetzt umarmt sie mich oft. Ich habe das Gefühl, daß sie mich jetzt in ihr Leben hineinläßt. Nicht nur hineinläßt – sie hat mich buchstäblich hineingeholt und mich auf sehr intime Weise in ihre Familie eingebunden.« Holly sagte zu ihrer Mutter, daß sie nun eine andere Gefühlsbeziehung zu ihr habe als früher. Inwiefern, fragte die Mutter. »Du weißt es ganz genau! Ich bin jetzt viel netter zu dir.« »Was meinst du damit – netter?« »Bin ich nicht viel freundlicher als vorher? Sanfter, meine ich.« »Und das stimmt«, sagt ihre Mutter. »Es ist eine alte Binsenweisheit, daß einer Frau durch die Liebe und die Verpflichtung, die sie gegenüber dem Baby fühlt, plötzlich bewußt wird, wieviel Liebe ihr selbst all die Jahre hindurch zuteil wurde – eine Liebe, die sie immer als etwas Selbstverständliches betrachtete.« Eine frischgebackene Mutter beginnt plötzlich zu verstehen, warum sich ihre eigene Mutter Sorgen machte, wenn sie zu lange wegblieb, und warum sie aufblieb, um auf sie zu warten.

Wenn zwei Frauen die Freude über ein Baby teilen, entsteht durch ihre gemeinsame Liebe zu dem Kind eine viel stärkere Bindung zwischen ihnen. Wenn die eine ihre Freude über das Baby kundtut, wird die Freude der anderen noch intensiver. »Sie will jetzt, daß ich da bin, viel häufiger als früher. Nicht, damit ich ihr etwas abnehme, und auch nicht, damit ich ihr Ratschläge und Empfehlungen gebe, sondern, wie sie sagt, weil sie sich mir jetzt näher fühlt als irgendeiner anderen Frau in ihrem Leben.«

Je näher die beiden einander kommen, desto mehr Barrieren, die seit langem zwischen ihnen bestehen, überwinden sie – jene Barrieren, die die Generationen voneinander trennen. Eine Tochter betrachtet ihre Mutter nun nicht mehr ausschließlich von der Warte einer Tochter aus, sondern sieht sie auch als Frau, mit der sie gemeinsam einen Wandel durchgemacht hat. Plötzlich sind da zwei Frauen, die etwas gemeinsam haben, weil sie eine gemeinsame Erfahrung gemacht haben. Sie entdecken, daß sie Schwestern sind: »Ich habe das Gefühl, daß sie mich das erste Mal als Frau wahrnimmt und nicht nur als ihre Mutter.«

Aber auch das Gegenteil tritt bisweilen ein: Der Abstand zwischen Mutter und Tochter wird größer. Es ist möglich, daß sich eine Frau mit Begeisterung in ihre neue Rolle als Großmutter stürzt und dabei vergißt, daß sie auch Mutter ist. Es kommt auch vor, daß sich eine Tochter, die sich in den turbulenten und aufwühlenden Monaten und Wochen vor und nach der Geburt emotionale Unterstützung wünscht, sie aber nicht bekommt, enttäuscht und verlassen fühlt. Die ganze Liebe und Aufmerksamkeit wird dem Baby geschenkt, und für die Frau bleibt nichts übrig. Als mir eine Frau von der Geburt eines Enkelkindes erzählte, erinnerte sie sich, daß es so gewesen war, als ihr Sohn geboren wurde. Sie hatte das Gefühl, daß ihre Mutter abrupt in die Großmutterrolle schlüpfte und dabei vollkommen ihre Mutterrolle vergaß. Nun wurde ihr Sohn Vater: »Ich möchte niemals, daß er glaubt, daß ich ihn nun weniger liebe oder ihn nur mehr als Vater des Babys sehe. Tatsächlich beobachte ich mit Freude die Veränderungen, die in meinem Sohn vorgehen, nachdem er nun Partner einer Frau und Vater eines Kindes geworden ist.« Eine Großmutter läuft ernsthaft Gefahr, sich zurückgewiesen zu fühlen, wenn sie von ihrer besonderen Beziehung zu ihrem Enkelkind zu viel erwartet oder diese Beziehung romantisch verklärt. Viele Frauen fühlen sich ausgeschlossen, wenn sie die enge und ausschließliche Beziehung zwischen Mutter und Kind erleben. Sie sehnen sich danach, das Kleine zu halten, mit ihm zu schmusen, es zu betreuen – aber es hängt wie angedockt an der Brust seiner Mutter, und sie stehen draußen. Es gibt einen Grund, warum Großmütter versuchen, ihre Töchter zum Wechseln auf Flaschennahrung oder zumindest zum Zufüttern zu überreden: Sie wollen das Baby für sich haben. Eine Großmutter, die diese Gefühle bei sich wahrnahm, erzählte mir: »Im Alter zwischen vier Monaten und sieben Jahren bestand er darauf, ausschließlich von seinen Eltern betreut zu werden. Das ist für mich zu einem emotionalen Problem geworden.« Sie fühlt sich von dem Kind zurückgewiesen und von seinen Eltern zu einer entfernten Beobachterin seiner Entwicklung degradiert.

DEPRESSIONEN NACH DER GEBURT

Viele Frauen empfinden den Übergang zur Mutterschaft als schwierig, vor allem nach der Geburt ihres ersten Kindes. Wenn Sie sich daran erinnern, wie Sie sich als frischgebackene Mutter fühlten – seien Sie ruhig ehrlich –, dann wird Ihnen vielleicht bewußt, daß es auch für Sie nicht das reine Honiglecken war. Wenn wir diese frühen Tage unseres Mutterseins durch die rosigen Nebel der Erinnerung betrachten, dann neigen wir dazu, die Zeiten des Unglücklichseins schönzufärben. Eine Frau ist höchstwahrscheinlich dann unglücklich, wenn sie auf liebevolle, unterstützende Beziehungen verzichten muß, und ihr Unglücklichsein führt dazu, daß sie sich noch weiter isoliert.

Viele Frauen haben nach einer Geburt das Gefühl, etwas Wertvolles verloren zu haben, und sie brauchen Zeit, um darum zu trauern. Diese Gefühle sind in Zeiten des Übergangs ganz normal, und sie können bei Frauen wie bei Männern auch bei anderen Veränderungen auftreten, zum Beispiel bei Arbeitslosigkeit, bei Pensionierung oder bei einem Ortswechsel. Von einer frischgebackenen Mutter wird erwartet, daß sie rundum zufrieden und von ihrem Mutterglück erfüllt ist. Deshalb sieht sie sich dazu gezwungen, ihrer Umwelt etwas vorzuspielen und scheinbar ganz glückliche Mutter zu sein. Der Verlust, den sie betrauert, ist möglicherweise der Verlust der glücklichen, engen Beziehung zu ihrem Liebhaber, der Verlust ihrer eigenen Kindheit – nun muß sie erwachsen werden und die Verantwortung für ein anderes menschliches Wesen übernehmen –, der Verlust ihres Mädchenkörpers, der nun zum Körper einer Frau wird, der Verlust des Babys in ihrem Bauch, der Verlust ihres Phantasiebabys, das ganz anders ist als das Kind, das sie bekommen hat, oder der Verlust ihres Selbstbewußtseins als fähige und starke Persönlichkeit, die alles unter Kontrolle hat. Diese Verlustgefühle sind der Grund, warum die Wochen und Monate nach der Geburt emotional so aufwühlend sind.

Depression kann man auch als nach *innen gekehrte Aggression* betrachten – Aggression, die auszuleben zu gefährlich wäre.

Wenn unsere Aggression blockiert ist, weil wir das Gefühl haben, kein Recht darauf zu haben, weil wir befürchten, andere damit zu sehr zu belasten, was vielleicht zu einem Liebesentzug führen könnte, oder weil wir Angst davor haben, auf irgendeine andere Weise bestraft zu werden, kehren wir diese Aggression gegen uns selbst.

Ein Merkmal der Depression, die viele von uns nach der Geburt wie auch nach anderen wichtigen Veränderungen unseres Lebens erfaßt, besteht darin, daß wir uns wie durch eine Glaswand von allen anderen Menschen getrennt fühlen. Eine deprimierte junge Frau hat oft das Gefühl, daß sie keine ausreichend gute Mutter ist und das auch nie werden kann, und es kann sein, daß sie sich sowohl von ihrem Baby als auch von anderen Menschen zurückzieht, weil sie das Gefühl hat, daß irgendein Unglück bevorsteht – zum Beispiel, daß sie sterben könnte und daß das für alle das beste wäre.

Wenn eine Tochter oder eine Schwiegertochter unter ernsthaften Depressionen leidet, kann es sein, daß die Großmutter dem Kind jene Liebe und Betreuung geben muß, die die Mutter zu geben nicht imstande ist. Aber auch die Tochter braucht jetzt die Mutter. Sie braucht die Sicherheit der unerschütterlichen Liebe ihrer Mutter zu ihr. Es mag der Mutter schwerfallen, diese Liebe zu geben, wenn sie sieht, daß ihre Tochter offenkundig überfordert ist. Großmütter sind oft konsterniert, weil sie nicht wissen, was los ist, vor allem dann, wenn sie diese Situation nicht aus eigener Erfahrung kennen. Sie sind versucht, ihre Tochter anzuschnauzen: »Reiß dich zusammen!« oder ihr vor Augen zu führen, wie gut es ihr eigentlich geht, und ihr zu raten, sich auf die Betreuung des Babys zu konzentrieren. Aber eine Frau, die unglücklich ist, kann die Tatsache, daß sich andere Leute um ihr Baby kümmern, als Beweis für ihre eigene Unfähigkeit empfinden. Ihre Gefühle des Zurückgewiesenwerdens und Abnormalseins werden noch stärker, wenn sie sieht, daß andere Leute ihrem Baby Liebe schenken. In manchen Frauen werden dadurch alte Gefühle des Unglücklichseins wieder lebendig – »Mich hat sie nie so geliebt« –, und die Großmutter fühlt sich ungerecht behandelt, während sie alles in ihrer Macht Stehende versucht, um zu helfen.

Eine gute Möglichkeit, diese Ängste in einer sicheren Umgebung aufzuarbeiten, ist eine postnatale Gesprächs- oder Psychotherapiegruppe oder eine Einzelberatung, in der die Probleme behandelt werden, mit denen frischgebackene Eltern konfrontiert sind. Der praktische Arzt oder die Sozialarbeiterin kann die geeigneten Personen oder Institutionen empfehlen. Manchmal zerspringt der harte Panzer des Grolls mit einem Schlag, und eine Frau beschuldigt ihre Mutter, sie nicht zu lieben und nicht so auf sie einzugehen, wie sie es brauchen würde, und als Mutter überhaupt versagt zu haben. So schmerzlich das auch sein mag, es ist wichtig, daß Sie zuhören und anerkennen, daß zumindest die *Gefühle* Ihrer Tochter real sind, wie unrealistisch Ihnen die Kritik auch erscheinen mag.

Viele Frauen, die eine schwierige Geburt hinter sich haben, möchten immer wieder darüber sprechen, selbst noch nach Wochen und Monaten. Damit versuchen sie eine Erfahrung aufzuarbeiten, die sie – so problemlos und normal sie von anderen auch empfunden werden mag – wegen ihrer völligen Machtlosigkeit als traumatisch erlebten. Sie sind ängstlich, gestreßt, haben Konzentrationsschwierigkeiten, bekommen manchmal hektische Aktivitätsanfälle und werden immer wieder von Panikattacken, Alpträumen und plötzlichen Geburtsrückblenden heimgesucht, die viel intensiver sind als bloße Erinnerungen, weil sie dabei das Gefühl haben, alles noch einmal zu durchleben. Auch hier ist es notwendig, einfach zuzuhören und die Emotionen der jungen Frau zu akzeptieren und widerzuspiegeln, anstatt Gegenargumente zu präsentieren oder zum Beispiel zu erklären, warum ein Kaiserschnitt oder die Einleitung der Geburt notwendig war. Das Gefühl der Machtlosigkeit bei der Geburt ist für eine Frau etwas Schreckliches. Sie fühlt sich gefangen, wehrlos, körperlich und emotional ausgeliefert und oft auch sexuell mißbraucht. Die Erinnerung an das durchlittene Martyrium kann Wellen der Panik in ihr auslösen.

Dieser posttraumatische Streß ist etwas anderes als die postnatale Depression; er kann allerdings sehr wohl ein Element dieser Depression sein. Viele Soldaten im Vietnamkrieg – nicht nur die amerikanischen Soldaten, sondern auch die vietnamesischen Sieger selbst – litten infolge von besonders schrecklichen und gewalttätigen Situationen, in denen sie sich machtlos fühlten, an derartigen Traumata. Jeder, der schon einmal Zeuge eines schweren Autounfalls, eines Brandes oder einer Bombenexplosion geworden ist, kann einen ähnlichen posttraumatischen Streß erleben. Selbst eine Frau, die ein schönes und gesundes Kind geboren und keine körperlichen Schäden erlitten hat (zum Beispiel eine Episiotomie, einen Dammschnitt, oder einen Kaiserschnitt), aber während der Geburt Situationen ausgeliefert war, über die sie keine Kontrolle hatte, kann emotionale Schäden davontragen. Einer Frau über derartige Schmerzen hinwegzuhelfen, erfordert Geduld, Mitleid und emotionale Robustheit. Die Frau kann einfach nicht loslassen, sosehr sie es auch möchte. Wenn Ihre Tochter oder Ihre Schwiegertochter mit einer derartigen Erfahrung kämpft, sollten Sie sie nicht wie ein Kind behandeln. Sie möchte nicht verhätschelt werden. Hören Sie ihr als *Schwester* zu, als Frau, die weiß, wie es ist, wenn andere Menschen, meist mächtige Männer, über unsere Körper bestimmen und entscheiden, was geschehen soll.

Vielleicht gelangt sie an einen Punkt, an dem sie aktiv etwas tun möchte: genau herausfinden, was bei dieser Geburt, die sie nur als chaotisch und verwirrend erlebte, tatsächlich passierte und warum. Vielleicht möchte sie mit ihren Unterdrückern sprechen oder rechtliche Schritte gegen sie ergreifen. Vielleicht entscheidet sie sich für eine Therapie. Sehr wahrscheinlich ist es, daß sie sich nach außen wenden und anderen Frauen helfen möchte, damit sie nicht ähnliche Erfahrungen machen müssen, oder daß sie sich mit anderen zusammentut, um die Dienste für Schwangere und junge Mütter zu verbessern. Wie immer sie sich entscheidet – sie braucht Ihre Unterstützung und Ihr Verständnis.

DIE ABWESENDE GROSSMUTTER

Wenn ein Kind geboren wird, wird die Trauer über eine verstorbene Mutter in vielen Fällen stärker. Während der Schwangerschaft bleibt für Trauer oft keine Zeit. Wenn die Mutter einer Frau vor oder während der Schwangerschaft stirbt, kann es sein, daß sich die Frau so stark auf das Kind in ihrem Bauch konzentriert, daß die Trauer bis nach der Geburt verschoben wird. Aber dann schlägt sie mit voller Wucht zu und kann überwältigend sein. Bevor das Baby geboren wurde, war es die Frau als *Tochter*, die trauerte. Nun trauert sie auch als *Mutter* – sie ist traurig darüber, daß ihr Kind seine Großmutter nie kennenlernen wird und daß sich die Großmutter nie an ihrem Enkelkind wird freuen können. Jills Mutter starb fünf Jahre, bevor sie ihr erstes Baby bekam. »Ich hatte keine Ahnung, wie sehr ich sie vermissen würde. Es war wie ein Schock für mich. Ich mußte die ganze Trauerarbeit nochmals leisten. Ich stellte mir vor, wie sie das Baby in ihren Armen gewiegt hätte und wie stolz und glücklich sie gewesen wäre.« Dann sagte sie: »Es ist lächerlich, aber wenn ich ehrlich bin, bin ich mir ganz sicher, daß wir über alles und jedes verschiedener Meinung gewesen wären.«

Eine Frau, deren Mutter nach langer Krankheit gestorben war, als sie siebzehn war, träumte davon, eine Tochter zu bekommen und mit ihr all jene Dinge zu tun, die ihre eigene Mutter nie mit ihr tun konnte, weil sie jahrelang mehr oder weniger ans Bett gefesselt war. Gleichzeitig hatte diese schwangere Frau Angst davor, keine mütterlichen Gefühle entwickeln zu können und nicht zu wissen, wie man ein Kind bemuttert. Sie fürchtete sich davor, zu sterben und ihr Kind zu »verlassen«, so wie sie selbst verlassen worden war. »Der Gedanke, jung zu sterben und ein Kind mutterlos zurückzulassen, ist so schrecklich für mich, daß er fast eine Rechtfertigung dafür wäre, überhaupt kein Kind zu bekommen.«[8] Eine andere Frau schreibt: »Meine Mutter starb, als ich zehn war, und ich phantasierte immer, daß meine Mutter zurückkommen würde, wenn ich selbst ein Kind bekäme.« Als ihre Mutter dann doch nicht zurückkam, begann sie erneut, um sie zu trauern, und die ersten Wochen nach der Geburt waren voller Schmerz. Hope Edelman schrieb über mutterlose Töchter, daß »die Mutterrolle oft dazu benutzt wird, sich selbst zu bemuttern, wenn sich eine Frau immer noch nach Bemutterwerden sehnt«. Eine Frau, die ihre Mutter verloren hat, fühlt sich oft erst dann wieder heil und ganz, wenn sie ein eigenes Kind hat. Das Baby gibt ihr die Möglichkeit, ihre eigene Kindheit neu zu entdecken.

Aber so ist es nicht immer. Annies Mutter litt jahrelang unter einer schweren Krankheit und starb, als Annie noch ein Kind war. Annie war ganz sicher, daß sie eine Tochter bekommen würde, und war schockiert, als es ein Sohn wurde. »Ich fühlte mich betrogen. Ich fühlte mich beraubt.« Hope Edelman sagt: »Neunundzwanzig Jahre lang hatte Annie daran gearbeitet, ihre Kindheit neu zu erschaffen und sie mit dem glückliche Ende auszustatten, das sie verdiente … nun war das Drehbuch fertiggeschrieben, und Annie kannte ihre Rolle genau. Sie brauchte nichts weiter als ein kleines Mädchen, das sie als Kind darstellen würde.«[9] Wenn ein Baby den Erwartungen nicht entspricht, weil es anders ist, als die Mutter es sich vorgestellt hat, kann dies für eine Großmutter sehr schmerzlich sein, vor allem, wenn sie den Eindruck hat, daß das Baby von seiner Mutter aus diesem Grund zurückgewiesen oder vernachlässigt wird.

Wenn die eigene Mutter tot ist, aber die Mutter des Partners lebt, kann es sein, daß eine Frau ihre Schwiegermutter mit ihrer Mutter vergleicht. Grundlage eines solchen Vergleichs sind oft stark idealisierte Erinnerungen an diese Mutter. Insgeheim grollt die Frau ihrer Schwiegermutter, weil sie lebt und das Baby genießen kann, während ihre eigene Mutter tot ist. Nicht einmal die sensibelste und liebevollste Schwiegermutter kann je den Platz einer fehlenden Mutter einnehmen. Ihr das zu gestatten, würde die Tochter als eine Art Verrat empfinden.

Wenn eine Schwiegermutter den Groll einer Schwiegertochter spürt oder wenn sie feindselige Untertöne zu erkennen glaubt, die sie nicht verdient hat, kann die Ursache darin liegen, daß die jüngere Frau den Tod ihrer Mutter betrauert. Das kann nicht nur dann der Fall sein, wenn die Mutter gerade erst gestorben ist, sondern auch dann, wenn ihr Tod schon Jahre zurückliegt.

Eine Frau kann aber durchaus entdecken, daß sie in der Mutter ihres Partners eine Freundin hat, die ihr unparteiisch und aufmerksam zuhört, ohne störende Kommentare abzugeben. Nach und nach stellt sie fest, daß sie mit ihr über ihr Leben, ihre Kindheitserfahrungen und – vielleicht anfangs sehr zögernd – auch darüber sprechen kann, was Bemuttertwerden für sie bedeutet. Das wichtigste ist, daß Sie sie und ihre Gefühle respektieren. Dann können sich die Liebe und das Verständnis, die eine Schwiegermutter geben kann, als heilend erweisen.

Eine neue Liebe

Wenn Ihnen Ihr erstes Enkelkind in die Arme gelegt wird, kann es sein, daß Sie eine intensive Welle der Liebe spüren. Die Intensität und die Tiefe der Gefühle, die sie gegenüber diesem kleinen Wesen verspüren, sind für viele Frauen überraschend. Eine Frau, deren Enkelsohn vier Wochen vor der Zeit mittels Kaiserschnitt zur Welt kam, sagt: »Mein Sohn legte mir dieses winzige Häufchen in die Arme. Es war in zwei Decken gewickelt und trug Wollfäustlinge und ein Häubchen. Ich war vollkommen überwältigt, und eine wahre Flut von Gefühlen kam über mich. Ich liebte den Kleinen von der ersten Sekunde an, und das mit einer Intensität, die ich nie für möglich gehalten hätte.« Eine andere Großmutter erinnerte sich plötzlich daran, wie es gewesen war, als sie ihr eigenes neugeborenes Baby zum ersten Mal gesehen und berührt hatte. Als nun die Augen ihres Enkelkindes diese Welt zum ersten Mal betrachteten und sie sich in ihre blaugrauen Tiefen versenkte, fühlte sie sich in die Zeit ihrer allerersten Tage als Mutter zurückversetzt.

Mit diesen Gefühlen geht das Bewußtsein einher, Teil eines großen Lebensbaums zu sein, dessen Wurzeln sich weit in die Vergangenheit verzweigen und der seine ausladenden Äste in die Zukunft ausstreckt. Dieses Bewußtsein verstärkt sich, wenn in letzter Zeit ein Elternteil verstorben ist oder gerade im Sterben liegt. Eine Frau, deren Vater zu dem Zeitpunkt, als sein erstes Enkelkind geboren wurde, todkrank war, sagte: »Ich hatte das Gefühl: ›Er geht, und Hannah ist gekommen.‹ So entwickelte ich ein Gefühl für den Lauf der Welt.« Die Geburt eines Enkelkindes vermittelt den Großeltern ein zutiefst befriedigendes Gefühl der Kontinuität. »Da kommen nie gekannte Gefühle des Verbundenseins mit dem Leben, mit der Vergangenheit, der Gegenwart und der Zukunft an die Oberfläche. Mein Kind hat ein Baby bekommen. Der Kreis hat sich geschlossen.« Immer wieder verwenden die Frauen dieses Wort Kreis. »Man hat das Gefühl, daß man wiedergeboren wird, wenn die Kinder Eltern werden. Das rückt alles ins rechte Lot. Die Liebe hört nie auf. Sie bildet einen Kreis.« Vor mehr als zweitausend Jahren faßte der griechische Philosoph Heraklit sein Gefühl der Verbundenheit aller Dinge in folgende Worte:

Ein und dasselbe
ist Lebendiges und Totes
und Wachendes und Schlafendes
und Junges und Altes;
denn dies schlägt um und ist jenes,
und jenes wiederum schlägt um
und ist dies. [10]

Der Fluß des Werdens und des Vergehens wird nie unterbrochen.

ÄRGER MIT OMA

Wenn Sie eine problematische Beziehung zu Ihrer Tochter oder Schwiegertochter haben, kann es hilfreich sein, darüber nachzudenken, wie sie Sie sieht und ob Sie sie durch Ihr Verhalten und die Art und Weise, wie Sie mit ihr umgehen, in die Defensive drängen. Könnte es zum Beispiel sein, daß Sie darauf bestehen, Ihrem Enkelkind Süßigkeiten zu geben, die seine Zähne ruinieren, könnte es sein, daß Sie das Baby »verwöhnen« oder versuchen, das Einjährige an das Töpfchen zu gewöhnen, obwohl Ihre Tochter sich entschlossen hat, diesen Dingen ihren natürlichen Lauf zu lassen? Klammern Sie sich an Vorstellungen von Kindererziehung, die Ihre Tochter als veraltet betrachtet?

In Gesprächsgruppen für werdende Eltern äußern Paare oft Befürchtungen, wie sich die Großmütter wohl verhalten werden, sobald das Baby da ist: »Was sollen wir bloß mit Mutter machen?« Vielleicht möchte der Mann seine Frau vor seiner Mutter schützen und sicherstellen, daß sie sich nicht einmischt, oder die Frau befürchtet, daß ihre Mutter ihren Mann verärgern könnte. Sie möchte der älteren Frau auch beweisen, daß sie eine hinreichend gute Frau und Mutter ist: »Sie sorgt sich, daß ich ihn vernachlässigen könnte, wenn wir ein Baby haben. Außerdem befürchtet sie, daß er keine ordentlichen Mahlzeiten mehr bekommt

und dadurch seiner anstrengenden Arbeit nicht mehr gewachsen sein könnte.«»Mutter sorgt sich die ganze Zeit, wie es mir geht. Sie ist übereifrig. Ich könnte es nicht ertragen, wenn sie nach der Geburt des Babys andauernd da wäre.«»Ich weiß, daß Martin sich nicht mehr zu Hause fühlen würde, wenn sie für längere Zeit zu uns käme, und gleichzeitig weiß ich, daß sie sich ausgeschlossen fühlen wird.«»Wir müssen das Auto hinter dem Haus verstecken, weil Mutter nicht will, daß ich Auto fahre, wenn ich schwanger bin.«»Ihre Mutter ist furchtbar dominant.«»Am liebsten möchte sich Roger drücken und mich sozusagen bei meiner Mutter abgeben. Aber ich bin jetzt erwachsen und brauche ihn, nicht sie. Wie kann ich ihn dazu bringen, daß er das versteht?«
»Seine Mutter findet mich zu jung, und sie glaubt, daß ich nicht richtig für das Kind ihres Sohnes sorgen kann. Sie kontrolliert mich jeden Tag – fragt mich, was wir zum Abendessen hatten, sieht nach, ob die Küche sauber ist – und kritisiert meine Haushaltsführung ganz allgemein.«»Sie ist eine vielbeschäftigte Frau, Ruths Mutter, und sie liebt es, zu organisieren. Irgendwann werde ich wohl einmal auf den Tisch hauen müssen.«»Mutter hat so oft andeutungsweise gefragt, wann wir eine Familie zu gründen gedenken, daß ich jetzt, wo es soweit ist, gar nicht mehr das Gefühl habe, es sei unser eigenes Kind.«

Nach Familienzusammenkünften werde ich oft um dringende Ratschläge zum Thema Stillen gebeten, oder die Frauen wenden sich wegen Streßsymptomen an mich, die davon herrühren, daß sie sich Sorgen um das Baby und um ihre Fähigkeiten als Mutter machen. Wenn sich eine Großmutter für längere Zeit bei einer jungen Familie einnistet, dann fühlt sich die junge Mutter durch den Besuch entgegen allen Erwartungen oft nicht gestärkt, sondern behindert – vor allem dann, wenn es ihr erstes Baby ist.

Ostern und Weihnachten sind die Zeiten, in denen Mütter am stärksten gefährdet sind, ihr Selbstvertrauen zu verlieren. Dann brauchen sie jemanden, mit dem sie über ihre Probleme sprechen können. Die Strapazen und Belastungen, die der Besuch einer Mutter oder einer Schwiegermutter mit sich bringt, können sich in den darauffolgenden Jahren fortsetzen, und obwohl viele Konflikte beizeiten beigelegt werden, entwickeln sich die Streitereien in anderen Fällen zu einem Bestandteil des Familienlebens. Großmütter verstehen in solchen Situationen oft die Welt nicht mehr. Sie versuchen zu helfen, sie bemühen sich, ihre Zunge im Zaum zu halten, wenn ihnen die Kritik auf den Lippen brennt, sie versuchen, dem jungen Paar den Freiraum zu lassen, den es braucht, sie geben all ihre Liebe – aber irgendwie geht trotzdem alles daneben.

ERZIEHUNGSKONFLIKTE

Im Zuge meiner Recherchen für dieses Buch erzählten mir dreiunddreißig Mütter kleiner Kinder (die meisten unter zehn) über ihre schwierigen Beziehungen zu ihren Müttern oder Schwiegermüttern. Fast alle Probleme hatten mit den unterschiedlichen Vorstellungen über Erziehung und Disziplin zu tun. Die Meinungsverschiedenheiten betrafen den Umgang mit Wutanfällen und schlechten Manieren, das Eßverhalten der Kinder, die Sauberkeitserziehung und das richtige Verhalten bei Ungehorsam eines Kindes. Häufig ging es auch darum, ob positive Verstärkung oder Zwang und Bestrafung als Erziehungsmittel eingesetzt werden sollten. Die Mütter traten im großen und ganzen für eine eher entspannte Haltung ein. Sie plädierten dafür, ein weinendes Kind hochzunehmen und ein verzweifeltes Kind zu trösten, und sie erwarteten keinen unmittelbaren Gehorsam. Sie glaubten an den Wert von Gesprächen und Erklärungen oder – bei den jüngsten Kindern – von Ablenkung, und sie waren davon überzeugt, daß Kinder lernen, auf andere Rücksicht zu nehmen, wenn sie selbst rücksichtsvoll und mit Respekt behandelt werden. Rigider, autoritärer Kindererziehung, Drohungen und körperlichen Bestrafungen sowie Liebesentzug standen sie kritisch gegenüber. Oft gab es zwischen Müttern und Großmüttern in diesen Fragen grundlegende Meinungsunterschiede, wobei die Großmütter im allgemeinen für einen festen Rahmen und mehr Kontrolle über das Verhalten der Kinder eintraten.

Die Mutter eines wenige Monate alten Babys erzählt, ihre Mutter werfe ihr vor, sie »verwöhne« ihre kleine Tochter, indem sie sie die ganze Zeit küsse und streichle. »Am liebsten hätte sie, daß wir sie allein in ihr Zimmer stecken, auch wenn sie weint, und daß wir sie pünktlich nach der Uhr füttern.« Eine andere sagt, ihre Schwiegermutter »glaubt, daß man Kinder sehen, aber nicht hören sollte. Sie sollten ruhig an ihrem Platz sitzen und sich nicht bemerkbar machen.« Außerdem findet sie, sie sollten »mit der Flasche großgezogen und von Zeit zu Zeit geohrfeigt werden, und mit sechs Monaten sollten sie sauber sein. Ich frage mich, wie erfolgreich sie mit dieser Methode bei ihren eigenen Kindern war, vor allem angesichts der Tatsache, daß heute keines von ihnen besonders viel mit ihr zu tun haben will!« Diese Schwiegermutter denkt nach Aussage ihrer Schwiegertochter wahrscheinlich wie viele andere, daß »man einem Kind, wenn es ›ohne Grund‹ weint, ein Beruhigungsmittel geben sollte, und daß es durch dauernden Körperkontakt und Füttern nach Bedarf leicht verwöhnt werden kann«. Außerdem findet sie, daß es »gut für ein Kind ist, einmal am Tag so richtig außer sich zu geraten, und daß es seine Windeln absichtlich naß macht, um sich Aufmerksamkeit zu verschaffen«. Die Frau fügt hinzu, daß ihre Schwiegermutter sich »ihr Wissen über Kinder aus Büchern aus den fünfziger Jahren angeeignet« hat und nicht bereit ist, »auch nur einen Millimeter von ihrer Meinung abzuweichen«. Oft ist es auch so, daß eine Großmutter in der Zeit, als ihre eigenen Kinder klein waren, sehr unglücklich war, daß sie sich in der Mutterrolle gefangen fühlte und nun befürchtet, daß ihre Tochter in derselben Weise leiden wird. Indem sie sie kritisiert und ihr Leben zu organisieren versucht, möchte sie ihr das Dasein erleichtern. Eine Frau sagt: »Meine Mutter wollte selbst nie Kinder haben. Sie konnte sich ihr Leben lang nicht damit abfinden, daß sie welche hatte – und nun kann sie meine Freude und meine Zufriedenheit nicht verstehen.« Jedes Mal, wenn diese Großmutter das Kind hochnimmt, beginnt es zu weinen. Sie sagt, daß es verwöhnt sei und nach der Uhr gefüttert werden sollte. Außerdem ist sie davon überzeugt, daß man Kinder ignorieren sollte, wann immer es möglich ist, und sie ist eine glühende Verfechterin der These, daß körperliche Bestrafung die einzig wirksame Form der Disziplinierung sei.

Eine Frau erzählte mir, daß sie ihrer Mutter nicht zutraue, eine liebende Großmutter zu sein. Der Grund dafür ist, daß die ältere Frau der freien Atmosphäre und den spontanen Zuneigungsbekundungen im Haus ihrer Tochter äußerst kritisch gegenübersteht. Diese wagt es nicht, die Kinder bei der Großmutter zu lassen. Erklärend sagt sie, daß ihre Großmutter mütterlicherseits eine sehr strenge Frau gewesen sei. Sie habe oft körperliche Strafen angewendet und sei grausam gewesen. Sie erinnert sich, daß ihre Großmutter ihr Süßigkeiten geschenkt und sie dann für ihre Gier bestraft habe. »Sie hat immer meine ältere Schwester vorgezogen. Mich hat sie in einem Zimmer eingesperrt, während sie mit ihr spielte.« Sie fühlt zwar Mitleid für ihre Mutter, die offensichtlich selbst eine unglückliche Kindheit hatte, aber sie ist entschlossen, die Kette des Unglücks in ihrer Familie zu durchbrechen und ihren Kindern ein warmes und liebevolles Heim zu schaffen.

Großmütter, die kleine Kinder als potentielle Tyrannen betrachten, die gezähmt werden müssen, um sich ins Familienleben einzufügen, befürchten oft, daß ihr Sohn vernachlässigt werden oder die Ehe zerbrechen könnte, wenn das Kind nicht diszipliniert wird.»Als Erin ganze drei Wochen alt war, wollte sie unbedingt, daß ich sie vier Stunden bis zur nächsten Mahlzeit warten ließe, damit ich Zeit für mich selbst hätte. Mir war es unverständlich, wie ich die zusätzliche Zeit, die ich dadurch gewonnen hätte, daß ich mein Kind so lange warten ließ, auf irgendeine sinnvolle Weise hätte nutzen können, wenn mein Baby die ganze Zeit vor Hunger gebrüllt hätte. Aber sie ist eben davon überzeugt, daß Babys ›egoistisch‹ sind, was das Essen anbelangt, weil sie zu lange an der Brust liegen wollen und sich zuviel Zeit zum Essen nehmen.« Das Elternpaar hat miteinander über diese Problematik gesprochen und eine Strategie für den Umgang mit der Mutter ausgearbeitet: »Mein Partner sagt oft, daß ihm seine ›verwöhnten‹ Eltern mehr Kopfzerbrechen machen als die Gefahr, daß seine kleine Tochter verwöhnt werden könnte.«

Auf der anderen Seite gibt es Großmütter, die liberalere Ansichten vertreten als ihre Töchter oder Schwiegertöchter, die auf »gutem Benehmen« beharren, glauben, »daß ein kleiner Klaps Wunder wirken kann«, die Großmutter dafür kritisieren, daß sie über Ungezogenheiten lacht oder sich sogar daran beteiligt, daß sie ein »Softie« ist und ihre Disziplinierungsmaßnahmen untergräbt oder daß sie den Kindern »alles durchgehen läßt«. Diese Frauen sagen, daß sie die Kinder nach einem Oma-Besuch nicht mehr unter Kontrolle haben. Sie beklagen sich oft, daß ihre Mütter, als sie noch Kinder waren, längst nicht so entspannt und duldsam waren. Sie empfinden Groll wegen der Tatsache, daß die ältere Frau mit ihren Enkelkindern sanfter, toleranter und liebevoller umgeht als mit ihnen, als sie klein waren. »Als *ich* klein war, war sie ungeheuer streng. Aber von meinen Kindern läßt sie sich einfach alles gefallen. Sie verwöhnt sie schrecklich. Wenn sie wieder zu Hause sind, herrschen andere Spielregeln, und sie sind nicht mehr der Nabel der Welt. Etwas halte ich überhaupt nicht aus: Wenn ich meine Mutter bitte, mit meinen Kindern etwas Bestimmtes nicht zu tun, etwas, das ich ablehne, und sie tut es trotzdem. Das macht mich furchtbar wütend!« Die Frau fügt hinzu: »Sie ist eine wirklich liebevolle Großmutter, aber als ich klein war, war sie ganz anders, und mit *mir* geht sie auch jetzt noch ganz anders um.«

Zurückgewiesene Töchter

Durch die Biographien dieser jungen Frauen zieht sich wie ein roter Faden das Gefühl, als Kinder von ihren Müttern zurückgewiesen worden zu sein. Auch jetzt, wo sie versuchen, ihre eigenen Kinder großzuziehen, fühlen sie sich noch einsam und ungeliebt. Sie sehnen sich nach Verständnis und Mitgefühl. Manchmal liegt das Problem nur darin, daß eine Großmutter weit entfernt lebt und außer Reichweite ist. Es gibt auch Großmütter, die in der Nähe leben, die aber so sorgfältig darauf bedacht sind, die Distanz zu wahren, daß es kaum eine Kommunikation zwischen

Mutter und Tochter gibt und die jüngere Frau sich isoliert fühlt. Und dann gibt es noch jene Großmütter, die zwar da sind, die aber die meiste Zeit über nur kritisieren und herumnörgeln. Eine Frau, die zwei kleine Töchter hat, sagt: »Ich wollte unbedingt ein Mädchen. Meine Mutter sagte: ›Du wirst doch kein Mädchen wollen. Wenn sie größer werden, entwickeln sie sich zu kleinen Ludern‹ (damit meinte sie die Teenagerjahre). Diese Bemerkung tat mir so richtig weh. Vor ein paar Monaten erfuhr ich, daß meine Mutter sich als erstes Kind einen Jungen gewünscht hatte und daß sie zwar meine Brüder gestillt hatte, aber mich nicht.« Nun fühlt sich die Tochter vollkommen zurückgewiesen. »Meine Großmutter rief meine Mutter jeden Tag an und wollte alles wissen, was im Leben ihrer Tochter so vor sich ging. Meine Mutter konnte das nicht ausstehen und sagte, daß sie das ihren Kindern nie antun würde.« Die Folge dieses Vorsatzes ist, daß diese Großmutter nur selten zu Besuch kommt oder anruft und überhaupt kein Interesse am Leben ihrer Tochter oder ihrer Enkelkinder bekundet.

Selbst wenn eine Großmutter häufig zu Besuch kommt, kann es sein, daß sich die Tochter ignoriert fühlt, weil Oma sich ausschließlich um die Kinder kümmert: »Meine Mutter ist von meinen Kindern so fasziniert, daß ich auf den zweiten Platz abgerutscht bin. Meine Gefühle und unsere Gespräche miteinander sind niemals so wichtig wie das, was die Kinder tun.« Eine andere Frau sagt: »Meine Mutter und ich waren die besten Freundinnen, bevor meine Tochter zur Welt kam. Sie interessierte sich für alles, was ich tat und sagte, und sie nahm immer Anteil an meinem Leben. Wir haben immer alles gemeinsam unternommen und sind gemeinsam gereist. Das hat sich mit einem Schlag geändert, als die Kleine zur Welt kam. Meine Mutter schien sich für mein Wohlergehen längst nicht mehr so zu interessieren wie für das meiner Tochter. Wenn sie zu Besuch kam, wollte sie nur meine Tochter sehen. Sie vergaß sogar, mich zum Abschied zu küssen, weil ihre Gedanken nur bei dem Baby waren.«

Viele Frauen, die mir von ihren Müttern und Schwiegermüttern erzählten, fühlten sich in den Monaten nach der Geburt vernachlässigt. In der Zeit nach der Geburt eines Babys sehnen sich die meisten Frauen danach, daß ihnen ihre eigene Mutter emotionale Unterstützung zukommen läßt, daß sie sie in ihrer Mutterrolle bestärkt und daß sie ihnen praktische, nützliche Hilfe anbietet.

Junge Mütter Anfang Zwanzig wünschen sich in der Beziehung zu ihrer Mutter oft ein bestimmtes Maß an Abhängigkeit, bevor sie genügend Selbstvertrauen entwickelt haben, um sich in die Unabhängigkeit zu wagen. Für die betreffenden Großmütter ist es in diesen Fällen eine knifflige Aufgabe, genau zu wissen, wann Hilfe angesagt ist und wann sie sich zurückziehen sollten. Wenn Sie das Richtige tun wollen, dann sollten Sie zwar dasein, wenn Sie gebraucht werden, sich aber ansonsten nicht aufdrängen. Es gibt keine allgemeingültigen Erfolgsformeln. Am einfachsten und ehrlichsten ist es, Ihre Tochter wissen zu lassen, daß Ihnen bewußt ist, daß sie sich zu bestimmten Zeiten Hilfe wünscht und zu anderen Zeiten ihre Ruhe haben und unabhängig sein möchte. Bitten Sie sie, offen mit Ihnen über dieses Thema zu sprechen. Vielen Müttern und Töchtern fällt es schwer, das zu tun, aber wenn sie sich nicht überwinden, entstehen unweigerlich Mißverständnisse, die beiden weh tun. Eine Frau sagt: »Meine Eltern flüstern oft miteinander und sehen sich vielsagend an. Es widert sie an, daß ich Stephanie allein essen und herumpatzen lasse. Aber meine Mutter sagt nie offen, was sie denkt. Sie rümpft nur ihre Nase und schweigt.«

Viele Paare wollen nicht, daß ihre Mütter in den unmittelbar auf die Geburt folgenden Wochen an ihren »Flitterwochen« mit ihrem neugeborenen Baby teilhaben. Sie wollen zeigen, daß sie imstande sind, eigenständige Entscheidungen zu treffen, und daß sie allein oder mit der liebevollen Unterstützung und aktiven Beteiligung ihrer Partner zurechtkommen. In diesen Fällen kann sich auch die uneigennützigste Hilfe und liebevollste Unterstützung als falsch erweisen. Viele Töchter, deren Mütter sehr streng waren, sie oft körperlich bestraften und überhaupt einen grausamen Zug an sich hatten, glauben, daß es ihren Müttern schwerfällt, liebevolle Großmütter zu sein und die Freiheit und die spontanen Zuneigungsbekundungen zu ertragen, die in ihrem Heim gang und gäbe sind.

DAS FÜTTERN DES KINDES

Das Füttern des Babys und das Eßverhalten überhaupt sind sehr häufig Anlaß für Meinungsverschiedenheiten. In Erinnerung an ihre eigene Kindheit sagt eine Frau: »Meine Mutter war sehr streng, was das Essen anbelangte. Der Teller mußte bis auf den letzten Rest leer gegessen sein, bevor man den Tisch verlassen durfte. Abends schlief ich bei Tisch oft ein, und der Kopf sank mir auf den Teller, weil ich wegen irgendwelcher Essensreste nicht aufstehen durfte. Man hielt uns Vorträge über hungernde Flüchtlingskinder und über die Tugend der Sparsamkeit. Die Folge ist, daß ich heute unter einem zwanghaften Eßbedürfnis leide.« Erst vor kurzem hat diese Frau aufgehört, sich krank zu essen, nur weil sie das Gefühl hatte, ihren Teller leeren oder das ganze aufgetragene Essen aufessen zu müssen. »Wenn mein Sohn ißt – wunderbar –, und wenn er nicht viel ißt, dann weiß ich, daß er vor der nächsten Mahlzeit nicht ohnmächtig umfallen wird.« Großmütter sind vom Wert des Stillens oft längst nicht so überzeugt wie die Mütter, und sie befürchten, daß die Kinder nicht schnell genug zunehmen oder vor Hunger weinen. »Ich habe Richard gestillt, bis er über zwei Jahre alt war, weil wir beide unsere ganz besondere Zeit miteinander genossen haben. Meine Schwiegermutter meinte, daß ich ›verrückt‹ und ›krank‹ sei, und bearbeitete mich seit seinem vierten Lebensmonat, daß ich ihn endlich abstillen sollte.« Diese Frau stillte weiter, aber sie mußte es heimlich tun. »Die Mutter meines Partners hat etwas dagegen, daß Louise noch immer gestillt wird (sie ist sechs Monate alt). Wenn wir telefonieren, kommt sie immer auf das Thema zu sprechen. Letzte Woche sollte ich operiert werden und eine Vollnarkose bekommen. Sie meinte, das wäre eine gute Gelegenheit, sie endlich ›trockenzulegen‹. Daraufhin habe ich die Operation verschoben.«

Zielscheibe für gute Ratschläge

Viele Großmütter, die mir über ihre Erfahrungen berichteten, beharrten darauf, keine Ratschläge geben zu wollen. Sie sagten, daß sie aus ihrer eigenen Erfahrung als junge Mütter wüßten, wie unangenehm es ist, unwillkommene Ratschläge zu bekommen, und daß sie ihre Zunge gewaltsam im Zaum hielten, wenn sie sähen, daß ihre Töchter ihrer Meinung nach offensichtliche Fehler machten.

Den jüngeren Frauen ist jedoch trotzdem oft schmerzlich bewußt, daß sie unter Beobachtung stehen und den Erwartungen ihrer Mutter oder Schwiegermutter nicht gerecht werden können. Deshalb fühlen sie sich auch dann oft kritisiert, wenn zwar keine offene Kritik an ihnen geübt wird, aber die Atmosphäre schwer ist von schweigender Mißbilligung. Auch in diesem Fall ist es am besten, offen über das Thema zu sprechen, und es ist wichtig, daß die ältere Frau der jüngeren etwas über ihre eigenen frühen Erfahrungen als Mutter erzählt und ihr sagt, daß sie sich auch selbst oft als Zielscheibe für unwillkommene gute Ratschläge fühlte.

Ich fragte die jungen Frauen, ob sie von sich aus den Rat ihrer Mütter und Schwiegermütter suchten. In der weitaus überwiegenden Zahl der Fälle erhielt ich die Antwort, daß das überflüssig sei, weil sie ohnehin mit guten Ratschlägen überhäuft würden, oft getarnt als Berichte darüber, wie andere Frauen ihre Kinder erziehen – eine Nachbarin, ein anderes Familienmitglied oder eine ehemalige Schulkameradin, mit der sie nun nichts mehr gemeinsam haben. Viele junge Mütter werden von ängstlichen Müttern und Schwiegermüttern mit Ratschlägen geradezu bombardiert. Ihre unmittelbare Reaktion darauf ist, sich Abwehrmechanismen zuzulegen. Tracey, eine Teenager-Mutter mit zwei Kindern, erzählt:»Meine Mutter erwartete, daß meine etwas über zwei Jahre alte Tochter mit anderthalb Jahren sauber sein sollte. Mit einem Jahr sollte sie in ihrem eigenen Bett schlafen, sich still und allein mit ihren Spielsachen beschäftigen und weder mich noch andere Kinder zum Spielen brauchen. Ich sollte meine Kinder nicht bei mir im Bett schlafen lassen. Sie sollten keinen Schnuller bekommen. In der Nacht sollten sie kein Fläschchen brauchen. Ich sollte für beide Kinder Stoffwindeln verwenden, und das, obwohl unsere Waschmaschine zwei- bis viermal die Woche zusammenbricht.« Tracey hat sehr genau über die emotionalen Bedürfnisse ihrer Kinder nachgedacht und ist eine sensible und umsichtige Mutter. Sie sagt:»Ich finde, daß es für ein Kind traumatisch sein muß, neun Monate lang gemütlich und geborgen im Bauch der Mutter zusammengekuschelt zu liegen und dann plötzlich allein in einem Bett schlafen zu müssen. Ich habe ein viel besseres Gefühl, wenn ich meine Kinder atmen hören kann. Im Babyalter schlafen sie auch besser, wenn sie bei mir im Bett liegen. Außerdem bemerke ich dann auch, wenn sie zu stark schwitzen. Wenn es wirklich heiß ist, nehme ich einfach eine Decke weg, und wir kühlen uns beide ab.« Ihrer Meinung nach haben Schnuller sowohl auf das Kind als auch auf die Mutter eine beruhigende Wirkung. Von ihrer älteren Tochter erzählt sie, daß sie ein rundum zufriedenes kleines Mädchen sei, das am liebsten mit seinen Spielsachen spielt, wenn andere Kinder oder ein Erwachsener mitspielen. Die Kleine liebt es, ihre Sachen mit anderen zu teilen und mit ihnen zu kommunizieren. Was die Windeln anbelangt, so meint sie, daß»kleine Kinder, die bereits sauber waren, oft wieder Windeln brauchen, wenn ihre sichere Welt durch eine neue Umgebung erschüttert wird«. Offensichtlich weiß Tracey ganz genau, was sie tut. Ihre Mutter wäre am besten beraten, einen Schritt zurückzutreten und die Leistungen ihrer Tochter zu bewundern … und ihr vielleicht eine neue Waschmaschine zu kaufen!

Manche Großmütter verweisen auf »Expertenratschläge« und pochen auf Ratgeber von Kinderärzten oder Psychologen, um ihrer Meinung Nachdruck zu verleihen. Eine Frau berichtet über ihre Mutter, die an der Universität eine Ausbildung zur Sozialarbeiterin absolviert:»Sie erzählt mir von allen Forschungsergebnissen zum Thema Baby, von denen sie hört. Ich habe aber nicht das Gefühl, daß irgend etwas davon für mich oder mein Kind relevant sein könnte.«Ihre Mutter, die Vergnügen daran findet, eine Verbindung zwischen den theoretischen Erkenntnissen ihrer Universitätsstudien und der Entwicklung ihrer Enkeltochter herzustellen, scheint sich nicht bewußt zu sein, daß sie dadurch die Feindseligkeit ihrer Tochter ihr gegenüber noch verstärkt und daß sie das genaue Gegenteil der beabsichtigten Wirkung erzielt. Denn die Tochter sagt: »Ich versuche auf jeden Fall, das genaue Gegenteil von dem zu tun, was meine Mutter tun würde.« Eine weitere Großmutter, eine Krankenschwester, versucht nach Aussage ihrer Schwiegertochter, »mir ihr Wissen über den täglichen Umgang mit Babys, über Schlafen, Füttern, Gesundheit und Hygiene aufzuzwingen«. »Sie ist eine Art Dumdumgeschoß«, fügt diese australische Frau hinzu. »Sie macht mir die Hölle heiß mit ihren Vorstellungen.«

HARTE ARBEIT

Viele Konflikte zwischen Frauen und ihren Müttern und Schwiegermüttern haben ihre Ursache darin, daß sich die ältere Frau zwar in umfangreichen Theorien über Kindererziehung ergeht, aber keine Anstalten macht, sich in irgendeiner Weise die Hände schmutzig zu machen. Dies scheint öfter bei Schwiegermüttern als bei Müttern der Fall zu sein. Der Grund liegt darin, daß sich eine Schwiegermutter oft nicht bemüßigt sieht, sich mit den niedrigen Details zu beschäftigen, sondern erwartet, im Heim der Schwiegertochter wie ein Gast behandelt zu werden. Die Schwiegermutter einer Frau, mit der ich über dieses Thema sprach, kam für zehn Tage zu Besuch, als das Baby, Caitlin, fünf Wochen alt war. »Sie spielte ganz gern mit der Kleinen. Und das war's auch schon! Sie erklärte mir, daß sie nicht bereit sei, Windeln zu wechseln. Während der ganzen Zeit ihres Besuchs rührte sie keinen Finger, weil sie meinte, daß ich die Gastgeberin sei und daß eine Frau ihre Nase nicht in die Küche einer anderen Frau stecken solle. Dabei bat ich sie, mir zu helfen. Sowohl Caitlin als auch ich waren erkältet, und ich bekam gegen Ende der Woche auch Fieberblasen, aber sie sagte einfach: ›Ich zünde mir nur noch rasch eine an‹, oder ›Ich benütze nicht gern anderer Leute Küche‹. Oft weinte ich vor Frust und Erschöpfung. Eines Abends sagte ich, daß sie das Kochen übernehmen müßte, weil es mir nicht gelang, Caitlin zu beruhigen. Da kochte sie für ihren Mann, sich selbst und Ian ein Fleischgericht. Dabei trug sie Gummihandschuhe und machte ein verächtliches Gesicht. Für mich gab es nichts, weil ich Vegetarierin bin. Ich hatte ihr gesagt, daß ich einfach das Gemüse essen würde, das sie als Beilage machte, aber sie machte keines.« Eine andere Frau erzählt von ihrer eigenen Mutter: »Sie findet, daß ein Baby abgeknutscht werden muß. Es darf auch auf ihren Knien reiten, aber wenn das Kind hungrig ist, wenn seine Windeln naß sind oder wenn es schreit – dann ist sie wie ein Blitz zur Tür hinaus.«

Andere Frauen haben Konflikte mit den Großmüttern, weil sie andauernd versuchen, sie mit ihren Haushalts- und Organisationskünsten zu übertrumpfen. In diesen Fällen sind es oft die Schwiegermütter, die sich besonders hervortun: »Meine Schwiegermutter schrubbt mein Haus vom Dachboden bis zum Keller, sogar dann, wenn es nicht schmutzig ist.« Die eigenen Mütter der Frauen verhalten sich oft auch nicht anders. Eine Frau mit einjährigen Zwillingen erzählt über ihre Mutter: »Wenn sie kommt, dann schießt sie Haus herum und erledigt alles, was sie nur irgendwie kann.« Sie möchte sich viel lieber zu ihrer Mutter setzen und mit ihr plaudern. Dazu hat sie aber keine Chance, weil die Mutter ihre Hauptaufgabe darin sieht, zu kochen und zu putzen. Also sagte sie einmal zu ihr:»Sieh mal, setz dich doch. Es gibt da ein paar Dinge, bei denen ich dich um Rat fragen möchte. Das kann ich nicht, wenn du die ganze Zeit wie ein geölter Blitz hin und her schießt.« Die Mutter erkannte, daß sie persönlich und nicht nur als eine Art Haushaltsroboter für ihre Tochter dasein mußte.»Inzwischen ist es so«, sagt ihre Tochter,»daß sie allerhöchstens das Geschirr abtrocknet.« Dasselbe Problem bestand zwischen einer Frau, die unter postnataler Depression litt, und ihrer Mutter, die befürchtete, daß ihre Tochter es nicht schaffen könnte, und sämtliche Haushaltspflichten übernahm. Die Folge war, daß die Tochter nach der Abreise der Mutter noch deprimierter wurde und sich als vollkommene Versagerin fühlte:»Ihre Vorstellung von Hilfe ist die einer vom Morgengrauen bis in den Abend dauernden Schicht in einem Stahlwerk. Deshalb hat sie kaum Zeit für mich oder für Erin. Aber wenn sie geht, ist unser Haus immer in einem makellosen Zustand.« Dann fügt sie hinzu:»Ich fühle mich unfähig. Ich spüre die Last ihrer hochgesteckten Erwartungen und ihrer übertriebenen Vorstellungen des Haushaltsführens. Auf dieser psychologischen Ebene gibt es eine Kluft in unserer Beziehung.«

MACHT UND KONTROLLE

Mütter und Schwiegermütter werden von Frauen oft als besitzergreifend kritisiert. Entweder fordern sie die ganze Liebe eines Sohnes oder einer Tochter, oder sie beanspruchen ein Enkelkind ganz für sich allein. Die Töchter und Schwiegertöchter dieser

Frauen beklagen sich, daß sie immer dann, wenn jemand anders im Mittelpunkt steht, die Aufmerksamkeit auf sich lenken. Eine Frau sagt:»In der Welt meiner Schwiegermutter hat alles irgendwie direkt mit Macht und Kontrolle zu tun. Sie überschüttet Daniel mit Geschenken, und zwar in einem Maß, daß ich das Gefühl habe, sie möchte eine bewußte Investition in das Baby tätigen.« Eine andere Großmutter »umwirbt« ihren kleinen Enkelsohn auf ähnliche Weise, indem sie ihn stolz herumzeigt und ständig Fotos von ihm macht. »Sie würde sich aber nie zu ihm auf den Boden setzen und mit ihm spielen. Statt dessen sagt sie Dinge zu ihm wie: ›Komm doch mit Oma. Sie sorgen ja doch nicht richtig für dich.‹« Besitzergreifende Großmütter erwarten häufige Besuche und fühlen sich verletzt und zurückgewiesen, wenn diese nicht in der gewünschten Regelmäßigkeit stattfinden. »Wenn wir am Wochenende nicht zu ihr kommen, dann bekomme ich einen Anruf, der meine Schuldgefühle wecken soll.« Von solchen Anrufen können viele Frauen ein Lied singen.

Einmal angenommen, Sie haben in diesem Kapitel einige Ihrer Verhaltensweisen als Großmutter, die Sie (zumindest gelegentlich) an den Tag legen, wiedererkannt. Wie nun damit umgehen? Überlegen Sie es sich gründlich, bevor Sie den Telefonhörer zur Hand nehmen, um Ihren Sohn oder Ihre Tochter anzurufen. Wird Ihr Kind, nachdem Sie aufgehängt haben, über Ihren Anruf glücklich sein, oder wird es sich durch Schuldgefühle belastet fühlen? Fragen Sie sich, ob Sie irgendwelche versteckten, negativen Botschaften durch den Hörer transportieren wollten. Wie können Sie sie durch positive Botschaften ersetzen? Es ist nicht klug, anzurufen, solange Sie sich über diese Dinge nicht im klaren sind. Ist Ihr Anruf ein Schrei nach Aufmerksamkeit und Liebe, weil Sie sich ausgeschlossen fühlen? Oder wollen Sie damit Ihr ehrliches Interesse am Leben Ihres Kindes und Ihrer Enkelkinder bekunden? Setzen Sie die jungen Leute unter Druck, Ihnen in einer bestimmten Sache zuzustimmen, nur um Ihnen einen Gefallen zu tun? Steht es außer Zweifel, daß Sie ihr Recht auf Selbstbestimmung anerkennen – das Recht, die Dinge auf ihre Art zu machen und ihre eigenen Entscheidungen zu treffen? Eine Großmutter, die diese Fragen gewissenhaft für sich beantwortet, läuft kaum Gefahr, einen Anruf nur zu tätigen, um damit Schuldgefühle zu wecken.

Manche Großmütter haben eine traditionelle Sichtweise der Familie und betrachten ihre Enkelkinder lediglich als eine Erweiterung davon, während ihre Kinder nach Unabhängigkeit streben und nicht daran interessiert sind, nur dem Familienstammbaum einen weiteren Ast hinzuzufügen. Eine Frau sagt über ihre Schwiegermutter: »Sie leitet von ihrer Rolle in der Familie als Frau, Mutter und Großmutter einen bestimmten natürlichen Status ab. Sie betrachtet die Familie als hierarchische Struktur und nutzt daher ihre Position, um andere, jüngere Familienmitglieder zu manipulieren. Sie ist eifersüchtig auf meine Beziehung zu ihrem Sohn, und sie ist felsenfest davon überzeugt, daß der Kontakt mit dem Baby ein Geburtsrecht und kein erworbenes Recht ist. Ich bin aber dagegen, daß Emma (das Baby) in derartige Machtspiele hineingezogen wird.« Eine andere Frau hat Probleme mit ihrer Schwiegermutter, weil ihr Mann, wie sie sagt, »aus einer sehr eng gestrickten, ich möchte fast sagen, erstickenden Familie mit sechs Kindern kommt. Seine Eltern erwarten, daß sie sich alle so verhalten, wie es die Familie will, ohne irgendwelche Proteste oder Abweichungen.«

Manchmal mischt sich eine werdende Großmutter so sehr in die Vorbereitungen auf ein zu erwartendes Baby ein, daß die Eltern schon vor der Geburt das Gefühl haben, daß sie das Kind für sich reklamieren und die Kontrolle an sich reißen möchte. »Ich hatte das Gefühl, daß uns alle Vorbereitungen auf unser Baby aus den Händen genommen wurden. Sie hatte schon alles erledigt.« Die werdende Großmutter kaufte nicht nur Windeln und Babykleidung, einen Kinderwagen und Kinderzimmermöbel, sondern sie stellte sogar Dosen mit den Wandfarben ihrer Wahl für das Kinderzimmer auf die Treppe. Sie bestand darauf, dem jungen Paar Geld zu geben, was dieses als »allergrößte Beleidigung« empfand. »Mein Mann meinte, es sei so, als wäre das Baby der Sohn und nicht der Enkelsohn seiner Mutter.« Nach der Geburt »erhob sie einen Monopolanspruch auf das Baby«, so daß sich der Vater »aus der Beziehung zu seinem Sohn hinausgedrängt« fühlte. In den Gesprächen dieses Paares dominiert das Problem, wie mit dieser schwierigen Großmutter umzugehen sei, und die Schwiegertochter sagt, daß »mein Mann und ich den richtigen Umgang mit seiner Mutter als langfristiges Projekt betrachten«. Dann fügt sie hinzu: »Aber irgendwie ist mein Mann ja trotz allem ein netter Typ geworden. Ich frage mich manchmal, wie sie das geschafft hat. Irgend etwas muß sie also doch richtig gemacht haben.«

GEWALTTÄTIGE FAMILIEN

In Familien, in denen Gewalt und Mißbrauch an der Tagesordnung sind, stecken Großmütter in einem besonders schwierigen Dilemma: Einerseits wollen sie bei ihren Töchtern sein, um ihnen zu helfen, andererseits kann das aber bedeuten, die Enkelkinder sexuellem Mißbrauch oder einer anderen Form der Gewalt seitens des Großvaters oder eines anderen männlichen Familienmitglieds auszusetzen. Um die Kinder zu schützen, sehen sie sich oft dazu gezwungen, zu schweigen, Besuche abzulehnen oder nicht zu längeren Besuchen einzuladen. Es kann sehr schwierig sein, über diese Dinge zu sprechen oder ihren Töchtern oder Schwiegertöchtern zu erklären, warum sie eine solche Distanz halten. Das ist vor allem dann der Fall, wenn der Mißbrauch durch eine Mauer des Schweigens vertuscht wird oder wenn sie sich zu Komplizinnen machen, indem sie ihn banalisieren. Oft haben sie keine Kraft, sich aufzulehnen, weil sie selbst unter Gewalt oder sexuellem Mißbrauch gelitten haben.

Eine Frau, die mit achtzehn von zu Hause auszog, um sich dem sexuellen Mißbrauch durch ihren Vater zu entziehen, beschreibt, wie die Geburt ihres Sohnes, den sie mit dreißig Jahren bekam, die aus der Kindheit wohlbekannten Gefühle der Angst und des Unglücklichseins wieder in ihr hochsteigen ließ. Als der Kleine geboren wurde, betete sie, daß »er sich zu Hause immer sicher und geliebt fühlen möge«, und sie sagt, ihr allergrößter Wunsch sei es gewesen, »dem Kind jenes Glück und jene Sicherheit zu bieten, die ich selbst nie gekannt habe«. Sie sehnte sich nach der Nähe und Unterstützung ihrer Mutter und fühlte sich zurückgewiesen, als diese ihr die kalte Schulter zeigte. »In den ersten sechs Monaten fühlte ich mich sehr isoliert. Meine Mutter hatte mich vollkommen im Stich gelassen. Einmal im Leben wünscht man sich die Unterstützung seiner Mutter … und wenn man sie dann nicht bekommt, ist der Schmerz der Zurückweisung fast noch schlimmer als in der Kindheit.« Die beiden sehen einander nur bei Familienzusammenkünften, zum Beispiel anläßlich von Geburtstagen, und ihre Mutter ist für ihren kleinen Jungen praktisch eine Fremde. Diese Großmutter mußte fast fünfzig Jahre lang eine Beziehung mit einem gewalttätigen Ehemann ertragen. Rückblikkend sagt ihre Tochter:»Wir lebten ständig in Angst. Mutter war so sehr mit ihren eigenen Problemen beschäftigt, daß sie nie bemerkte, daß auch wir litten. Während unserer ganzen Kindheit war unser Haus erfüllt von Haß und Gewalt. Bis zu dem Tag, an dem ich auszog, fühlte ich mich nie sicher.«

Die Geburt ihres Sohnes löste bei ihr eine emotionale Krise aus:»Nach seiner Geburt wurden die Erinnerungen an meine eigene Kindheit plastischer und noch schmerzlicher. Wenn ich an die zerbrechliche Hilflosigkeit und an das totale Vertrauen meines Sohnes denke, werde ich sehr wütend über die Art und Weise, wie sie mich behandelt haben. Die zwölf Jahre seit meinem Auszug von zu Hause bis zur Geburt meines Sohnes, diese zwölf Jahre, in denen ich mich abmühte, meine Kindheit zu verarbeiten, waren wohl vergebliche Mühe. Ich habe heute mehr Probleme als mit achtzehn. Ich bin wütender als je zuvor. Das Ganze hat viele Wunden neu aufgerissen.«

Sie sagt, daß sie ihre Kinder nie zu ihren Eltern schicken würde, daß sie sich aber danach sehne, daß ihre Mutter für längere Zeit zu ihr käme. Die Mutter ist jedoch immer noch in der gewalttätigen Beziehung zu ihrem Mann gefangen, der entweder darauf bestehen würde, mitzukommen, oder ihr den Besuch verbieten würde.

Die einzige Möglichkeit für diese Großmutter, so schmerzlich sie auch sein mag, besteht darin, offen mit ihrer Tochter zu sprechen und ihr direkt zu sagen, warum sie nicht kommen und ihr helfen kann. Ein solches Gespräch könnte einige jener Wunden heilen, unter denen alle Mitglieder dieser Familie leiden, und ein neues Verständnis ermöglichen.

WUNDEN HEILEN

Manche Töchter nehmen ihre Mütter erst ab dem Augenblick als Menschen wahr, in dem sie selbst Mutter werden. Sobald sie selbst ähnliche Gefühle erleben, wie ihre Mütter sie hatten, beginnt der Groll, den sie gegen sie hegten, langsam dahinzuschmelzen. Eine Frau, die mir von der Beziehung zu ihrer Mutter erzählte, sagte:»Eine Freundin hat mir geraten, sie wie eine Frau und nicht wie eine Mutter zu behandeln. Das tue ich nun. Dadurch kommen wir viel besser miteinander aus als früher.« Diesen Rat sollten sich alle Töchter und Schwiegertöchter zu Herzen nehmen. Wenn sie sich daran halten, könnte allen Beteiligten ein neuer Anfang gelingen.

Aber es geht nicht nur um Konflikte zwischen Müttern, Schwiegermüttern und Töchtern. Auch zwischen Großmüttern und Enkelkindern kann ein offener Konflikt ausbrechen, vor allem, wenn es um Teenager geht, die mit dem Leben experimentieren. In vielen Familien gibt es stillschweigende Übereinkommen, über bestimmte Dinge – wie zum Beispiel über Sex oder Religion – nicht zu sprechen, weil alle wissen, daß das heikle Themen sind, die leicht zu Explosionen führen können. Forscher, die die Interaktionen zwischen achtzig Großeltern und deren Enkelkindern studierten, stellten fest, daß viele Großeltern behaupten:»Wir haben nie Meinungsverschiedenheiten.« Wie sie das machen? Nun, sie gehen Konflikten aus dem Weg.[1] Eine erfahrene Großmutter weiß, wann man besser losläßt.

Einer weitverbreiteten Überzeugung aus der Populärpsychologie zufolge lassen sich Probleme um so leichter lösen und Beziehungen um so schneller heilen, je eher wir bereit sind, über unsere Gefühle zu sprechen und unser »inneres Selbst« zu entdecken. Das ist aber nicht unbedingt der Fall. Es gibt Zeiten, in denen wir am besten schweigen, in denen es sinnvoller ist, nachzudenken als zu sprechen, und in denen einfühlsames Zuhören weit besser ist als offene Konfrontation. Es ist eine Kunst für sich, sich nicht in Konflikte hineinziehen zu lassen und darüber hinaus den eigenen Ärger zu besänftigen und andere so zu akzeptieren, wie sie sind, anstatt sie herauszufordern und zu kritisieren. Es ist eine Kunst, aus einer schwierigen Situation zu *lernen,* anstatt sich entweder zu weigern, sie zu akzeptieren, oder sie verzweifelt zu bekämpfen, um sie zu verändern. Die perfekte Mutter existiert nicht. Und die perfekte Großmutter auch nicht. Es gibt wohl kaum eine Großmutter, die nie einen Fehler macht. Entscheidend ist, daß wir aus unseren Fehlern lernen.

10

Einander nahe sein – Mütter, Töchter und Schwiegertöchter

Eine Großmutter liebt nicht jedes Enkelkind auf dieselbe Weise. Es kann sein, daß sie sich zu einem bestimmten Kind oder zu den Kindern aus einer bestimmten Familie stärker hingezogen fühlt als zu anderen. Das hat gute Gründe. Obwohl sie darauf achtet, daß sie ihre Zeit und ihre Aufmerksamkeit gerecht verteilt, fühlt sie sich in ihrem Herzen einem bestimmten Enkelkind oder den Kindern einer bestimmten Familie besonders nahe, meist einfach deshalb, weil sie zu diesen Kindern einen engeren Kontakt hat als zu den anderen und sie daher auch besser kennt.

Wenn Großmütter über ihr Gefühl der Nähe zu ihren Enkelkindern sprechen, sagen sie oft, daß sie sich über die Geburt einer Enkeltochter besonders freuten und daß es ihnen aufgrund der gemeinsamen Basis weiblicher Erfahrungen leichter fällt, Mädchen zu verstehen. Sie sagen, daß sich Jungen, wenn sie erwachsen werden, von ihren Bezugspersonen entfernen, während Mädchen, die sich zu Frauen entwickeln, näher an sie heranrücken. Das ist natürlich nicht immer so. Es gibt viele Frauen, die über die psychologische Distanz zu einer Tochter klagen oder darüber, daß sie von der Tochter offen zurückgewiesen werden, und andere, die den Lebensstil einer Tochter als so grundlegend anders empfinden als den eigenen, daß es ihnen schwerfällt, ihn zu verstehen oder zu tolerieren. Aber im allgemeinen haben Frauen das Gefühl, daß sie mit ihren Töchtern und Enkeltöchtern eine gemeinsame Identität verbindet. Das gilt nicht nur für die postindustrielle Kultur des Westens.

Obwohl Söhne in vielen Kulturen mit männlicher Erbfolge mehr geschätzt werden als Töchter, erzählten mir in Jamaika, wo ich in den sechziger Jahren meine Feldstudien betrieb, viele Mütter, daß sie sich aus mehr oder weniger denselben Gründen wie amerikanische und britische Großmütter über die Geburt von Töchtern oder Enkeltöchtern freuten. In Jamaika »laufen« (flüchten) die Männer, während die Frauen bleiben. Männer übernehmen selten eine versorgende Rolle. Frauen hingegen zeigen Verständnis und Mitgefühl. Das sind die Klischees und die Geschlechterrollen, mit denen wir vertraut sind, und viele Mütter versuchen, diese überholten Rollen durch die Art und Weise, wie sie ihre Söhne und Töchter erziehen, zu verändern. Aber sie haben den größeren Teil der Gesellschaft gegen sich.

Kleine Jungen werden von Geburt an anders behandelt als kleine Mädchen. Die Erziehung von Jungen ist so ausgelegt, daß sie sich dazu anregen soll, sich von ihren Müttern und von den von ihnen repräsentierten »weiblichen« Qualitäten zu distanzieren und sich auf das Leben in einer Männerwelt vorzubereiten. »Ein Junge weint nicht.« Ein echter Mann versteckt seine Gefühle. Jungen schließen sich zu Gruppen zusammen und wetteifern aggressiv beim Sport. Wenn Jungen körperlichen Kontakt miteinander haben, dann prügeln sie sich, während Mädchen ihre Zuneigung körperlich ausdrücken oder sich durch hübsche Kleider oder durch graziöse Bewegungen – wie zum Beispiel im Tanz – in

Szene setzen. Mütter beschreiben ihre Babys schon im Alter von einem Tag völlig verschieden, je nachdem, ob es sich um einen Jungen oder um ein Mädchen handelt. Mädchen sind zart, während Jungen stark sind.[1] Wenn die Babys zwei Tage alt sind, lächeln die Mütter Mädchen öfter an und sprechen mehr mit ihnen.[2] Eine berühmte psychologische Studie aus den siebziger Jahren, das sogenannte »Baby-X-Experiment«, ergab, daß ein sechs Monate altes Baby, das entweder als Junge oder als Mädchen gekleidet war, je nach seinem vermuteten Geschlecht jeweils anders behandelt wurde. Einem »Mädchen« wurden Puppen gereicht, einem »Jungen« Spielzeugzüge, und die Frauen lächelten das »Mädchen« öfter an. Daraus zogen die Forscher folgenden Schluß: »Wenn das Kind sechs Monate alt ist, haben die Mütter bereits damit begonnen, es in die ›richtige‹ Geschlechterrolle hineinzudrängen. Mädchen erhalten mehr soziale Anregungen. Außerdem beginnen die Mütter in diesem Alter des Kindes bereits damit, geschlechtsspezifische Spielmuster zu fördern. Das Kind legte gegenüber allen am Experiment beteiligten Müttern dasselbe Verhalten an den Tag, aber trotzdem wurde es systematisch anders behandelt, je nachdem, ob es als Mädchen oder als Junge erlebt wurde.«[3] Den an dieser Studie beteiligten Frauen war die unterschiedliche Behandlung, die sie dem Baby angedeihen ließen, nicht bewußt. Sie waren davon überzeugt, Jungen und Mädchen gleich zu behandeln.

Wenn Söhne erwachsen werden, haben deren Mütter oft das Gefühl, daß sie ihnen fremd werden. Eine Großmutter sagt zum Beispiel, daß sie zu dem Sohn ihres Sohnes, der nach der Scheidung seiner Eltern bei seinem Vater lebt, kaum eine Beziehung hat: »Ich kenne meinen Sohn nicht besonders gut. Er hat ganz andere Werte als ich und läuft ständig auf Hochtouren.« Von seinem »autoritären Stil als Vater« ist sie entsetzt, wie sie sagt. Eine andere Großmutter erzählt, sie sei entzückt gewesen, zu erfahren, daß sie Großmutter würde. Sie habe erwartet, gebeten zu werden, sich um das Kind zu kümmern und voll in dessen Leben eingebunden zu werden. Aber ihr Sohn rief erst sechzehn Stunden nach der Geburt des Kindes an, um ihr mitzuteilen, daß es geboren war. Das machte sie gleich zu Beginn traurig. Nun lebt die junge Familie zwar in derselben Gegend wie sie, aber sie wird kaum besucht, und sie sagt, daß sie im Haus der jüngeren Generation »nicht immer willkommen« sei. Wenn sie ihren fünfjährigen Enkel im Lebensmittelgeschäft trifft, hört sie, wie er seine Mutter fragt, wer denn diese Dame sei. Viele Frauen akzeptieren derartige Situationen mit Gelassenheit, weil sie es als etwas Natürliches empfinden, daß sich eine Schwiegertochter nach der Geburt eines Kindes ihrer eigenen Mutter zuwendet, daß ihr Sohn die anderen Großeltern öfter besucht als sie selbst und daß in der Folge der Kontakt schwächer wird. »Es ist ganz normal, daß sie sich ihrer eigenen Mutter näher fühlt«, sagt eine Frau. »Aber ich würde mich freuen, wenn meine eigene Tochter ein Baby bekäme, denn beim Kind meines Sohnes stehe ich ein wenig draußen. Zwischen uns besteht eine emotionale Distanz. Ich beneide die andere Großmutter ein wenig um die Nähe, die sie zu dem Baby hat.«

Frauen machen sich Sorgen, daß sie die Kinder ihres Sohnes infolge einer Scheidung verlieren könnten, während sie zuversichtlich sind, daß die Kinder einer Tochter auch nach einem Scheitern der Ehe ihre Enkelkinder bleiben. »Ich habe daran gedacht, daß meine Beziehung zu den Kindern meines Sohnes im Fall einer Scheidung, bei der er das Sorgerecht verliert, wirklich gefährdet ist«, sagt eine Frau. »Das sind zwar alles nur dunkle Vermutungen, aber die Wahrscheinlichkeit, die Enkelkinder zu verlieren, die man von einem Sohn hat, ist einfach größer, als wenn es sich um die Kinder einer Tochter handelt.«

In der Dreiecksbeziehung zwischen einem Mann, einer Frau und seiner Mutter können schwere Konflikte entstehen, die oft nicht nur eine Krise zwischen dem Mann und seiner Mutter auslösen, sondern auch Probleme in der Ehe bewirken.

Über die Beziehung zwischen Schwiegertochter und Schwiegermutter gibt es ebenso wie über die Beziehung zwischen Schwiegersohn und Schwiegermutter weitverbreitete Klischees. Man sagt, daß solche Beziehungen stärker belastet sind als Beziehungen zwischen Müttern und ihren Kindern und daß sich die Frauen ihren Töchtern und den Kindern ihrer Töchter im allgemeinen viel näher fühlen. Erklärt wird das oft mit der schwierigen Beziehung zwischen den Müttern und den Frauen, die ihnen ihre Söhne genommen haben.

Soziologen und Psychologen haben das Bild der »besitzergreifenden Mutter« erforscht, die der Interaktion zwischen Frauen und ihren Schwiegermüttern anscheinend inhärenten Spannungen und auch die Art und Weise, in der Schwiegermütter an den Rand gedrängt und oft dazu gezwungen werden, die bemutternde Rolle anderen Frauen zu überlassen.[4]

Tatsächlich sind viele Schwiegermütter darauf bedacht, sich nicht in den Vordergrund zu drängen, weil ihnen die »typische« Schwiegermutter, die sie aus einschlägigen Comics und Fernsehserien kennen, eine Warnung ist, und weil sie wissen, daß diese Figur in zahllosen Witzen lächerlich gemacht wird. Die Folge ist, daß sich zwischen der Mutter eines Mannes und ihrer Schwiegertochter öfter offene Konflikte entwickeln als zwischen einer Mutter und ihrer Tochter.

DAS PFLEGEN DER FAMILIE

Die Frauen sind die »Pflegerinnen der Familie«.[5] In der Regel sind sie es, die sich zum Beispiel an Geburtstage oder an Jahrestage erinnern. Sie sind die Archivarinnen und Historikerinnen der Familie. Wie Privatsekretärinnen sorgen sie für zwischenmenschliche Kontinuität. Sie merken sich Biographien, zeichnen sie auf und legen sie »in den Akten« ab. Wie Diplomatinnen wissen sie zu besänftigen und zu verhandeln, und sie erklären und kontrollieren Verhaltensweisen. Sie sind es, die im Namen der Männer Beziehungen pflegen. Sie sorgen dafür, daß der Kontakt nicht abreißt, zeigen ihre Anteilnahme, beschwichtigen bei Problemen und vermitteln, wenn etwas falsch läuft. Sie übernehmen diese Aufgaben für die Männer, noch bevor sie heiraten und Familien gründen. Studien über das Verhalten junger Studentinnen haben ergeben, daß Frauen an die Eltern ihrer Freunde Postkarten oder Briefe schreiben, während die Söhne mit solchen Ansinnen nicht belästigt werden wollen.[6] Eine Schwiegertochter ist für die Güte der Beziehung zwischen ihrem Mann und seiner Mutter verantwortlich. »Wir wollten zu Weihnachten eigentlich nicht hinfahren, und sie sagte, daß das sehr egoistisch von uns sei. Ich weinte, und sie weinte auch. Da ich Ausflüchte vorbrachte, meinte sie: ›Du bist egoistisch. Ich bin doch seine Mutter. Warum läßt du ihn nicht fahren?‹ Dabei wollte er gar nicht zu ihr, aber das sagte ich nicht, weil ich glaubte, daß sie das treffen würde.«[7] »Ich begann die Vermittlerin zwischen Alec und seiner Mutter zu spielen. Er hatte wenig Kontakt zu ihr, und ich fing an, Informationen und Nachrichten zwischen den beiden hin und her zu tragen. Sie fragte mich, wie es ihm geht, was er so tut, was er ißt und all diese Dinge, wissen Sie.«[8]

»Ich weiß, welche Gefühle sie Gareth gegenüber hat, und ich hoffe, es ist ihr bewußt, daß er sie mag und daß sie ihm nicht gleichgültig ist. Sie hat schon öfters gesagt: ›Oh, manchmal glaube ich, daß ich ihm egal bin‹, und dann sagte ich: ›Aber natürlich bist du ihm nicht egal, er will es nur nicht zeigen.‹« Da Männer Verwandtschaftsverhältnisse kaum pflegen, gibt es niemanden, der das für eine Schwiegertochter in ihrer Beziehung zur Mutter des Mannes übernehmen könnte. Die beiden arbeiten entweder gemeinsam an dieser Beziehung, oder es entstehen Mißverständnisse und Konflikte, die zu nichts Gutem führen.[9] Offensichtlich der Fall ist das beispielsweise in der Beziehung zwischen einer Frau und ihrer Schwiegermutter, die, wie die junge Frau sagt, »zutiefst eifersüchtig ist auf die Beziehung, die ich zu ihrem Sohn habe. Das wird durch die Tatsache verschlimmert, daß es ihr als Mutter nie gelungen ist, Nähe zu ihm herzustellen.« Die beiden Frauen blieben in ihren Konflikt verbissen, und der Mann ist weiterhin zwischen den beiden hin und her gerissen.

Frauen tendieren dazu, die Mutter ihres Partners mit ihrer eigenen Mutter zu vergleichen, und die Art und Weise, wie ihre Schwiegermutter mit dem Baby umgeht, die Ratschläge, die sie gibt, ihre Art, den Haushalt zu führen und zu kochen, und ihre religiösen und anderweitigen Überzeugungen erscheinen der Schwiegertochter mitunter eigenartig. Wenn sich das Leben einer Frau dadurch, daß sie Mutter wird, einschneidend verändert, fühlt sie sich oft außerstande, neue Werte zu akzeptieren und ungewohnte Ratschläge anzunehmen. Eine Frau sagt über ihre Schwiegermutter: »Sie ist sehr hilfsbereit und energiegeladen, aber sie macht nie etwas richtig. Meine Mutter hat mir beigebracht, daß jede Arbeit es wert ist, gut gemacht zu werden, auch wenn man noch soviel zu tun hat. Ich kann mich bei Jean einfach nicht darauf verlassen, daß sie die Dinge so macht, wie ich es möchte.« Der Kampf um die Kontrolle erreichte eines Abends seinen Höhepunkt, als die Schwiegermutter das Baby beaufsichtigte:»Als John und ich nach Hause kamen, hatte sie die Möbel im Kinderzimmer umgestellt, die Dinge an Plätze gelegt, wo ich sie nicht erreichen konnte, und alles mit Plastikpflanzen dekoriert. Ich war gerade damit fertig geworden, das Kinderzimmer genau nach meinen Vorstellungen einzurichten. Als ich sah, was sie angerichtet hatte, brach ich in Tränen aus. Sie weinte natürlich auch und tat so, als wäre sie vollkommen überrascht, daß ich nicht begeistert war. Der arme John wußte nicht, was er tun sollte. Dann wachte Patrick auf und begann zu brüllen. Da sagte sie: ›Ach, ich habe doch nur versucht, euch zu helfen, und nun ist Patty aufgewacht!‹ und ich schrie: ›Hör endlich auf, ihn Patty zu nennen! Er ist weder ein Mädchen noch ein Fleischklops. Er ist mein Sohn!‹«[10] Der Konflikt drehte sich nun plötzlich nicht mehr nur um die Einrichtung. Nun ging es plötzlich um die Eigentümerschaft an dem Baby, aber auch darum, daß da eine Großmutter war, die sich danach sehnte, bewundert, gebraucht und geliebt zu werden, und eine Schwiegertochter, die ihr eigenes Nest bauen und die Kontrolle über ihr eigenes Leben übernehmen wollte.

POSITIVE BEZIEHUNGEN

Manche Großmütter haben Angst davor, von ihren Söhnen im Stich gelassen zu werden, und manche befürchten auch, daß sie das Kind einer Schwiegertochter weniger lieben könnten als das Kind ihrer eigenen Tochter. Eine Großmutter, die derartige Befürchtungen hatte, sagte: »Da ich für die Kinder meiner Tochter ganz besondere Gefühle gehabt hatte, fragte ich mich, ob mir auch die Kinder meines Sohnes so wichtig sein würden – oder ob ich solche Gefühle nur für die Kinder meiner Tochter aufbringen könnte, die mir so nahestand. Doch dann merkte ich, daß ich das neue Baby genauso liebte wie die Kinder meiner Tochter. Der Unterschied ist, daß ich mich für das Kind meines Sohnes nicht so verantwortlich fühle und in sein Leben nicht so eingebunden bin. In vielerlei Hinsicht empfinde ich das als erleichternd. Ich bin entspannter und kann den Kontakt zu diesem Baby stärker genießen.« Diese Frau empfand es als wohltuend, daß sie sich nicht so verpflichtet fühlte und sich an diesem Baby einfach freuen konnte, ohne Verantwortung zu übernehmen.

Trotzdem gewinnen viele Frauen in der Beziehung zu ihren Schwiegertöchtern etwas noch Wertvolleres. Sie entdecken oft mit Freude, daß sie eine neue Freundin gefunden haben – eine Frau, die ihre Beziehung zu ihrem Sohn wieder lebendiger macht und zu der sie schwesterliche Gefühle entwickeln können. Dies wird durch die Geburt eines Babys noch verstärkt. An eine Frau, die das Gefühl hatte, von ihrem Sohn entfremdet zu sein, rückt die Familie nun wieder näher heran, und oft stellt eine Mutter neue Aspekte an der Persönlichkeit ihres Sohnes fest, wenn er in seine Vateraufgabe hineinwächst.

Das Sprichwort »Du verlierst deinen Sohn nicht, sondern du gewinnst eine Tochter«, das zum Standardrepertoire aller Hochzeitsfestredner gehört, entspricht nur zum Teil der Wahrheit. Die ältere Frau erkennt, daß die Beziehung ihrer Schwiegertochter zu ihr einer Beziehung zwischen erwachsenen Frauen entspricht und daß sie ganz anders ist als eine Mutter-Tochter-Beziehung, eher schwesterlich. Eine Frau sagt: »Die Liebe, die man für seine

Kinder empfindet, ist – zumindest in meinem Fall – eine leidenschaftliche und primitive Liebe. Die Liebe zu einer Schwiegertochter ist, wenn man Glück hat, viel zivilisierter – etwa so wie die Zuneigung, die man einer lieben, jungen Freundin entgegenbringt.«[11] Diese enge Beziehung kann sich auch fortsetzen, nachdem eine Ehe auseinandergegangen ist, und die Verbindung kann durch die gemeinsame Kinderbetreuung sogar noch gestärkt werden. Eine Frau erzählt über ihre Exschwiegertochter:»Ich liebe sie immer noch. Ich finde, daß mein Sohn und sie Michelle wunderbar versorgen. Dieses Kind wird mit Disziplin und sehr viel Liebe erzogen. Da ihre Mutter arbeiten muß, habe ich die Kleine zwei ganze Tage in der Woche, und ihre andere Großmutter auch.«

Das Alter zieht oft eine Trennlinie zwischen Frauen, und jungen Frauen fällt es schwer, sich mit alternden Geschlechtsgenossinnen zu identifizieren. Jüngere Feministinnen sind oft ungeduldig, was die Interessen, Sorgen und Erfahrungen älterer Feministinnen anbelangt. Es ist, als hätten die Frauen zwischen zwanzig und dreißig den Feminismus erfunden, und wenn es innerhalb von Frauengruppen Altersunterschiede gibt, tritt oft Distanz an die Stelle schwesterlicher Gefühle.

Trotzdem spielt das Alter in den Beziehungen zwischen Müttern und ihren Schwiegertöchtern meist eine weit weniger wichtige Rolle als die unterschiedlichen Wertvorstellungen. Wenn die Frauen in ihren Werten – zum Beispiel, was die Kindererziehung anbelangt – im großen und ganzen übereinstimmen, kann die Beziehung für beide angenehm und bereichernd sein. Probleme treten vor allem dann auf, wenn die Werte unterschiedlich sind. Manchen Großmüttern ist die ambivalente Natur ihrer Beziehung zu ihren Schwiegertöchtern durchaus bewußt, und diese

Ambivalenz kann ihren Schatten auch auf die Beziehungen zu den Enkelkindern werfen. So sagt eine Frau zum Beispiel, daß sie das Kind ihres Sohnes nicht besonders oft sieht, weil seine Frau »ihre eigene Mutter bevorzugt, und weil die Kinder länger brauchten, um sich an mich zu gewöhnen«. Aber sie ist durchaus bereit, das zu akzeptieren, weil sie davon überzeugt ist, daß das ganz »natürlich« ist. Sie fährt fort: »Ich fühle mich meiner eigenen Tochter und ihren Kindern viel näher, weil wir mehr Dinge gemeinsam unternehmen.« Wenn eine Frau zum Beispiel nach der Geburt eines Kindes Hilfe braucht, wendet sie sich eher an ihre eigene Mutter als an ihre Schwiegermutter. Dazu kommt, daß Mütter aktiv Dinge tun, um zu helfen, während Schwiegermütter eher Dinge schenken. Mütter stehen bereit, um die Wäsche zu waschen und die Küche zu putzen, während Schwiegermütter eher einen Wäschetrockner oder einen Kinderwagen beisteuern.[12] Die meisten Großmütter, die mir von ihren Erfahrungen erzählten, sagten, daß sie versuchten, sich nicht einzumischen und keine Ratschläge zu erteilen. Schwiegermütter scheuen sich noch mehr davor, ihren Schwiegertöchtern ungebetene Ratschläge zu geben, als das bei Müttern und ihren Töchtern der Fall ist. Auch wenn sie im selben Haus oder in derselben Straße leben, vermeiden sie es oft, sich in das Leben des jungen Paares einzumischen. Eine Frau, deren Sohn mit seiner Partnerin und dem gemeinsamen Kind in der Kellerwohnung ihres Hauses lebte, sagte: »Ich ging dort nie hinunter. Sie kamen herauf, um mich zu besuchen. Wenn sie im Garten waren, hielt ich mich fern.« Sie konnte sich eine äußerst positive Beziehung zu ihrer Schwiegertochter bewahren. Manche Frauen halten sich jedoch so zurück, daß ihre Schwiegertöchter den Eindruck haben, ihre Schwiegermutter interessiere sich nicht für sie und wolle sie nicht unterstützen.

Die besten Beziehungen scheinen jene zu sein, in denen Ideen und Vorstellungen ausgetauscht werden – und zwar von Frau zu Frau anstatt von der älteren zur jüngeren Frau oder von der Expertin zum Lehrling – und in denen über die Veränderungen in der Kindererziehung gesprochen wird, die sich im Lauf der Jahre ergeben haben. Die ältere Frau erinnert sich an ihre Erfahrungen als Mutter und flicht dabei auch Erzählungen über ihre eigene Mutter und Schwiegermutter ein, und die jüngere spricht über ihre Erfahrungen mit der Mutterrolle – über ihre Probleme, Zwiespälte, Hoffnungen und Ängste. Derartige Gespräche schaffen eine starke Verbindung zwischen den beiden Frauen.

Eine Schwiegertochter kann zum Beispiel aufrichtige Bewunderung für eine Frau entwickeln, die mit einer schwierigen Lebenssituation, einem Mangel an Bildung, mit Rassendiskriminierung oder mit einem gewalttätigen Ehemann zurechtkommen mußte. Sie kann auch Hochachtung für all die harte Arbeit empfinden, die eine Familie vor der Zeit der arbeitssparenden Maschinen und Wegwerfwindeln mit sich brachte – in der Zeit vor dreißig oder vierzig Jahren, in der die wenigsten Ehemänner Lust oder Neigung bekundeten, sich an der Kindererziehung zu beteiligen und eine freundschaftliche Beziehung zu ihren Kindern aufzubauen.

Eine Frau, die mit ihrer Mutterrolle schwer zurechtkommt, sagt über ihre Schwiegermutter: »Ich finde, es ist ganz unglaublich, daß sie nach elf Kindern noch nicht den Verstand verloren hat!« Eine andere, deren Beziehung zu ihrer eigenen Mutter schlecht ist, lebt zwanzig Minuten von ihrer Schwiegermutter entfernt, über die sie sagt:»Sie geht mit mir und den Kindern einkaufen, nimmt das Baby einmal die Woche, hilft mir bei der Hausarbeit, wenn ich sie darum bitte, gibt mir gute Ratschläge und unterstützt mich bei meinen Entscheidungen. Die Kinder lieben sie und wollen die ganze Zeit zu Oma. Ich frage sie in allen Dingen um Rat – ganz gleich, ob es um die Kinder, um ihren Sohn oder um Verhütungsmittel geht. Sie ist einfach in allen Dingen meine Ansprechpartnerin.«

Eine andere Frau, die in einer unglücklichen und gewalttätigen Familie aufwuchs, beschreibt ihre Schwiegermutter als »starke, intelligente, unabhängige und hilfsbereite Frau. Ich habe enormen Respekt vor ihr. Sie würde sich nie in unser Leben einmischen, aber wenn wir sie um Hilfe bitten, ist sie immer für uns da. Sie ist einfach toll! Über die ständig wechselnden Theorien der Kindererziehung lachen wir gemeinsam.« Abschließend sagt sie: »Bei ihr zu Hause herrscht eine entspannte, glückliche und warmherzige Atmosphäre – ein wahres Paradies.« Eine Frau, deren Mutter starb, als sie zweiundzwanzig war, erzählt: »Meine Schwiegermutter ist mir fast so etwas wie eine Mutter geworden, und die Kinder haben uns noch näher zusammengebracht. Zuerst getraute ich mich nicht so recht, Kontakt zu ihr aufzunehmen, aber seit die Jungen da sind, ist es anders. Eines der ersten Dinge, die wir gemeinsam hatten, waren unsere Fruchtbarkeitsprobleme. Ich brauchte fünf Jahre, bis ich das erste Mal schwanger wurde, und sie mußte zwei Jahre lang auf ihr zweites Kind waren. So kam es, daß sie einer der ersten Menschen war, mit dem ich offen über meine Gefühle sprechen konnte. Meine Schwiegermutter erteilt nur ungern Ratschläge, weil sie weiß, wie sehr sich die Zeiten geändert haben, und sie ist so klug, nicht dogmatisch zu sein. Wahrscheinlich tut es ihr immer noch weh, daß sich einige jener Dinge, die ihr die damaligen ›Experten‹ einrichterten, im nachhinein als falsch erwiesen haben.«

Wenn eine Frau ihre eigene Mutter vermißt oder eine lieblose

Kindheit hinter sich hat, kann eine unterstützende und hilfsbereite Schwiegermutter viel dazu beitragen, nicht nur eine Lücke in ihrem Leben zu schließen, sondern auch ihr Selbstbewußtsein als Mutter und als Frau zu heben. Frauen mit kleinen Kindern sind sich oft nicht sicher, ob sie gute Mütter sind, und werden von allerlei Selbstzweifeln geplagt. Viele befürchten, Versagerinnen zu sein. Alles, was eine Schwiegermutter sagt, um einer Schwiegertochter zu vermitteln, daß sie ihre Sache gut macht, und alles, wodurch sie anerkennt, daß die Kinder gesund und glücklich sind, gibt der jungen Frau frischen Mut und neue Energie für ihre schwierige Aufgabe als Mutter.

Eine kluge Großmutter vergleicht niemals den Partner oder die Kinder eines Sohnes oder einer Tochter mit anderen in der Familie. Sie akzeptiert alle so, wie sie sind, und spricht über niemanden abfällig. Es mag durchaus sein, daß sie versucht ist, die mütterlichen Qualitäten einer Schwiegertochter, die Unterstützung, die sie ihrem Mann zuteil werden läßt, ihre harte Arbeit oder die Art ihrer Haushaltsführung zu bewundern, aber auch wenn sie diese Dinge durchaus anerkennt, darf sie sie nie als Anlaß verwenden, den Charakter oder die Leistungen eines anderen Familienmitglieds auch nur andeutungsweise zu kritisieren.

Als Helen von ihrem Freund schwanger war, drängte ihn seine Mutter, ihr das Geld für eine Abtreibung anzubieten, denn sie war davon überzeugt, daß Helen nicht gut genug für ihren Sohn sei. Die beiden entschieden sich nach einigem Hin und Her, das Baby zu bekommen, aber die ältere Frau gab ihre Versuche, Helen zu einer Abtreibung zu bewegen, trotzdem nicht auf. »Sobald wir allein waren, fing sie sofort damit an. Sie dachte, ich sei zu gewöhnlich für ihren Sohn.« Die beiden heirateten, und das Baby kam zur Welt. Aber Peggy, die Schwiegermutter, hörte nie auf, Helen mit ihrer anderen Schwiegertochter zu vergleichen, die ihrem Mann in dessen äußerst erfolgreichem Unternehmen half, deren höfliche und wohlgeratene Kinder eine Eliteschule besuchten und die ein elegantes, makelloses Haus führte. Helen, die kurz hintereinander drei Kinder bekam, litt jedes Mal unter schweren postnatalen Depressionen und fühlt sich inzwischen wie eine Vogelscheuche. Sie hat einen Teilzeitjob, und obwohl sie versucht, ihr Haus sauber und ordentlich zu halten, ist es immer völlig durcheinander. Die Kinder besuchen öffentliche Schulen und werden von ihrer Schwiegermutter ständig wegen ihrer Ausdrucksweise und ihres »mangelnden Schliffs« kritisiert. Sie bot an, die Privatschulen für sie zu bezahlen, aber Helen und ihr Mann wollen das nicht. Sie glauben an die öffentlichen Schulen und wollen außerdem ihr Leben selbst meistern. »Sie ist eine manipulative Frau«, sagt Helen, »und sie tut ihr Bestes, um meine Ehe und meine Beziehung zu den Kindern zu zerstören.« Aber die Kinder mögen sie. »Die Kinder mögen jeden, der ihnen bei jedem Besuch einen Schein in die Hand drückt. Sie versucht auf subtile Weise, mich vor ihnen dumm dastehen zu lassen, aber das bemerken sie nicht.«

Nach Ansicht der Schwiegermutter ist Helen eine wahre Katastrophe. »Sie arbeitet nur teilzeit. Was sie mit dem Rest ihrer Zeit tut, weiß ich nicht. Ihr Haus ist ein richtiger Schweinestall«, sagt Peggy. »Ich habe ihr einen Zuschuß zum Schulgeld angeboten, damit die Kinder in Privatschulen gehen können. Mir war klar, daß sie sich das bei Rogers Gehalt niemals leisten könnten. Alle drei Kinder besuchten die Gesamtschule, und ich finde, das ist einfach nicht notwendig. Ich hätte sehr gern ausgeholfen. Angela und Jeff haben ihre beiden Kinder in die Privatschule gehen lassen – den Unterschied merkt man.« Mit jedem Wort gießt Peggy noch mehr Öl in die Flammen des Konflikts zwischen ihr und ihrer Schwiegertochter. Nun hat Helen ihr einen Brief geschrieben, in dem sie ihr mitteilt, daß sie jeglichen Kontakt zu ihr abbrechen möchte, weil »du andauernd versuchst, meine Beziehung zu meinem Mann und zu meinen Kindern zu unterminieren«. Jede der beiden Frauen fühlt sich als Opfer der anderen.[13]

So muß es nicht sein. Selbst wenn die Beziehung zwischen einer Frau und der Mutter ihres Partners turbulent begonnen hat, ergibt sich oft eine zweite Chance, wenn Enkelkinder kommen. Endlich haben die beiden die Möglichkeit, auf eine wechselseitig unterstützende Weise zu kommunizieren: »Ich wußte gar nicht, wieviel wir gemeinsam hatten, bevor Michael geboren wurde. Durch seine Geburt ist unsere Beziehung um vieles besser geworden«, erzählt eine Frau. Eine andere sagt: »Unsere Beziehung hat sich verändert. Ich fühle mich in ihrer Gegenwart nun viel wohler. Früher empfand ich es manchmal als eigenartig, mit ihr allein zu sein, aber nun sprechen wir einfach hauptsächlich über die Kinder.« Eine Frau, die nur fünfzehn Minuten von ihrer Schwiegermutter entfernt lebt, sagt: »Ich respektiere und schätze sie nun viel mehr, und wir sehen einander regelmäßig. Sie hilft mir enorm viel. Sie beaufsichtigt die Kinder vier- bis fünfmal die Woche und heißt sie immer mit offenen Armen willkommen. Einmal die Woche kocht sie für uns, und sie würde auch nicht zögern, uns finanziell zu unterstützen, wenn wir sie je darum bäten. Sie würde alles tun, um uns zu helfen. Sie ist ein erweiterter Teil unserer Familie, und die Kinder betrachten sie als eine Art zweite Mutter. Ich wäre froh, meine Sache so gut zu machen, wie sie sie bei ihren Kindern gemacht hat. Ich finde ihre Einstellung zu Kindern großartig. Sie respektiert sie als eigene Persönlichkeiten und behandelt sie nicht von oben herab.«

GLÜCKLICHE FAMILIEN

Viele Eltern und Großeltern wenden ein enormes Maß an Energie auf, um sich als glückliche Familie zu präsentieren. Wenn in der Familie etwas Negatives geschieht, möchten sie es oft vor Freunden verheimlichen, weil sie sich schämen oder zutiefst gekränkt sind oder weil sie mit den anderen darum wetteifern, zu beweisen, daß alles in bester Ordnung ist. Wenn die Familie eine private Krise durchmacht, kann es auch sein, daß die Wunde zu frisch ist, um mit irgend jemandem darüber zu sprechen. Stolz oder der Wunsch, verwundbare Familienmitglieder zu schützen, können sie davon abhalten, ein Fiasko, vor dem sie stehen, offen mit anderen zu besprechen. Sie mühen sich ab, allein mit dem Schmerz fertig zu werden.

Aber Familien sind ihrer Natur nach eine Brutstätte für Krisen. Sie sind wie Schnellkochtöpfe, in denen die Emotionen zu kochen beginnen, Beziehungen aufwallen und es manchmal auch zu Explosionen kommt. Die »normalen« Familien, wie sie in Kinderbüchern beschworen werden – Janet und John, Peter und Jane –, gibt es nicht, oder wenn, dann immer nur für kurze Augenblicke. Die Freuden des Familienlebens mischen sich mit Leiden, die zu den gravierendsten gehören, mit denen die Menschheit geschlagen ist.

Die Frauen, die mir von ihren Erfahrungen erzählten, sprachen nicht nur über die Freuden und die anderen positiven Aspekte, die das Großmuttersein mit sich bringt. Sie erzählten auch von den damit verbundenen Schmerzen. Wenn wir wachsen und einander besser verstehen wollen, kann es ebenso wichtig sein, über die Schmerzen und Leiden zu sprechen wie sich gemeinsam zu freuen. Vor allem wir als Großmütter sollten das Leben aus einer

Perspektive betrachten, die uns in die Lage versetzt, die Realität zu akzeptieren und ehrlich damit umzugehen. Wenn uns das nicht gelingt, hängen wir lediglich einer Phantasie nach – der Phantasie von der immer und ewig glücklichen Familie.

In meiner Arbeit als Leiterin von Geburtsvorbereitungskursen erfuhr ich viel über die Schmerzen, die Paare in der Zeit der Schwangerschaft durchmachen. Ich habe mit Männern wie mit Frauen nicht nur über die Freuden der bevorstehenden Elternschaft gesprochen, sondern auch über die dunkleren Gedanken und Gefühle, die damit verbunden sind. Das »glückliche, werdende Elternpaar« ist oft nur Wunschdenken. Viele werdende Eltern, mit denen ich sprach, hatten mit emotionalen Turbulenzen zu kämpfen, und ihr Weg zur Elternschaft gestaltete sich alles andere als einfach.

Den Frauen nur beizubringen, wie man sich entspannt und richtig atmet, bedeutet, ihnen etwas vorzuenthalten – abgesehen davon, daß dies an manchen ohnedies spurlos vorübergeht. In diesem Bewußtsein begann ich Weiterbildungsseminare für die Leiterinnen von Geburtsvorbereitungskursen abzuhalten, in denen ich diesen Dingen auf den Grund ging. In einem dieser Kurse sagte eine völlig perplexe Kursleiterin zu mir: »Irgendwie komme ich nicht dahinter, Sheila. Ich verstehe nicht, warum Sie in Ihren Kursen so eigenartige Frauen haben. Meine Mädels sind alle ganz normal!«

Wir tun oft so, als wären alle Familien »normal«. Dadurch schaffen wir in einem hochkomplizierten Bereich ein Klischee der Normalität, und wir weigern uns, die Abweichungen von dieser künstlichen »Norm« zu akzeptieren und uns damit zu befassen.

Stürmische Beziehungen

Vielen Großmüttern, die Vergleiche zwischen persönlichem Erscheinungsbild, Verhalten, Lebensstandard, Erziehungsstil oder Leistungen ihrer Kinder, deren Partnern oder deren Kindern anstellen, ist nicht bewußt, daß sie dadurch die Rivalität zwischen Geschwistern anfachen oder sie sogar für ihre eigenen Zwecke nutzen. Selbst wenn einem solchen Verhalten keine Absicht zugrunde liegt, kann es sein, daß ohnehin miteinander konkurrierende Geschwister beiläufig fallengelassene Bemerkungen als Kritik empfinden:»Sie findet, daß Lynns Kinder bessere Manieren haben als unsere. Sie redet ständig davon.«»Als sie uns besuchte, machte sie andauernd Bemerkungen darüber, wie oft Oliver in der Nacht gefüttert werden möchte. Sie sagt, daß David schon durchschläft.«»Sie prahlt dauernd mit Dawns Kindern und deren schulischen Leistungen. Ich kann es schon nicht mehr hören. Meine Kinder sind okay!«

Wenn eine Frau der Tochter, die sie zur Großmutter gemacht hat, viel Zeit und Aufmerksamkeit schenkt, dann kann es sein, daß andere Schwestern das Gefühl haben, vernachlässigt zu werden. Es kommt oft vor, daß durch die Geburt eines Babys eine engere Beziehung zwischen Mutter und Tochter entsteht. Wenn eine Tochter schwanger ist und dann Mutter wird, durchlebt ihre eigene Mutter nochmals liebgewordene Situationen ihres eigenen Lebens. Die für die Teenagerzeit typischen Konflikte sind durch die nun entstandenen gemeinsamen Interessen wie weggeblasen. Das Baby baut eine Brücke der Kommunikation, und die ältere Frau sonnt sich in einer neuen Nähe zu dieser besonderen Tochter. Allerdings kann es auch sein, daß die Beziehung nicht ganz so intim ist, wie die Großmutter meint, denn wir haben schon im sechsten Kapitel erfahren, daß den jungen Frauen die Begeisterung der Großmütter für Babys und Kinderangelegenheiten oft auf die Nerven geht. Trotzdem preisen viele frischgebackene Großmütter, die in dieser neuen Art von Intimität schwelgen, ihre Töchter als leuchtendes Beispiel der Weiblichkeit und stellen zu ihren Gunsten unpassende Vergleiche mit anderen Töchtern an, die sich der Karriere verschrieben haben und kinderlos bleiben wollen, die noch nicht den richtigen Mann gefunden haben, deren Ehe zerbrochen ist, die lesbisch sind oder die nicht schwanger werden oder keine Schwangerschaft austragen können. Manchmal wird die Nicht-Mutter zur Ausgestoßenen. Sie hat die Erwartungen der Familie nicht erfüllt. Wie hervorragend ihre anderweitigen Leistungen auch sein mögen – in den Augen ihrer Mutter ist sie eine Versagerin.

So etwas kann selbst vormals »glückliche« Familien, deren Mitglieder einander im allgemeinen zugetan waren, erschüttern. Telefonate und Briefe werden nun zur Munition in einem für alle Beteiligten mörderischen Krieg. Familienzusammenkünfte geraten zu Zeitbomben, das Baby schreit garantiert. Ältere Kinder »führen sich auf«. Hinter verriegelten Badezimmertüren fließen die Tränen, nachts wird in die Kissen geweint, während die Paare die Schrecknisse jedes einzelnen Tages nochmals durchsprechen, und es gibt geflüsterte Gespräche, die sofort abgebrochen werden, sobald jemand die Tür öffnet.

Dysfunktional ist eine Familie nicht nur dann, wenn Gewalt und sexueller Mißbrauch an der Tagesordnung sind. *Jede* Familie, in der es einen Vater oder eine Mutter gibt, für den oder die »Liebe« in Wirklichkeit »Kontrolle« bedeutet, und in der die Mitglieder gegeneinander ausgespielt werden, um sie besser manipulierbar zu machen, kann betroffen sein.

Vielleicht sind Sie sich ganz sicher, daß Sie sich niemals so verhalten würden. Wenn Sie aber einen Schritt zurücktreten, wird Ihnen vielleicht bewußt, daß es sehr wohl Zeiten gegeben hat, in denen Sie emotional so bedürftig waren, daß Sie andere auf diese Weise benutzten. Vielleicht erinnern Sie sich auch daran, daß in Ihrer eigenen Familie oder in der Familie einer Freundin derartige Kämpfe sehr wohl ausgetragen wurden, als Sie selbst noch eine junge Frau waren. Wenn Sie sich diese Dinge bewußtmachen, bringen Sie vielleicht Verständnis für scheinbar irrationale Verhaltensweisen und die brodelnden Emotionen auf, die in dem »Druckkochtopf« Familie vor sich hinköcheln, sich in Streitigkeiten entladen können und Familienmitglieder voreinander flüchten lassen.

11

GROSSMUTTER SEIN – EINE LERNERFAHRUNG

Großmutter zu sein bedeutet vor allem, ständig weiterzulernen. Eine Frau faßt ihre Lernerfahrung so zusammen: »Ich bin ein ganzer Mensch geworden, der seine Liebe frei ausdrücken und kleine menschliche Wesen umhegen kann. Sie haben mir geholfen, mich selbst besser kennenzulernen. Ich bin zufrieden und zuversichtlich. Sie haben mir gezeigt, wie man *bedingungslos* liebt.« Wenn Sie darüber nachdenken, was Sie über sich und andere Menschen lernen und Ihnen wichtig ist, kann das Großmutterwerden für Sie eine Chance sein, persönlich zu wachsen und mehr Verständnis zu entwickeln. Für manche Frauen ist dies mit zu viel Schmerz verbunden. Andere aber packen die Gelegenheit beim Schopf und gewinnen daraus neue Energie für ihr Leben.

EIN KULTURSCHOCK

Viele Frauen, deren Töchter eine so ganz andere Auffassung über Kindererziehung haben als sie selbst, können einer Konfrontation nicht aus dem Weg gehen. »Ich habe erfahren müssen«, sagt eine Frau traurig, »wie falsch meine Tochter die Art und Weise findet, wie ich sie erzogen habe.« Es ist hart, sich daran zu erinnern, wie man selbst als Mutter war, und zuzugeben, daß man Fehler gemacht hat. Tatsache ist aber, daß wir selbstverständlich alle Fehler machen, so wie auch unsere Töchter und Schwiegertöchter Fehler machen werden, wenn auch andere als wir. Vielen Töchtern fällt es auch schwer, anzuerkennen, daß der soziale Druck, unter dem Sie damals als Mutter standen, ganz anders war als jener, den sie nun empfinden. Vielleicht hatten Sie weniger Geld zur Verfügung. Auf jeden Fall hatten Sie weniger arbeitssparende Geräte wie Waschmaschine, Geschirrspüler oder Wäschetrockner – und Wegwerfwindeln gab es damals noch nicht. Vielleicht zogen Sie Ihre Kinder in einer Zeit auf, in der es als selbstverständlich galt, daß der Mann seinen Beitrag zur Elternschaft leistete, indem er seinem Beruf nachging und die Familie finanziell unterstützte, während emotionale Unterstützung oder anderweitige Hilfe von ihm nicht unbedingt erwartet wurde. Die Bedingungen, unter denen Sie Ihren Mutterpflichten nachkamen, ließen Ihnen möglicherweise nur eingeschränkte Wahlmöglichkeiten, so daß Sie zu Fragen wie zum Beispiel Disziplin eine weniger entspannte Einstellung hatten als Ihre Tochter heute. Vielleicht wurden Sie in bezug auf Säuglingsernährung schlecht beraten, zum Beispiel indem man Ihnen sagte, das Kind dürfe nur alle vier Stunden gefüttert werden, was zur Folge hatte, daß das Baby nicht zunahm, Sie einen Milchstau bekamen, Ihre Brustwarzen wund wurden und Sie eine Mastitis oder einen Brustwarzenabszeß bekamen und deshalb das Stillen aufgaben. Vielleicht hätschelten Sie Ihr Baby nicht so, wie Ihre Tochter dies heute mit ihrem Kind tut, weil man Ihnen sagte, daß Babys in ihr Bettchen gelegt werden müßten, weil sie ihren ungestörten Schlaf bräuchten. Vielleicht bestand Ihr Hauptanliegen darin, zu kochen und zu putzen, anstatt Zeit mit Ihrem Kind zu verbringen. Der Grund kann zum Beispiel darin gelegen haben, daß die praktische Haushaltsführung in der damaligen Zeit ein Fulltime-Job für Sie war oder daß Sie unter dem Druck anderer Menschen wie Eltern und Schwiegereltern standen, Ihr Haus sauber und ordentlich zu halten, die Mahlzeiten pünktlich zu servieren und wohlgeratene und guterzogene Kinder zu haben.

Wenn Sie mit Ihrer Tochter oder Ihrer Schwiegertochter über diese Dinge sprechen, werden Sie beginnen, einander besser zu verstehen. Eine Folge einer solchen Diskussion kann sein, daß Sie Ihre Prioritäten und Verhaltensweisen ändern. Viele Großmütter sagen, daß sich ihre Einstellung zur Kindererziehung radikal verändert hat. »Ich habe meine Kinder noch geohrfeigt«, sagt eine Großmutter. »Nun habe ich gelernt, meinen Enkelkindern Disziplin beizubringen, ohne gleich zuzuschlagen.« Eine andere: »Ich habe gelernt, geduldiger zu sein. Meine Tochter wirkt hier inspirierend.« Eine Großmutter bemerkt, daß sie mit ihrem Enkelkind weit mehr Geduld hat als mit ihren eigenen Kindern: »Es macht mir nichts mehr aus, wenn bestimmte Arbeiten liegenbleiben. Wenn der Kleine mit einem Buch auf mich zugetapst kommt, setze ich mich eben zu ihm auf den Boden und lese ihm vor. Ich baue mit seinen Bauklötzen. Ich spiele Verstecken und Fangen mit ihm, und ich singe ihm vor. Ich tanze auch mit ihm (Tina Turner ist nichts gegen mich!), ich lache mit ihm. Ich tue all jene Dinge, für die ich bei meinen eigenen Kindern nie Zeit zu haben schien. Wahrscheinlich war ich so beschäftigt damit, sie zu perfekten Menschen zu erziehen, daß ich nie das richtige Gleichgewicht fand und nie die Muße hatte, mich an ihnen zu freuen und jede einzelne Phase ihrer Entwicklung zu genießen.«

Trotzdem müssen Sie nicht alle Dinge so machen wie Ihre Tochter oder Ihre Schwiegertochter. Wenn Sie es nicht mögen, daß Kinder, die bei Ihnen zu Besuch sind, bis in die Nacht hinein aufbleiben, wenn Ihnen die Vorstellung unangenehm ist, daß kleine Hände einen Schrank mit wertvollen Gläsern oder mit Porzellan erforschen, oder – noch schlimmer – den Kasten unter der Spüle, in dem Sie Ihren Abflußreiniger und andere giftige Substanzen aufbewahren, dann sollten Sie unbedingt einfache, feste Regeln aufstellen. Wenn Sie etwas dagegen haben, daß die Kinder mit ihren schlammigen Schuhen vom Garten direkt auf Ihren weißen Teppichboden marschieren, oder wenn Sie es nicht leiden können, daß sie im Gehen essen und überall im Haus Krümel verstreuen, dann sollten Sie ihnen Grenzen setzen, und zwar von Anfang an. Beschränken Sie diese Regeln auf ein Mindestmaß, aber sorgen Sie dafür, daß sie eingehalten werden.

Kinder unter zwei Jahren halten sich kaum an Regeln, die anders sind als die, die sie von zu Hause gewöhnt sind, es sei denn, eine ganze Familiengruppe täte dasselbe. Aber sobald sie dieses Alter erreicht haben, wissen sie, daß nicht jeder Mensch dasselbe will und daß man sein Verhalten manchmal anpassen muß. Erklären Sie zum Beispiel, daß es bei Ihnen zu Hause so ist wie in Japan: Alle Straßenschuhe bleiben draußen, und im Haus werden Hausschuhe getragen. Wenn bei Ihnen zu Hause Bauklötze und Legosteine in den Gängen und auf den Treppen herumliegen, zeigen Sie ihnen den schön verzierten Karton, in dem Sie all ihre Schätze sicher aufbewahren, und die Regale, auf denen sie ihre Modelle zur Schau stellen können. Planen Sie spezielle »Bonbons« vor dem Schlafengehen ein: ein Schaumbad, gemeinsames Singen, das Ansehen eines Familienfotoalbums, ein Gespräch über die Kinderzeit von Mutti oder Vati, eine Märchenkassette, die sich das Kind mit Kopfhörer anhören kann und die es *nur* im Bett hören darf, während Sie zu Abend essen. Schaffen Sie ein glückliches abendliches Bettritual, auf das sich das Kind freut, und nehmen Sie sich dafür immer genug Zeit!

Eine Großmutter, die berichtet, sie sei nach den drakonischen Regeln von Dr. Truby King mit Vier-Stunden-Fütterintervallen und Acht-Stunden-Nächten erzogen worden, und die sich bei ihren eigenen Kindern nach den klassischen Ratschlägen Dr. Spocks richtete, ist offensichtlich der Meinung, daß ihre Tochter sich für ihre Kinder zu sehr aufopfert, weil sie »bedingungslos nachgiebig, zärtlich und geduldig ist«. Wenn ihre kleinen Enkelkinder zu ihr auf Besuch kommen, erklärt sie ihnen mit Bestimmtheit, daß bei ihr andere Regeln gelten als bei Mami. Sie erklärte den Kleinen, daß sie bei ihr »ein gutes Abendessen, ein angenehmes Bad, eine schöne, lange Geschichte und einen zärtlichen Gutenachtkuß« bekämen und daß sie »keinen Ton« hören wolle, nachdem sie sie ins Bett gesteckt habe. Erstaunlicherweise ging ihre Strategie auf. Und ihre Enkelkinder haben auch nichts dagegen, sie zu besuchen. Sie nehmen einfach zur Kenntnis, daß bei der lustigen Oma eben andere Regeln herrschen, an die man sich besser halten sollte.[1] Wenn diese Großmutter ihre Strategie durchsetzen konnte, *ohne ihre Tochter zu kritisieren,* dann kann man ihr dazu nur gratulieren. Aber wenn sie auch nur andeutungsweise Kritik an der Erziehungsweise ihrer Tochter übt, sollten sich die beiden zusammensetzen, um über die Sache zu sprechen und ihre unterschiedlichen Einstellungen und Verhaltensweisen verstehen und akzeptieren zu lernen.

In den letzten zwanzig oder dreißig Jahren haben sich die Ratschläge der Experten, was die Kinder essen sollten, um einhundertachtzig Grad geändert, während sich auf der anderen Seite die Palette an Fastfood und Naschereien für die Kinder vervielfacht hat. Dazu kommt, daß für dieses Zeug im Kinderfernsehen auch noch wie wild geworben wird. Die heutigen Mütter wollen, daß ihre Kinder gesünder ernährt werden, und sie hoffen, daß die Großmütter sie in diesem Vorhaben unterstützen. Vielleicht haben Sie Ihrem Kind Belohnungen und Naschereien für gutes Benehmen geschenkt. Wenn es stillsaß, während Sie den Splitter in seiner Hand entfernten, bekam es vielleicht ein paar Smarties. Vielleicht versucht Ihre Tochter oder Ihre Schwiegertochter, ihr Kind – vor allem, wenn es das erste ist – zuckerfrei zu ernähren. Wenn Sie dann protestieren: »Ein Stückchen Schokolade am Tag kann doch nicht schaden!« oder »Nur einmal die Woche!«, wird sie böse. Derzeit herrscht die Meinung, daß süße, fettreiche und salzige Lebensmittel nur einen kleinen Anteil an der Ernährung eines Kindes ausmachen sollten. Wenn Süßes gegessen wird, dann im Rahmen einer Mahlzeit, gefolgt von einem Glas Wasser. Eine kluge Großmutter setzt ihre Vorstellungskraft ein, um Lebensmittel zu finden, die natürliche Zuckerarten enthalten: eine Banane oder Trauben, Nektarinen oder Mandarinen. Großmütter, die der Versuchung widerstehen, ganze Pakete Schokoladenkekse anzuschleppen oder den Kindern Eistüten, Bonbons oder klebrige Lollis in die Hand zu drücken, wenn sie »brav« gewesen sind, tragen zu gesunden Ernährungsgewohnheiten ihrer Enkelkinder bei, die ihnen nicht nur Zahnschmerzen und schmerzhafte Zahnarztbesuche ersparen helfen, sondern auch positive Auswirkungen auf ihren Gesundheitszustand im Erwachsenenalter haben können.

Viele Mütter informieren sich heute in Büchern und Fachpublikationen über Kinderernährung und wollen nicht, daß ihre Kinder allzu fettreiche, salzige oder süße Speisen zu sich nehmen.

244

Sie lehnen auch Junk-food ab. Konflikte zwischen Müttern und Töchtern drehen sich häufig um die Ernährung der Kinder. Die Frauen kritisieren ihre Mütter oft, weil sie die Kinder mit Essen belohnen – vor allem mit Süßigkeiten –, die voller Zusatz- und Farbstoffe sind, auf die viele Kinder allergisch reagieren oder die sie hyperaktiv machen. Manche sagen, daß sie aus diesem Grund ihren Müttern die Kinder nicht zur Beaufsichtigung überlassen können oder daß sie die Kinder nach dem Besuch einem Kreuzverhör unterziehen, weil sie genau wissen, daß Oma ihnen etwas zugesteckt hat, das sie nicht haben dürfen, und daß ihre Taschen von all den Bonbons schon ganz ausgebeult sind.

Wenn Sie also Konflikte vermeiden wollen, sollten Sie festlegen, welche Lebensmittel als Belohnung zulässig sind und welche nicht. Vielleicht können Smarties und Lollis durch Obst ersetzt werden. Ohne Milchprodukte hergestellte Pfannkuchen können für ein Kind bekömmlicher sein als die Kuchen, die Sie normalerweise backen. Manche kleinen Kinder vertragen kein Weizenmehl, und deshalb empfiehlt es sich, statt dessen gemahlenen Reis für die Herstellung zu verwenden.

Manch eine Großmutter findet nichts dabei, vor den Kindern zu rauchen. Vielleicht hat sie schon immer geraucht und ist der Meinung, daß es zu spät ist, ihr Laster aufzugeben. Möglicherweise lehnen die Eltern der Kinder diese Gewohnheit strikt ab, halten ihre Kritik aber entweder zurück oder bringen sie nur sehr verhalten vor, weil ihnen bewußt ist, daß es der Großmutter schwerfällt, das Rauchen aufzugeben. Nicht genug damit, daß der Aufenthalt in raucherfüllten Räumen für Schwangere und Kinder gesundheitsschädlich ist, signalisiert die Rauchgewohnheit einer geliebten Großmutter oder eines Großvaters dem Kind auch, daß Rauchen vollkommen in Ordnung oder sogar ein Symbol des Erwachsenseins ist. Wenn Sie nicht aufhören wollen zu rauchen, sollten Sie darüber nachdenken, wie Sie Ihr Verhalten so ändern können, daß Sie niemals in Gegenwart der Kinder rauchen. Die Geburt eines Enkelkindes ist für manche Frauen Anreiz genug, das Rauchen vollkommen aufzugeben – mit der Folge, daß sich ihre eigene Gesundheit verbessert.

Aber Rauchen ist nur eines der explosiven Themen. Vielleicht haben Ihre Kinder besondere Angst vor Risiken, die Ihnen niemals bewußt waren. Eine Mutter, die Journalistin ist, schreibt über ein »Haus der horrenden Gefahren« – »das Haus der Großeltern, diese ›Todesfalle‹« – und wundert sich darüber, daß sie ihre eigene Kindheit überlebt hat.[2] Diese Elterngeneration ist mit Warnungen vor Gefahren aufgewachsen, an die unsere glücklichen Großeltern noch gar nicht dachten: durch Honig verursachter Botulismus bei Babys, Salmonellen in rohen oder weichgekochten Eiern, Listerien in Weichkäse oder die Gefahren eines Badetages am Meer in der prallen Sonne, bei dem man zwar schön braun wird, aber Gefahr läuft, in späteren Jahren an Hautkrebs zu erkranken, Tablettenbehälter ohne kindersicheren Verschluß, die Notwendigkeit, ein Kind in einem Sicherheitssitz anzuschnallen, bevor man mit ihm im Auto losfährt, und das Risiko eines schweren Unfalls, das selbst dann besteht, wenn man das Kind im Freien spielen läßt, wo es gekidnappt oder mißbraucht werden könnte.

Wenn die Kinder älter werden und ins Teenageralter kommen, lernen die Großmütter eine vollkommen andere Kultur kennen, und sie beginnen mit der Sprache dieser Kultur vertraut zu werden. Eine Großmutter mit vier Enkelkindern, von denen das älteste jetzt vierzehn Jahre ist, sagt, sie wisse Bescheid über Doc Martens und Reeboks, Militäroveralls und andere Dinge, die diese

Generation interessant findet, wie Computerspiele und Skateboards. Die Kinder sehen zuviel fern, gehorchen ihren Eltern nicht und streiten darüber, was sie tun sollen und wann. Tatsächlich mag Ihnen ihr Familienleben chaotisch erscheinen. Wenn wir älter werden, sind es nicht nur unsere Muskeln, die steif werden, sondern wir laufen Gefahr, unsere geistige Flexibilität einzubüßen und engstirnig und dogmatisch zu werden.

Wenn Sie autoritär sind, voller Vorurteile stecken und sich weigern zu lernen, kann es sein, daß Sie das Großmuttersein als schmerzvoll empfinden. Sie müssen Gelassenheit aufbringen und akzeptieren, was Sie nicht ändern können, flexibel genug sein, um sich Veränderungen anzupassen, und die Großzügigkeit und Wärme entwickeln, die es Ihnen ermöglichen, Ihren Kindern und Enkelkindern bedingungslose Liebe zu schenken.

Die Oma auf der Schulbank

Die Vorstellung, daß ältere Leute nur deshalb klüger sind als jüngere, weil sie ein längeres Leben hinter sich haben, entbehrt im Zeitalter der Elektronik jeder Grundlage. In einem Buch für Großeltern sagt ein Paar, das einen speziellen »Lehrplan« für die Bewältigung von Generationskonflikten ausgearbeitet hat: »Es gibt heute kaum Gebiete, auf denen ältere Menschen noch als Experten betrachtet werden – es sei denn das Altern.«[3] Wissen wird nicht mehr wie früher von oben nach unten weitergegeben, sondern es wird horizontal verbreitet. Das war natürlich in mancherlei Hinsicht immer schon so. Kinder haben ihr Wissen (oder ihre Fehlinformationen) seit jeher zum Teil hinter dem Fahrradschuppen, an Straßenecken, in ernsthaften Gesprächen hinter verschlossenen Kinderzimmertüren oder in eingeschworenen Gruppen am Spielplatz erworben. Kinderreime und Kinderspiele sind ein wahrer Schatz an Information über die Einstellung der Kinder zu Dingen wie Politik, Sex und Gesellschaft. In diesen Ausdrucksformen ziehen die Kinder die Kultur, in der sie leben, und das Leben der Erwachsenen ins Lächerliche, und sie verzerren, kritisieren oder verdammen sie.

Das Fernsehen hat dem eine weitere Dimension hinzugefügt, die manchmal zielgenauer ist, oft aber auch ziemlich konfus. Es kann schwierig sein, Wirklichkeit und Fiktion, Meinung und Tatsache auseinanderzuhalten. Wo enden Nachrichten und Dokumentationen, und wo beginnen Seifenopern und Star Wars? Schon Erwachsene tun sich schwer, diese Dinge zu unterscheiden, und kleine Kinder finden es erst recht problematisch.

Wenn Sie Großmutter werden, stellen Sie möglicherweise Vergleiche zwischen Ihren Enkelkindern an – wie sie lernen, was sie tun, wie sie erzogen werden –, und es kann auch sein, daß in Ihnen Erinnerungen an Ihre Kinder oder an Ihre eigene Kindheit aufsteigen. Sie machen sich Sorgen darüber, daß Ihre Enkel zu viel fernsehen und sich zu viele Videos ansehen oder daß sie gewalttätige Computerspiele spielen, wenn sie Ihrer Meinung nach lieber auf Bäume klettern, rechnen, schreiben und lesen oder Schach spielen lernen sollten. Es fällt uns schwer, die elektronische Kultur zu akzeptieren, die für unsere Enkelkinder ganz normal ist.

Wenn Sie die Welt, in der Ihre Enkel leben, verstehen wollen, müssen Sie sich bewußt sein, daß eine elektronische Revolution stattgefunden hat. Sie müssen lernen, andere Informationsquellen als Ihr Gedächtnis oder die Enzyklopädie auf dem Bücherregal anzuzapfen, und Sie müssen Ihr Wissen anhand dieser neuen

Informationsquellen überprüfen. Lernen Sie, die neue Technologie zu verwenden, auch wenn Sie ganz unten beginnen müssen. Sobald Sie damit vertraut sind, können Sie den Kindern bei der Nutzung dieser Informationsquellen Analyse- und Kritikfähigkeit beibringen. Denn die Brauchbarkeit der elektronischen Information hängt davon ab, wie genau der Mensch war, der die Daten in das jeweilige Programm eingab.

Haben Sie ein Auge auf das, was sich Ihre Enkelkinder in Fernsehen und Video ansehen. Jede Art der Informationsbereitstellung vermittelt auch *Werte*. Selbst die wissenschaftlichste und tatsachennahste Sendung verkörpert die Werte ihrer Gestalter und präsentiert deren Weltsicht.

Viele Computerspiele sind sexistisch und gewalttätig. Sie basieren auf männlichen Phantasien des Dominierens, Unterwerfens, Tötens und Auslöschens. Frauen sind Preise, Opfer oder Accessoires. Eine Studie aus dem Jahr 1991 über Nintendo-Spiele ergab, daß von siebenundvierzig führenden Spielen nur sieben nicht gewalttätig waren.[4] Mein Enkel Sam, knapp siebenjährig, sieht sich dauernd Videos an und spielt Computerspiele. Wenn ich meine Tochter Tess darauf hinweise, protestiert sie: »Und was ist mit Comics? Die zielen doch auf dieselbe Altersgruppe ab.« Jon (ihr Mann) kauft Sam Beano. »Wenigstens tragen die Computerspiele zur Entwicklung des logischen Denkvermögens des Kindes bei.«

Wir führten über das Thema das folgende Gespräch:

Ich: Mir ist schon klar, daß ein Kind verschiedene Strategien durchdenken muß und Spiele in diesem Sinn bildend wirken.

Tess: Sie fördern auch das Lesen. Ein Kind von sagen wir vier bis sieben Jahren lernt durch diese Spiele lesen. Bei Comics braucht es eigentlich nicht wirklich zu lesen, denn die Geschichte wird ja von den Bildern erzählt. Bei vielen Computerspielen muß man zuerst die Anleitung lesen, um überhaupt spielen zu können. Vier- bis Siebenjährige lernen durch die Computerspiele lesen.

Sie werden mit Problemen konfrontiert, die sie lösen müssen, und wenn sie noch jünger sind, wird die Koordination zwischen Hand und Auge geschult.

Ich: Aber ich finde es schrecklich, wenn die Kinder so vor einer Maschine kleben – ohne zu sprechen, ohne zu kommunizieren, ohne mit anderen Kindern zu interagieren.

Tess: Die Jungen sprechen über die Programme. Und es gibt Spiele, die das Gespräch zwischen den Eltern oder auch zwischen den Großeltern und Kindern anregen. Das sind zum Beispiel Multiple-choice-Spiele, die für etwa Fünfjährige gedacht sind. Da werden Fragen gestellt wie: Sollen wir heute an den Strand fahren? Und da setzt man sich zu dem Kind und spricht mit ihm über die verschiedenen Optionen.

Ich: Videos und Fernsehen werden oft als Babysitter mißbraucht, nur um die Kinder ruhigzustellen. Das ist es, was mir Sorgen macht.

Tess: Jungen sehnen sich danach, zu einer Clique zu gehören. Sie sehen sich dieselben Videos an und sprechen darüber. Das gibt ihnen ein Gefühl der Zusammengehörigkeit. Für einen Siebenjährigen ist das wichtig. Die älteren Jungen haben Videos, also will er es auch.

Ich: Du meinst also, daß diese Videos den Kindern Sicherheit und ein Gefühl der sozialen Akzeptanz bei Gleichaltrigen bieten, weil sie darüber sprechen können und dadurch die Kommunikation angeregt wird?

Tess: Ja. Aber jetzt, wo Sam lesen kann, zieht er eigentlich oft Bücher vor. Und wenn ich ihm anbiete, ihm eine Geschichte vorzulesen – zwar nicht gerade dann, wenn er das Videogerät eingeschaltet hat oder in ein Spiel vertieft ist, sondern zum richtigen Zeitpunkt, wenn er ein bißchen Langeweile hat oder gerade völlig von dem Geschehen gefesselt ist, dann entscheidet er sich immer für die Geschichte.

Dieses Gespräch zwischen meiner Tochter und mir führte bei mir zu der Erkenntnis, daß ich, wenn ich erfolgreich mit Videospielen und Fernsehen konkurrieren will, spannende, reale Alternativen anbieten und das Interesse meines Enkels für die Dinge, die ich so tue, wecken muß. Und wenn ich dazu nicht immer die nötige Energie aufbringe, was soll dann die Kritik? Es liegt ja an mir, ihm Alternativen anzubieten, die für ihn attraktiver sind als die Glotze.

Bei unserem Gespräch fiel mir ein, daß die Videospiele, in denen immer nur Feinde bekämpft werden, nicht so ganz anders sind als die Beano-Geschichten und die anderen Comics meiner eigenen Jugend. Ich interessierte mich nicht so brennend dafür, aber mein Bruder hatte ganze Stapel davon. Seite über Seite voller »Bang«, »Klirr«, »Grrrr…«, »Quietsch« und jede Menge Geschichten des Triumphs von Boy Wonder über seine Konkurrenten. Meine Mutter war damals genauso schockiert über den Lesestoff meines siebenjährigen Bruders, wie ich es heute über die Computerspiele meines Enkels bin. Mein Bruder wurde in späteren Jahren Pazifist und verweigerte den Militärdienst aus Gewissensgründen, während er auch heute noch von Medien fasziniert ist. Er wurde Fernsehproduzent und gestaltete unter anderem die Fernsehsendung *Panorama*. Comics haben seine Entwicklung zwar geformt, aber nicht in der Art und Weise, wie meine Mutter argwöhnte.

Was will ich damit sagen? Nun – halten Sie sich mit Ihrer Kritik zurück. Beobachten Sie und stellen Sie Fragen. Auf diese Weise können Sie sich einen Einblick in die Welt Ihrer Enkelkinder verschaffen. Fernsehsendungen können einen guten Ausgangspunkt für Gespräche mit Kindern abgeben. Sie könnten zum Beispiel mit der Werbung beginnen. Die Kinder haben sicher Dutzende von Werbesendungen gesehen, also haben Sie genügend Gesprächsstoff. Das Auseinandernehmen von Werbespots kann einem Kind helfen, seine Kritikfähigkeit zu entwickeln. Aber machen Sie kein großes Aufhebens um die Sache. Fragen Sie ganz beiläufig: Glaubst du wirklich, daß das wahr ist? Wird hier etwas gesagt, was wahrscheinlich *nicht* wahr ist? Was wollen sie, was sollen wir denken? Welche *Gefühle* wollen sie in uns wecken? Für Sechs- bis Achtjährige müssen die Analysen relativ einfach gehalten werden, aber sogar in diesem Alter sind die Kinder schon überraschend scharfsinnig. Oft macht es ihnen Spaß, selbst Werbespots zu gestalten, zum Beispiel für etwas, was sie selbst hergestellt haben.

Sehen Sie sich Sendungen gemeinsam an, und stellen Sie weitere Fragen. In den Werbepausen oder nach dem Ende einer Sendung können Sie mit dem Kind über die Geschehnisse sprechen. Das Fernsehen bietet viele Möglichkeiten, der Frage auf den Grund zu gehen, ob etwas richtig oder falsch ist: »Was hättest du getan? Was glaubst du, wird als nächstes passieren? Hätte er das tun sollen? Wenn du ihre Freundin wärst, wie könntest du ihr dann helfen? Wer ist der beste Mensch in diesem Film? War dieser hier wirklich *böse*? Findest du, daß er richtig gehandelt hat? Warum hat er so gehandelt? Was hätte er statt dessen tun sollen? Welcher

Ausgang der Geschichte wäre dir am liebsten? Welche Teile dieser Sendung haben dir am besten gefallen?« Sie können aber auch über die angstauslösenden Dinge sprechen: »Huh, das war unheimlich!« Damit helfen Sie dem Kind, seine eigenen Ängste in einer sicheren und geborgenen Beziehung zum Ausdruck zu bringen, in der es sich verstanden fühlt, weil ja auch Sie Angst gehabt haben. Situationen in Fernsehen und Video können auch andere Diskussionen anregen – über Einsamkeit, Angst, Rüpelhaftigkeit, die Bekanntschaft mit dem Tod sowie über Krieg und Gewalt.

Stellen Sie hier keine Gesetze auf, sondern erforschen Sie gemeinsam mit dem Kind die aufgeworfenen Fragen. Geben Sie dem Kind Gelegenheit, seine Gedanken auszudrücken, ohne ihm Ihre Meinung aufzuzwingen. Seien Sie sanft – und unterhalten Sie sich! Wenn Ihnen das gelingt, kann es sein, daß Sie mühelos in das Reich von Cyberspace und Virtual Reality eindringen.

KRISENBEOBACHTUNG – KRISENBEWÄLTIGUNG

Die Elternschaft ist eine gefährliche, stets mit Unsicherheit befrachtete Unternehmung. In dem Alter, in dem Sie Großmutter werden, wissen Sie bereits, daß die Palette breit ist – von der Katastrophe bis hin zur Erfüllung. Eine Kolumnistin der *New York Times*, Anna Quindlen, beschreibt, wie sie in ihrer Kindheit Vögel beobachtete, die ihre Jungen verloren hatten, und wie sie kleine Häschen unter dem Leib ihrer Mutter fand, der bereits in Todesstarre verfiel. Sie versuchte sie aufzuziehen, aber sie starben eines nach dem anderen. »Nun weiß ich, daß ein großer Teil des Elterndaseins darin besteht, darauf zu warten, daß das Küken dem Unheil anheimfällt, auf die Katze zu warten oder auf die kalten Nächte. Das freudige Unterfangen hat schreckliche Untertöne ... Es ist die Unbeeinflußbarkeit, die so erschreckend ist ... Kinder laufen vor Autos oder fallen in Schwimmbecken; Teenager nehmen gefährliche Drogen, fahren zu schnell, werden depressiv ... Manche werden auch unter schlechten Umständen stark, und andere scheitern trotz guter Bedingungen.«[5]

Wenn eine Familie von einer Krise heimgesucht wird, ist es oft die Großmutter, die sich in ihrem Epizentrum befindet. Ein Kind erkrankt schwer, eine Tochter stirbt, ein Vater mißbraucht ein Kind, ein Paar trennt sich, ein Enkelkind gerät in einen Konflikt mit dem Gesetz. Die Großmutter versucht, Katastrophen zu verhindern oder zu mildern, finanzielle Probleme zu bereinigen oder einem Enkelkind, das weglief oder von den Eltern hinausgeworfen wurde, Zuflucht zu bieten. Sie wird Zeugin von sich aufbauenden Dramen und von zugefügten Leiden. Manchmal ist es ihr innigster Wunsch, zu helfen, aber sie kann es nicht. Eine Frau, die stürmische Zeiten des Familienlebens durchgemacht hat, beschreibt den wichtigen Beitrag, den eine Großmutter leisten kann: »Inmitten des Chaos kann sie ein Hort der Ruhe, der Liebe und der guten Laune sein.« Sie empfindet den Schmerz ihrer Kinder und Enkelkinder mit, aber sie läßt sich von ihm nicht überwältigen. Sie lernt, Krisen in Expertenmanier zu managen, auch wenn es den Anschein hat, als steuere sie lediglich verständnisvolles Mitgefühl bei.

Manche Großmütter sehen ihre Enkelkinder nur einmal im Jahr oder bei Familienfeiern, die bis ins kleinste Detail choreographiert und geplant sind, um Konfrontationen und unangenehme Situationen zu vermeiden. So kann es passieren, daß ihnen diese speziellen Herausforderungen unbekannt sind. Aber andere

Großmütter befinden sich ständig im Zentrum des Geschehens und stehen rund um die Uhr parat. In diesen Fällen verschwimmen die Grenzen zwischen der Mutter- und der Großmutterrolle.

Wir haben bereits gehört, daß Großmütter beispielsweise in der Karibik oft zwei Kinderscharen aufziehen – ihre eigene und die ihrer Töchter – und sich selbst nicht so sehr als Großmütter, sondern eher als Mütter betrachten. Und so werden sie auch von ihren Kindern gesehen. Früher war das auch in England oft so, vor allem in der Arbeiterschicht. Eine Hebamme, die in den zwanziger Jahren in den Bergbaudörfern rund um Barnsley in Yorkshire arbeitete, erinnert sich: »Die Kinder wurden von der Familie sozusagen absorbiert... In den meisten Fällen wurde die Großmutter zur Mutter... Sie hütete das Baby, und die Mutter ging wieder arbeiten – entweder in den Minen oder im Haushalt.«[6]

Auch heute schlüpfen Großmütter noch oft in die Mutterrolle, vor allem dann, wenn eine Familie zerfällt oder eine Mutter ihrer Rolle nicht gerecht werden kann. Jedes fünfte amerikanische Kind gehört zu einer durch Scheidung neu zusammengewürfelten Familie. Diese Kinder machten oft bittere Zeiten durch, während die Ehe ihrer Eltern zerfiel, Beziehungen schlechter wurden und offene Konflikte ausbrachen, die manchmal mit körperlicher Gewalt verbunden waren. Sie kennen Verwirrung, emotionale Qualen und zerrissene Loyalität aus eigener Erfahrung. Eine Großmutter muß hilflos zusehen, wenn eine Beziehung auseinandergeht. Sie versucht, die schrecklichen Fehler wettzumachen, die ihre Kinder begehen. Sie sieht, wie belastet die Kinder sind, wie sie oft als Besitztümer oder als Schachfiguren in einem bitteren Spiel hin und her geschoben werden, und sie ist Zeugin der im Zuge dessen entstehenden Sorgerechtsstreitigkeiten. Sie weiß nur zu gut, daß ihr die Enkelkinder durch Trennung oder Scheidung entrissen werden können. Das ist besonders wahrscheinlich, wenn sie die Mutter desjenigen Partners ist, der das Sorgerecht nicht bekommt. Sie hütet ihre Zunge, und sie achtet peinlich genau darauf, niemals ein Wort der Kritik zu verlieren, aus Angst, daß ihr die Kinder genommen werden könnten. Es kommt vor, daß derjenige Elternteil, dem nach einer nicht einvernehmlichen Scheidung das Sorgerecht zugesprochen wurde, den Kindern verbietet, die Eltern des Expartners zu sehen. Das kann eine Art Rache sein oder auch den Grund haben, daß der oder die Betreffende so verletzt ist, daß er oder sie den Kontakt als zu schmerzvoll empfände. Manche Großmütter vermeiden auch jede emotionale Bindung an ihre Enkelkinder, weil sie befürchten, daß sie eines Tages den Kontakt zu ihnen verlieren könnten. Großeltern haben grundsätzlich keine juristischen Rechte, und auch Kindern wird nicht das Recht zugebilligt, nach dem Auseinandergehen ihrer Eltern ihre Beziehung zu den geliebten Großeltern aufrechtzuerhalten. Großmütter unternehmen gewaltige Anstrengungen, um Familien zusammenzuhalten und um ihren Enkelkindern ein Heim zu geben. In den Vereinigten Staaten haben Großeltern, die das Sorgerecht für ihre Enkelkinder erhalten, jedoch keinen Anspruch auf jene finanzielle oder anderweitige Unterstützung, die Pflegeeltern erhalten. Großmütter sind unbesungene Heldinnen. Louise hat zum Beispiel fünf Söhne, zwei biologische Enkelkinder und eine ganze Schar von Stiefenkelkindern, die sie noch nie gesehen hat. Die Schwiegertochter, die die Mutter ihrer Enkelkinder ist, ist drogenabhängig, wurde als Kind mißbraucht und leidet unter schwerwiegenden emotionalen Störungen. Louise hütet diese

Kinder eher »in der Art einer Mutter als in der Art einer Großmutter«. Sie sagt: »Ich muß ihnen eine Mutter sein.« Die Frau
ihres Sohnes bekam im Alter von siebzehn Jahren ihr erstes un-
eheliches Kind. »Ich hatte Angst, daß sie es abtreiben oder zur
Adoption freigeben würde und daß mein Sohn sich von ihr
zurückziehen könnte. Ich befürchtete, mein Enkelkind zu verlieren.« Das zweite Baby, ein Mädchen, mußte nach der Geburt
im Krankenhaus bleiben, weil es über das Blut der Mutter Drogen bekommen hatte. Nach dem Besuch einer Sozialarbeiterin
wurde es in die Pflege der Großmutter entlassen. Louise hat
gelernt, das ruhige, stabile Zentrum einer Familie zu sein, in der
Schmerzen und Unglück an der Tagesordnung sind. Sie hat in
dem Prozeß gewonnen und ist als stärkere Frau aus ihm hervor-
gegangen.

Die Frauen bringen in das Großmuttersein ein erstaunliches Maß
an Überschwang und Begeisterung ein. »Ich habe das Gefühl, daß
ich von meiner siebenjährigen Enkelin mehr gelernt habe als von
meinen vier Kindern zusammengenommen. Ich bin nämlich ein-
gesprungen, weil ihre Mutter nicht da war«, berichtet eine Frau.
Sie engagierte sich so stark, daß sie gemeinsam mit den Eltern
anderer Kinder eine Spielgruppe gründete, die sich zu einem
Kindergarten weiterentwickelte. Nachdem ihre Tochter, als das
Baby sechs Monate alt war, an ihren Arbeitsplatz zurückkehrte,
entschloß sich eine andere Frau, in Pension zu gehen und dreitau-
send Meilen weit wegzuziehen, um ihre nunmehr fast zweijährige Enkeltochter betreuen zu können. Damit hat sie sich mehr als
einen Fulltime-Job aufgebürdet, der die ganze Woche über und
oft auch am Wochenende ihre ungeteilte Aufmerksamkeit ver-
langt. Sie selbst war Mutter von Zwillingen, und sie sagt verglei-
chend: »Nur eines auf einmal ist wundervoll. So kann ich es ge-

nießen, sie sich wie eine Blume entfalten zu sehen.« Viele Großmütter empfinden es so, als öffneten sich ihre Augen für die Entwicklung eines Kindes zum ersten Mal. Manche sagen, daß sie als
Mütter zu beschäftigt waren, um zurückzutreten und nur zu beobachten. Trotzdem kann das keine ausreichende Erklärung sein,
denn selbst Großmütter, die ihre ganze Zeit in die Mutterrolle
stecken, sind dazu imstande. Vielleicht liegt der Unterschied
darin, daß eine Frau, die Mutter wird – insbesondere wenn es das
erste Mal ist –, ihr Kind mit einer gewissen Angst erlebt. Wenn sie
das Großmutteralter erreicht hat, ist diese Angst zum größten
Teil verschwunden, und nun kann sie jede Phase in der Entwicklung des Kindes und jeden Augenblick unbeschwert genießen.

Auf der anderen Seite haben Befürchtungen, die auf Erfahrungen
und Wissen beruhen, auch eine Funktion. Ihre Angst half einer
Frau, deren eigener Sohn als Kind gestorben war, akzeptieren zu
können, daß ihr kleiner Enkelsohn fast völlig blind ist. Nach seiner Geburt durchlebte sie wochenlang Höllenqualen, weil sie
Angst davor hatte, ihre Tochter unnötig zu beunruhigen. »Der
Kleine sah niemals irgend jemanden an. Er lächelte zwar, stellte
aber keinen Augenkontakt her. Meine Tochter fragte mich im-
merzu: ›Wann wird er lächeln, Mama?‹ ›Wird nicht mehr lange
dauern – noch ein paar Tage vielleicht‹, antwortete ich fröhlich,
während mir die Gewißheit, daß etwas nicht in Ordnung war, das
Herz immer schwerer machte. Letzten Endes mußte ich ihr
meine Ängste doch mitteilen.« Nachdem Tests ergeben hatten,
daß der Kleine zwar auf einem Auge blind war, auf dem anderen
jedoch ein kleiner Rest von Sehvermögen bestand, war sie, wie sie
sagt, »überglücklich«, weil sie nun wußte, daß er autistisch war.
Auch ihr Mann, der mit behinderten Kindern arbeitete und sich

258

Sorgen machte, daß das Kind einen Gehirnschaden haben könnte, war erleichtert. Sie liebt dieses Kind innig, und der Schmerz, der sie seit dem Tod ihres eigenen Sohnes nie verlassen hatte, ist nun verheilt.

Trotzdem können in einer Familie Dinge passieren, Krisen entstehen und Schmerzen zugefügt werden, von denen eine Großmutter höchstens eine Ahnung hat. Vielleicht hat sie schon länger das Gefühl, daß etwas nicht in Ordnung ist, aber sie kann dieses Gefühl nicht konkretisieren. Oder es kann sein, daß sie den Kopf in den Sand steckt, um die quälende Realität nicht sehen zu müssen, weil sie sich anderenfalls eingestehen müßte, daß sie vor ihr nur kapitulieren kann. So schützt sie sich, indem sie einfach nicht hinsieht. Eine Frau bekommt jeden Abend Besuch von ihren beiden Enkelkindern im Alter von vier und vierzehn Jahren, und sie genießt diese Besuche. Mit dem Jüngeren balgt sie sich auf dem Rasen, spielt im Sandkasten, liest Geschichten vor, schubst es beim Schaukeln an und singt ihm Lieder vor. Sie näht Kleider für die beiden und schreibt Kurzgeschichten über ihre eigene Kindheit. Mit ihrer vierzehnjährigen Enkelin spielt sie Spiele, hilft ihr bei den Hausarbeiten, liest die Bücher, die sie ihr empfiehlt, und spricht mit ihr über den Inhalt, und der Teenager leiht sich ihre Sweatshirts und T-Shirts. Klingt das nicht nach einer idealen Familie mit einer idealen Oma? Nun, wie sie mir weiter erzählte, ist der Vater der Kinder Alkoholiker. Er mißbraucht seine Tochter, ist brutal und gewalttätig. Er unterzieht sich zwar einer Therapie, lebt aber in einem Wohnwagen vor dem Haus und kann jederzeit ein und aus gehen. Die Vierzehnjährige haßt ihren Vater, weigert sich, mit ihm zu sprechen oder gleichzeitig mit ihm im Haus zu sein, und geht zur Beratung. Die Kinder kommen jeden Abend zu ihrer Großmutter, weil die Mutter arbeitet und sie vor ihrem Vater geschützt werden müssen. Obwohl es die Großmutter war, die mir alle diese Informationen gab, scheint sie sich nicht bewußt zu sein, welche schwerwiegenden Auswirkungen ein solcher Mißbrauch langfristig auf ein Mädchen im Teenageralter haben kann. Wenn ihre Enkelin sagt, wie sehr sie ihren Vater haßt, ermahnt sie sie und sagt ihr, daß sie »nicht so nachtragend sein« sollte.

Sexuellen Mißbrauch in der Familie anzuerkennen kann mit dem Bekenntnis Hand in Hand gehen, daß der Partner einer Großmutter seine Kinder oder Enkelkinder mißbraucht hat. Eine Frau, die wiederholt von ihrem Vater vergewaltigt worden war, durchlebte diese Erfahrung in all ihrem Schmerz und ihrer Gewalt nochmals bei einer schwierigen Geburt, bei der sie keinerlei Kontrolle über das hatte, was ihr zugefügt wurde. Ihre Mutter ist entweder vollkommen ahnungslos darüber, daß ihr Mann ihre Tochter mißbraucht haben könnte, oder sie kann dieser Tatsache nicht ins Auge schauen, weil sie sie als zu schmerzhaft empfindet. »Ich habe überlegt, meiner Mutter zu erzählen, daß ich von meinem Vater mißbraucht worden bin. Vielleicht werde ich eines Tages stark genug dazu sein. Aber es hat mich getroffen, daß sie absolut nichts dagegen unternommen hat«, sagt sie. »Er badete mich, bis meine Schamhaare zu wachsen begannen, und er berührte mich immer in der Badewanne. Diese Bilder aus der Vergangenheit tauchen immer wieder in mir auf. Vater trägt mich nach oben. Auf dem Treppenabsatz bewahrt er eine Wäscheleine auf, mit der er mich fesselt. Mir ist heiß, und ich habe Angst. Es macht ihm Vergnügen, mich zum Weinen zu bringen.« Heute leidet sie unter schweren Depressionen, ist selbstmordgefährdet und sagt über ihre dreijährige Tochter: »Warum sollte sie glücklich sein? Ich denke daran, sie umzubringen.« Die Großmutter weigert sich, den Tatsachen ins Auge zu blicken, und nun sind auch ihre Enkelkinder in Gefahr.

In anderen Familien ist die Lage vollkommen anders. Diane und ihre Schwester wurden von ihrem Vater mißbraucht. Nun hat Diane selbst zwei kleine Kinder. Bei einer Familienzusammen-kunft im Haus ihrer Eltern nahm ihr Vater ihren kleinen Jungen und seinen Cousin im Auto mit, ohne sie zu fragen, ob sie ein-verstanden sei. Als die Großmutter das hörte, wurde sie sofort aktiv. »Meine Oma war absolut wütend. Sie sagte: ›Wenn er den Jungen auch nur berührt, bring' ich ihn um.‹ Sie hat uns so viele Male vor ihm gerettet. Ich verbrachte oft das Wochenende bei ihr, hauptsächlich deshalb, weil ich Angst hatte, nach Hause zu gehen.«[7]

Mütter können viel daran setzen, die Tatsache, daß ein Enkelkind sexuell mißbraucht wurde, vor ihren eigenen Müttern zu verber-gen. Der Grund ist ihre Scham, daß sie nicht imstande waren, ihr Kind zu schützen. Kathys Tochter Rose wurde von ihrem zwei-ten Mann, dem Stiefvater des Kindes, mißbraucht. Inzwischen ist sie von ihm geschieden. Ihre Eltern liebten und unterstützten sie, ganz gleich, was ihr in ihrem Leben zustieß. Sie sind strenggläu-bige Christen mit festen moralischen Grundsätzen, die Scheidung rigoros ablehnen. »Ich fühle mich besudelt, und Rose fühlt sich noch zehnmal schlechter als ich«, sagt Kathy. Sie hat ihren Eltern von dem Mißbrauch erzählt. »Das hat mir weh getan, und Gott weiß, daß es auch Rose weh getan hat. Und wie es sie erst ge-schmerzt haben muß! Aber sie haben sich tolerant verhalten und alles getan, um zu helfen.«[8] Diese Großmutter reagierte auf enga-gierte und einfühlsame Weise. Andere hören nicht wirklich hin, wenn ihnen derartige Dinge erzählt werden, oder sie tun so, als wäre nichts gesagt worden, und bestreiten heftig, daß so etwas tatsächlich passiert sein könnte. Wenn Großmütter ihre Augen vor sexuellem Kindesmißbrauch verschließen, kann das darauf zurückzuführen sein, daß sie zu schockiert sind, um hinzusehen, weil sie sich zu hilflos fühlen, um irgend etwas dagegen zu unternehmen, oder weil sie selbst als Kind mißbraucht wurden.

KONTROLLVERLUST

Es ist wichtig, daß Sie den Partner oder die Partnerin akzeptieren, für den oder die sich Ihr Kind entschieden hat – selbst dann, wenn Ihre eigene Wahl ganz anders ausgefallen wäre. Das ist oft schwierig. Wenn Sie Zweifel hegen, ob eine Beziehung halten wird, haben Sie vielleicht Angst, daß Ihre Tochter schwanger werden könnte, weil *Ihnen* (wenn auch nicht ihr) bewußt ist, daß Babys Ehen nicht retten, sondern zusätzliche Belastungen bringen. Eine Großmutter machte sich Sorgen, als sich die Beziehung zwischen ihrer Tochter und deren Partner immer weiter verschlechterte, während ihre Tochter bei dem Versuch, die Ehe zu kitten, zwei Kinder bekam. Sie verließ ihren Mann schließlich, als die Kinder zwei und drei Jahre alt waren, und zog zu ihrer Mutter. Diese ist über das ihr aufgezwungene neue Leben, das sich hauptsächlich um die Kinder dreht, alles andere als glücklich, und sie hat das Gefühl, daß ihr die Kontrolle über die Geschehnisse entglitten ist. Sie sucht die Ursache für die Probleme in ihrer eigenen Persönlichkeit und entschuldigt sich für ihre Gefühle: »Das Bedürfnis, meine Tochter zu beschützen, immer zu intervenieren und meine Unterstützung anzubieten, empfinde ich als erschöpfend.« Irgendwie hat sie das Gefühl, daß alles *ihre* Schuld sein müsse.

Großmutter zu werden, das bedeutet auch, Kontrolle aufzugeben. »Der Machtschwerpunkt hat sich verlagert. Als meine Kinder klein waren, drehte sich das Familienleben mehr oder weniger um mich. Wir aßen dann, wann ich wollte – unter anderem auch deshalb, weil ich soviel zu tun hatte; wir sahen uns oft Ausstellungen, Theaterstücke oder Filme an, die ich sehen wollte, und zwar dann, wenn ich gerade Zeit hatte; und wir besuchten Freunde und Verwandte, wenn ich solche Besuche in meinen gedrängten Zeitplan einbauen konnte. In Janets und Jonnys Haushalt muß ich mich nach den Bedürfnissen meiner Enkelkinder und nach dem aktiven Leben von deren Eltern richten.« Sie hat das Gefühl, »entthront« worden zu sein.[9]

Sogar der Name, den die Eltern ihrem Kind geben, kann uns ein Dorn im Auge sein. Eine Großmutter schrieb an die Kolumnistin Ann Landers, weil sie außer sich über die Tatsache war, daß ihr Sohn und ihre Schwiegertochter vorhatten, ihrer kleinen Tochter den Mädchennamen der Mutter – McDuff – zu geben. Die werdende Großmutter fühlte sich dadurch »beleidigt«. Landers meinte, die Namensgebung habe nichts mit ihr zu tun, und gab ihr den Rat, sich ruhig zu verhalten.

Vielen Frauen fällt es schwer, zu akzeptieren, daß sich nicht länger alles um sie dreht. Nun werden sie zwar mit allen möglichen Problemen beladen, haben aber keinen Einfluß mehr auf die Situationen, die sich die jüngeren Familienmitglieder schaffen oder in die sie durch ungünstige Umstände gedrängt werden. Eine Großmutter, die Wert darauf legt, den Überblick zu haben, kann in Panik geraten, wenn sie bemerkt, daß sich die Kinder schlecht benehmen und die Eltern keine Kontrolle über sie haben. Eine Großmutter, die mir von den Kindern ihres Sohnes erzählte, sagte zum Beispiel voller Groll und Bitterkeit: »Seine

Frau hat keine Kontrolle über die Kinder, und das macht mich noch wahnsinnig.« Sie kritisierte auch ihre Enkelkinder aus einer anderen Familie wegen ihres rüpelhaften Benehmens: »Sie schauen sich bei ihrem Vater ab, wie sie mich behandeln sollen. Von ihm kann ich dieses Verhalten ja gerade noch akzeptieren, von ihnen aber nicht.« Ein sechsjähriger Enkelsohn ist »zu dünn«, »schnappt jede Krankheit auf« und ist gegen Bienenstiche allergisch. Und trotzdem, so klagt sie, »*bittet* ihn meine Schwiegertochter, ein medizinisches Informationsarmband zu tragen, und seufzt nur müde, wenn er sich weigert«. Sie sagt: »Ich hätte eigentlich erwartet, daß sich meine Kinder an ihre Erziehung erinnern und sie auch bei ihren Kindern anwenden. Nun bin ich furchtbar enttäuscht, daß sie es nicht tun.« Wenn sie versucht, die Enkelkinder zu disziplinieren, dann wird sie, so klagt sie, von ihren eigenen Kindern heftig attackiert. Ihr ist bewußt, daß dieses Problem einen Keil zwischen sie und ihre Kinder und Enkelkinder treibt. Sie findet es deprimierend, Großmutter zu sein, und sie vermeidet den Kontakt zu ihren Enkelkindern, soweit es möglich ist.

Nachdem die Ehe ihrer Tochter scheiterte, lebt eine Sozialarbeiterin nun mit ihrer Tochter und ihren Enkelkindern im Alter von zwei und drei Jahren zusammen. Sie sagt: »Ich bin jemand, dem Kontrolle sehr wichtig ist.« In ihrer Rolle als Mutter bestimmte sie Dinge wie Sauberkeitstraining, Schlafenszeiten und Ernährung ihrer Kinder. In den meisten Fällen ließ sie ihnen keine Wahl. Aber nun muß sie sich einer Tochter beugen, die an demokratische Diskussionen und Entscheidungsprozesse glaubt, und das auch im Umgang mit kleinen Kindern. Sie sagt: »Ich habe auf schmerzhafte Weise lernen müssen, mich mit dem Rücksitz zu begnügen.« Seitdem dieser Prozeß abgeschlossen ist und sie akzeptieren gelernt hat, daß ihre Tochter die Mutterrolle anders sieht als sie, ist alles viel leichter für sie.

Die Lage kann für eine Großmutter allerdings unangenehm werden, wenn eine ganze Horde von Enkelkindern auf sie einstürmt. Enkelkinder, die zu Besuch kommen, können in ein Haus einfallen wie ein Termitenschwarm. Sie haben alles vorbereitet, sorgfältig geplant, das Haus geputzt, gekocht, für Blumenschmuck gesorgt, Spielsachen zurechtgelegt und sich auf ihr Kommen gefreut. Nun sind sie da, und zehn Minuten lang legen sie auch wirklich ihr bestes Benehmen an den Tag. Aber dann bricht die Hölle los. Die Kleinen brüllen, Sie wechseln ihnen die Windeln und füttern sie. Sie erbrechen die Hälfte, werden nochmals gefüttert und wieder gewickelt. Die Älteren schreien herum, streiten, zerbrechen Dinge, knallen Türen, brüllen, laufen mit schmutzigen Schuhen über den Teppich und verwandeln Wohnzimmer und Küche in Hindernisläufe voller Spielsachen und Baukastenelemente, die auf bedrohliche Weise in ihre Einzelteile zerlegt oder völlig kaputt sind. Ein paar fünf- bis siebenjährige Jungen und einige Kleinkinder verwandeln sich in ein Rudel unerträglicher Bälger. Sara Paretsky spricht die Gefühle mancher Großmütter an, indem sie eine Frau in einem ihrer Romane beim Empfang nach dem Begräbnis ihres Mannes sagen läßt: »Kerry hat die Kinder zu sich nach Hause mitgenommen. Da wird heute alles ein bißchen ruhiger sein«, und fügt hinzu: »Vielleicht werde ich als Rentnerin nach Oregon ziehen.« Detektiv Warshawski umarmt sie und sagt: »Ans andere Ende des Landes ziehen, nur um dem Großmuttersein zu entkommen? Vielleicht könntest du nur dein Aussehen verändern – das wäre weniger aufwendig.«[10] Trotz alledem passen sich die Großmütter oft mit einer erstaunlichen Flexibilität an Erziehungsmethoden an, die sich von jenen, die sie aus ihrer eigenen Jugend kennen, sehr stark unterscheiden. Eine siebenundsechzigjährige Großmutter, deren Hände, Füße und Knie von Arthritis befallen sind, betreut ihre Enkel im Alter von vier und zwei Jahren drei Tage in der Woche den ganzen Tag über, während ihre Mutter in einer anderen Stadt als Hebamme arbeitet:»In Wirklichkeit sind sie aber fünf Tage die Woche bei uns, weil meine Tochter schon am Vorabend zu ihrem Arbeitsplatz fahren muß und erst am Morgen nach Arbeitsende nach Hause fährt. So stehe ich um vier Uhr dreißig auf, um Clare um fünf Uhr zu wecken, damit sie um sechs Uhr ihren Zug erwischt. Dann arbeitet sie eine Zwölf-Stunden-Schicht und kommt nicht vor halb elf Uhr abends nach Hause.« Die Kinder wachen etwa um acht Uhr morgens auf, und die Großmutter betreut sie bis spät in den Abend hinein.»Ich versuche, sie dazu zu bewegen, so etwa um vier Uhr nachmittags einige Stunden zu schlafen, so daß sie ihre Mutter um halb elf Uhr abends noch sehen können.« Sie sind, wie sie sagt,»ganz entzückende kleine Mädchen, aber im Vergleich zu meinen eigenen Kindern, mit denen ich sehr streng war, furchtbar anstrengend. Wenn ich meinen Kindern etwas auftrug, dann wußten sie, daß sie es gleich erledigen mußten, und nicht dann, wenn sie gerade in Stimmung dazu waren.« Trotzdem dankt sie»Gott jeden Tag für unseren Segen«.

Manche Großmütter fühlen sich nutzlos, wenn ein Kind oder Enkelkind ernsthaft krank ist oder in andere Schwierigkeiten gerät. Eine Großmutter, mit der ich gesprochen habe, betreut ihre beiden Enkelkinder im Alter von fünf und zwei Jahren ganztägig, weil ihre Tochter drogenabhängig ist. Da ihr Partner sehr lange Arbeitszeiten hat, liegt die ganze Last auf ihren Schultern. Sie kann die Situation in keiner Weise beeinflussen, sondern muß sie einfach ertragen, so gut es geht. Frauen, die über eine Berufsausbildung verfügen, die ihnen bei ihrem Problem eigentlich weiterhelfen sollte, und die trotzdem machtlos sind, spüren besonders deutlich, daß sie nicht imstande sind, ihren Kindern zu helfen. Rosalind ist Psychotherapeutin. Der kleine Sohn ihrer Tochter wurde mit einem Herzfehler geboren. Er wurde operiert, als er dreizehn Tage alt war, starb aber trotzdem. »Ich erkannte, daß ich nichts tun konnte, um den Schmerz und den Kummer meiner Tochter zu lindern. Sie mußte ihren eigenen Weg finden, um mit dem Tod des Kleinen fertig zu werden.«

Während manche Großmütter geradezu in die Kinderbetreuung hineingezwungen werden, wenn es schwerwiegende Probleme gibt, fühlen sich andere an den Rand gedrängt: »Ich habe nicht mehr das Sagen, sondern ich bin eine Außenstehende, die höchstens in Notfällen hinzugezogen wird.« Eine Ehe zerbricht, ein Teenager nimmt Drogen, ein Ehemann wird gewalttätig, eine Tochter wird depressiv, ein Enkelkind wird sexuell mißbraucht, leidet unter emotionalen Störungen oder erkrankt körperlich, oder seine Eltern lassen es »verwildern«: Was tut eine kluge Großmutter in solchen Fällen? Sie beobachtet, hilft, ohne sich aufzudrängen, und verkneift sich unerbetene Ratschläge. Das Schlimmste, wie eine Frau sagt, ist, »zusehen zu müssen, wie meine Enkelkinder durch das Verhalten ihrer Eltern unter- oder zueinander verletzt, verängstigt oder unglücklich gemacht werden – danebenstehen zu müssen und nichts tun zu können. Ich hätte mir nie vorstellen können, wie schmerzhaft das ist.«

Eine Frau mit sechs Enkelkindern sagt, sie hätte nie geglaubt, daß sie sich einmal so hilflos fühlen würde. Aber die Ehen ihrer Kinder sind zerbrochen. Die Frau ihres Sohnes verließ ihn, und sie mußte das fünf Monate alte Baby übernehmen. Alle ihre Enkelkinder müssen mit dem Trauma von Streitigkeiten um das

Sorgerecht und mit Stiefeltern zurechtkommen. Als Großmutter fühlt sie sich hilflos und frustriert: hilflos, wenn sie zusehen muß, wie eine ganze Schar von Enkelkindern den TV-»Müll« gierig in sich aufsaugt, wenn das Haus in ein Schlachtfeld verwandelt wird und wenn nichts, was sie tut oder sagt, Wirkung zeigt.

Selbst wenn alles gutzugehen scheint, haben Großmütter oft das Gefühl, daß sie ihre Zeit in Diskussionen und Verhandlungen mit Kindern verschwenden, die über ihre Ernährung selbst bestimmen dürfen oder sogar sollen. Eine Frau, die ihre eigenen Kinder auf einer Farm großzog, auf der die Nahrungsmittelauswahl beschränkt war und die Mahlzeiten ohne Kommentar serviert und gegessen wurden, sagt: »Ich stellte einfach das Essen auf den Tisch, und es wurde aufgegessen. ›Schlechte Esser‹ in dem Sinn gab es nicht. Das Problem war nicht, was man essen sollte, sondern wie man all die hungrigen Mägen füllen konnte.«

Das Gefühl, die Kontrolle zu verlieren – wie beim Lenken eines Autos, dessen Bremsen versagen –, macht angst. Es kann dazu führen, daß eine Großmutter Dinge sagt oder tut, ohne daß sie die möglichen Konsequenzen durchdenkt, daß sie zum Beispiel Regeln für das Verhalten der Enkelkinder festlegt oder daß sie unerbetene Ratschläge gibt. Dazu kann sie sich getrieben sehen, weil sie Angst hat und befürchtet, daß die Dinge außer Kontrolle geraten könnten.

Angst wirkt sich negativ auf die Leistungskraft der Großeltern aus. In einem Experiment wurde zwei Gruppen von Erwachsenen eine gemeinsame Aufgabe zugeteilt, und es wurde ihnen gesagt, daß die lauten Geräusche im Nebenraum von Renovierungsarbeiten herrührten, die fortgesetzt werden müßten, weil die Arbeiter hinter ihrem Plan zurücklägen. Nun wurde der einen Gruppe gesagt, daß gegen den Lärm nichts getan werden könne, während der anderen mitgeteilt wurde, sie könnte die Arbeiter zu einer kurzen Pause veranlassen, wenn der Lärm unerträglich würde. Die Mitglieder der Gruppe, die Kontrolle über den Lärm hatte, brachten deutlich bessere Leistungen als die Mitglieder der Gruppe, die keine Kontrolle hatte.[11] Vielleicht sind die Partner Ihrer Kinder nicht die, die Sie gewählt hätten. Vielleicht wiederholt die junge Generation Fehler, die Sie selbst gemacht haben. Vielleicht ist die Erziehung Ihrer Enkelkinder eine ganz andere als die, die Sie für sie im Auge hatten. Tatsache ist: Sie können der jüngeren Generation keine Entscheidungen abnehmen.

Großmütter, die versuchen, sich die Kontrolle zu verschaffen, fühlen sich machtlos und zurückgewiesen, wenn sie ignoriert werden. Das ist besonders oft der Fall, wenn keine leichte, selbstverständliche Interaktion mit den Kindern und Enkelkindern möglich ist, wenn Besuche außergewöhnliche Ereignisse sind und wenn es kaum Gelegenheiten für zwanglose Kontakte gibt. Wenn Frauen weit von ihren Enkelkindern entfernt leben, kann es sein, daß die Besuche überorganisiert werden und daß dem, was die Beteiligten dabei sagen oder tun, zuviel Bedeutung beigemessen wird.

Oft wollen Großmütter umziehen, um näher bei ihren Enkelkindern sein zu können. Das ist nicht immer eine gute Idee. Wenn Sie einen Umzug vorhaben, sollten Sie genau über die Vor- und Nachteile nachdenken und sie mit Ihrer Tochter oder Ihrem Sohn und deren Partnern eingehend besprechen. Achten Sie auf das, was die jungen Leute sagen, und womöglich auch auf das, was ungesagt bleibt, was Sie aber irgendwie durchhören. Denken Sie an Ihre Beziehung zu Ihrer Mutter und Schwiegermutter in der Zeit, als Ihre eigenen Kinder klein waren, und lassen Sie sich in

Ihrer Entscheidung unter anderem auch von den Gefühlen beeinflussen, die dabei in Ihnen hochkommen.

In Ihrer zentralen Stellung als Großmutter könnten Sie es als Versuchung empfinden, eine Familie zusammenhalten zu wollen, die auseinanderzufallen droht – sozusagen Ihre Kinder und Enkelkinder in Frieden und Harmonie und in der Gewißheit um sich zu scharen, daß alle einander lieben. Aber so ist das Leben eben nicht immer, und wenn doch, dann ist das Zufall oder eine Gnade. In Familien wirken Zentrifugalkräfte, die Brüder, Schwestern, Cousins und Cousinen und ihre zeitweiligen oder langfristigen Partner auseinandertreiben. Sie hängen oft verschiedenen Überzeugungen und Lebensstilen an und haben unterschiedliche Sorgen. Eine Tochter kann leidenschaftliche Abtreibungsgegnerin sein, während ihre Schwägerin für das Recht auf freie Wahl eintritt, ein Schwiegersohn kann ein strenggläubiger, konservativer Christ sein, während eine Enkeltochter vielleicht eine lesbische Feministin ist. Jeder Mensch hat das Recht auf seine eigenen Überzeugungen, auch wenn sie den Ihren vollkommen widersprechen. Kinder und Enkelkinder sehen sich oft gezwungen, eine Maske aufzusetzen, wenn sie nach Hause kommen, und so zu tun, als stimmten sie überein, nur um Oma eine Freude zu machen. Die Folge ist, daß Spannungen aufgebaut werden, die leicht zu Explosionen führen. Und in solchen Fällen sind auch Familienzusammenkünfte immer eine heikle Sache.

Eine kluge Großmutter lernt, die Familie niemals in engen Räumlichkeiten zusammenzuzwängen und für Zusammenkünfte verschiedene Aktivitäten und Möglichkeiten einzuplanen: einen Spaziergang auf dem Land, ein Scrabble-Spiel oder Geschichten am Kaminfeuer, einen Besuch im technischen Museum, ein Fußballmatch, einen Besuch im Theater oder im Konzert, ein Grillfest im Garten, eine Rodelpartie im Schnee oder einen Ausflug in den Wildpark. Wenn Sie nicht alle auf einmal empfangen, können Sie die einzelnen Familienmitglieder besser genießen. Das gilt auch für Mahlzeiten. Ein Buffet, bei dem sich die Leute mischen oder sich voneinander wegbewegen können, wenn ihnen danach ist, ist eventuell besser als eine formelle Mahlzeit, bei der alle nach einer starren Tischordnung sitzen. Für kleine Kinder müssen kleine Tische und passende Sitzgelegenheiten aufgestellt werden, aber auch sie genießen es, ihr Essen selbst wählen zu können. Wenn Ihr Haus oder Ihre Wohnung groß genug sind, können Sie die verschiedenen Aktivitäten in verschiedenen Räumen ansiedeln: Musik in einem Zimmer, Kochen und Plaudern in der Küche, eine Kindergruppe auf dem Boden mit einem Baukasten, oder Sie können auch ein Klettergerüst oder eine Schaukel aufstellen. Dann können Sie sich entspannt zurücklehnen und allen zusehen.

Großmütter, die sich zunächst an den Rand gedrängt fühlen, erkennen oft, daß sie in der ersten Reihe sitzen, wenn es darum geht, die Veränderungen in der Familie mitzuvollziehen und zu beobachten, was für eine erstaunliche Flexibilität und Kreativität Menschen entwickeln können.

»Ich habe den härtesten Teil schon hinter mir«, sagt eine Frau, »nämlich loszulassen.« Das hat sie zu neuen Einsichten und Erkenntnissen geführt. Eine andere sagt:»Ich habe gelernt, auf meine Töchter und auf den Fluß des Lebens zu vertrauen.«

Wenn es Ihnen gelingt, einen Schritt zurückzutreten und, wie eine Frau sagt, »die Dinge leichter zu nehmen, sich mehr von ihnen treiben zu lassen, entspannter und empfänglicher zu sein«, »sich zurückzulehnen und die Dinge so zu nehmen, wie sie kommen«, verschaffen Sie sich Raum, in dem Sie wachsen können.

Dann wird das, was Sie im ersten Schock des neuen Groß-
mutterdaseins als Entmachtung empfunden haben, zur Bereicherung und Kraftquelle.

SICH SELBST ALS MUTTER NEU ENTDECKEN

Eine Tochter, die ihr erstes Baby bekommt, fühlt sich oft zerrissen: Einerseits sehnt sie sich danach, unabhängig zu sein und ihre
eigene Identität als Erwachsene zu finden, und andererseits ist sie
noch nicht bereit, ihre Abhängigkeit aufzugeben. Diese Phase
macht jedes Mädchen in seiner Entwicklung vom Kind zur Frau
durch, ganz gleich, ob Kinder da sind oder nicht. Diese Entwicklung kann die Beziehung zur Mutter belasten. Vielleicht halten
Sie das Verhalten Ihrer Tochter für irrational und rücksichtslos –
in einem Augenblick sucht sie Ihren Rat, und im nächsten weist
sie ihn schon zurück. An einem Tag bittet sie Sie um Ihre Hilfe,
und am nächsten kritisiert sie Sie dafür, daß Sie ihr Hilfe anbieten.
Diese Ambivalenz ist ein Ausdruck der Konflikte und der
Verwirrung, die die Entwicklung zur erwachsenen Frau mit sich
bringt. Ihre Tochter befindet sich in einer Phase des Übergangs –
sie muß sich von ihrer Kindheit verabschieden. Das ist niemals
leicht, und der Prozeß kann von allen Beteiligten als unangenehm
empfunden werden. Es kann sein, daß sie Angst vor dem Allein-
sein hat und daß sie sich gleichzeitig von dem Gefühl, Sie zu brauchen, irritiert fühlt. Ein Teil von ihr möchte so sein wie Sie,
während sich ein anderer Teil dagegen sträubt.
Ganz sicher haben Sie, als Sie erwachsen wurden und ein Kind
bekamen, in Ihrer Beziehung zu Ihrer eigenen Mutter diesen

Übergang selbst durchgemacht, und vielleicht wissen Sie noch, wie Sie sich dabei fühlten. Eine Frau, die sich als Kind ungeliebt fühlte, entdeckte ihre Mutter erst als Freundin, als sie selbst Kinder hatte: »Nachdem ich mich ein Leben lang vernachlässigt gefühlt hatte, fand ich *meine eigene* Mutter erst in dem Augenblick, in dem ich sie als Großmutter meiner Kinder erlebte. Am nächsten kamen wir uns, wenn wir uns gemeinsam über die Kinder freuten. Ich konnte sie in ihrer neuen Rolle schätzen, und sie reagierte sehr liebevoll.« Über den Tod ihrer Mutter sagte sie: »Es ist der Großmutteranteil an meiner Mutter, den ich am meisten vermisse ... ich habe in dem Augenblick, als meine Mutter nicht mehr da war, einen Teil der Freude eingebüßt, Mutter zu sein, denn nun hatte ich niemanden mehr, mit dem ich diese Freude teilen konnte.«[12]

Jede Frau bringt in ihr Großmuttersein ihre eigenen Erfahrungen als Mutter wie auch als Tochter ein. Wenn ihre eigene Beziehung zu ihrer dominierenden oder bestimmenden Mutter schwierig war, versucht sie nun vielleicht, sich zurückzuhalten, entschlossen, sich nicht einzumischen, auch wenn ihre Tochter mehr Nähe sucht. Wenn ihr die emotionale Nähe zu ihrer eigenen Mutter fehlte, ist sie schnell mit Hilfe und Ratschlägen bei der Hand, auch wenn ihre Tochter selbst mit ihren Problemen fertig werden möchte.

Sie bringen auch Ihre eigenen Ängste vor dem Muttersein mit, alle Zweifel, Unsicherheiten und traumatischen Erfahrungen, die Sie als Mutter durchmachten. Selbst nach all diesen Jahren tragen Sie immer noch die Angst und die Schmerzen in sich, die Sie verspürten, als Ihre Kinder klein waren. Diese Gefühle können ganz unerwartet ausbrechen wie ein Vulkan, von dessen heimlicher Aktivität sie nichts wußten und dessen Lavamassen jetzt die

Beziehung zu Ihrer Tochter bedrohen. Eine Frau, deren erstes Baby wegen eines Herzfehlers im Alter von acht Wochen gestorben war, und der man sagte, sie lasse ihr zweites Kind, das sein Geburtsgewicht erst im Alter von acht Wochen wieder erreichte, hungern, reagiert verständlicherweise ängstlich auf den Vorsatz ihrer Tochter, zu stillen und nicht mit der Flasche zuzufüttern. Aber da sie weiß, daß ihre Tochter zur Stillberatung geht, und da sie sieht, daß die Kleine glänzende Augen hat und aktiv ist, hat sie gelernt, ihre Ängste zurückzuhalten und ihre Tochter in ihrem Vorsatz, zu stillen, zu bestärken.

Sobald Ihnen einmal bewußt ist, inwieweit vergangene Erfahrungen Ihre Gefühle und Verhaltensweisen beeinflussen, wird es Ihnen viel leichter fallen, das Richtige zu tun. Und es wird auch leichter, mit einer Tochter darüber zu verhandeln, was sie in einer bestimmten Situation tun möchte, und zu erkennen, wann es gut ist, Hilfe anzubieten, und wann Sie sich besser zurückziehen sollten.

Die Kinder Ihrer Tochter können bewirken, daß Sie sich selbst als Mutter in einem neuen Licht sehen. Vielleicht kritisiert sie Sie für jene Dinge, die sie in ihrer eigenen Erziehung für falsch hielt, und sie stellt Vergleiche zwischen Ihren Erziehungsmethoden und dem an, wie sie als Mutter sein möchte. Das kann eine schmerzhafte Lektion sein. Aber die Zeit vergeht, sie wird weicher und wahrscheinlich auch toleranter, und vielleicht beginnt sie, nicht nur die Konflikte und Herausforderungen zu verstehen, mit denen Sie konfrontiert waren, sondern auch die Beschränkungen und Belastungen, mit denen Sie in Ihrer Situation zu kämpfen hatten.

Eine Großmutter sagt immer wieder, daß sie sich als Mutter bestätigt fühlt, wenn sie ihrer Tochter im Umgang mit ihrem

Baby zusieht. Eine andere Frau, die ständig das Gefühl hatte, eine schlechte Mutter gewesen zu sein, sagt:»Ich habe nun ein besseres Gefühl, wenn ich daran denke, wie ich selbst als Mutter war.« Eine andere sagt ganz überrascht:»Ich muß eine ziemlich gute Mutter gewesen sein.« Viele ältere Frauen fühlen sich schuldig, wenn sie daran zurückdenken, wie sie selbst als Mutter waren. Das ist vor allem dann der Fall, wenn sie sehen, daß es ihren Töchtern gelingt, viel toleranter und entspannter mit ihren Kindern umzugehen, als sie selbst es taten, und daß sie Wege finden, sie zu disziplinieren, ohne Gewalt anwenden zu müssen.

Eine Frau, die darüber erstaunt ist, daß ihre Tochter so liebesfähig ist, sich so gut in ihre Kinder einfühlen kann und eine so ausgezeichnete Mutter ist, sagt:»Ich habe gelernt, meine Tochter als irgendwie erwachsener und auf jeden Fall verantwortungsbewußter zu sehen, als ich es jemals war.« Und eine andere Frau spendet ihrer Tochter das ultimative Lob:»Ich wollte, sie wäre *meine* Mutter gewesen.«

Annies Tochter ist alleinerziehende Mutter, und sie und der achtzehn Monate alte Billy leben bei Annie.»Ihre Beziehung zu dem Kleinen ist wunderbar«, sagt Annie.»Und sosehr ich meine eigenen Kinder liebte, sosehr nörgelte ich an ihnen herum und schimpfte sie. Ich war mit den Kindern völlig auf mich allein gestellt. Ich hatte den ganzen Haushalt am Hals, und ich hatte schreckliche Schuldgefühle, daß ich ihnen das Leben nicht ein bißchen leichter machte. Ich war immer so müde, abgespannt und reizbar. Bei Billy bin ich auch manchmal müde (manchmal sogar völlig geschafft), aber niemals reizbar. Ich bin viel toleranter, und ich habe gelernt, daß ich wirklich lieben kann.«

Es gibt kein Rezept für den Erfolg, und es gibt keine Instantlösungen. Aber Sie können aus Ihren Erinnerungen an das Tochter- und Muttersein schöpfen, um Ihr Bewußtsein zu stärken und die Erfahrungen, die Ihre Tochter nun macht, besser zu verstehen. Dabei lösen sich auch emotionale Konflikte, und das gibt Ihnen Kraft für die herausfordernde und spannende Rolle der Großmutter.

SICH SELBST HEGEN UND PFLEGEN

Wenn Sie eine Familie großgezogen haben und alle mit dem Muttersein verbundenen Schwierigkeiten, Katastrophen und Tragödien durchgemacht haben, dann können Sie sich selbst mehr Wertschätzung entgegenbringen: »Ich habe gelernt, mit dem Ärger fertig zu werden, wenn ich ihre Wünsche nicht erfüllen will (oder kann), und einfach lockerzulassen«, sagt eine Großmutter.

Ein wichtiger Nebeneffekt der Fähigkeit, sich zurückzuhalten, besteht darin, daß es ihr zum ersten Mal in ihrem Leben gelingt, Platz für sich selbst zu schaffen und nicht immer nur für andere dazusein. Das bedeutet nicht, daß sie weniger bereit ist, ihre Enkelkinder zu genießen und ihnen Zeit zu widmen, sondern es bedeutet, daß sie ihr eigenes Leben nicht so bedingungslos dem der Kinder unterordnet und ihre eigenen Bedürfnisse nicht vernachlässigt. Da sie nun ihren eigenen Platz gefunden hat, kann sie genauer beobachten, umfassender verstehen und dadurch auch besser helfen.

Wie immer Sie sich als Großmutter fühlen: Sie können ganz sicher sein, daß andere Großmütter Ihre Gefühle teilen. Wenn Sie zwischen Freude und Unmut, Zuversicht und Zweifeln, Begeisterung und Depression, Interesse und Langeweile hin und her pendeln, dann sollten Sie wissen, daß alle diese Dinge normal sind – denn die meisten Großmütter (wie auch Mütter) sind nicht von der ersten Minute an Stars in ihrer neuen Rolle. Wir *lernen,* Großmütter zu sein, ganauso wie wir es gelernt haben, Mütter zu sein.

12

WAS OMAS ALLES KÖNNEN (SOLLTEN)

Die für die westlichen und nördlichen Kulturen typische Professionalisierung der Pflegetätigkeiten hat naturgemäß dazu geführt, daß sowohl Mütter als auch Großmütter von einschlägigen Fachleuten als ungeschulte Amateure betrachtet werden. Die *Mütter* kann man natürlich nicht so einfach loswerden, braucht man sie doch für die harte Knochenarbeit der Kinderbetreuung. Die Betreuung durch die Großmütter ist jedoch mehr oder weniger in Verruf geraten. Nun, die meisten Großmütter haben natürlich keinen Abschluß in Kinderpsychologie, Krankenpflege, Ernährungswissenschaften, Psychotherapie oder Pädagogik. Sie kennen vielleicht auch die neuesten Bücher über die Förderung des kindlichen Potentials nicht so recht und wissen wenig über die modernsten Lehrmethoden in den Bereichen Lesen, Rechnen oder EDV. Im Gegensatz zu all den Lehrern, Kindertherapeuten und Kinderärzten sind Großmütter wirklich nur Amateure. Mit Ausnahme der Werke von Dr. Spock, Brazelton und Leach scheint ein Großteil der Bücher über Kindererziehung darauf abzuzielen, hyperbegabte, überkreative und sozial überaus verträgliche und angepaßte Superkinder zu produzieren. In den

279

Buchhandlungen und Bibliotheken und wohl auch in den Bücherregalen so mancher Mütter finden sich ganze Stöße lehrreicher Werke, die schädliche Verhaltensmuster in den Familien analysieren und endlich all die subtilen Wege und Möglichkeiten aufzeigen, wie Frauen ihre Kinder schädigen können – nicht nur durch ihre Handlungen, sondern auch durch ihre destruktiven Denk- und Gefühlsmuster. Mit diesen Büchern untergraben wir Frauen systematisch unsere spontanen Mutter- und Großmutterinstinkte. Keine Frau kann ein solches Buch lesen, ohne sofort daran denken zu müssen, was ihr die eigene Mutter oder die eigene Großmutter angetan hat. Sie kann nicht umhin, die eigene Leistung als Mutter und Großmutter zu bemäkeln und sofort das unangenehme Gefühl zu bekommen, daß sie, wie sehr sie sich auch bemühen mag, niemals den Standards dieser professionellen Ratgeber entsprechen kann. Deshalb haben Töchter oft nur wenig Vertrauen in die großmütterliche Hilfe, aber auch die Großmütter selbst haben offensichtlich an Selbstbewußtsein eingebüßt.

Viele Großmütter können sich auch noch genau an die Expertenratschläge erinnern, mit denen sie beglückt wurden, als ihre eigenen Kinder klein waren. Nicht genug damit, daß ihnen nun das Selbstvertrauen als Großmutter fehlt, wurde auch ihr Vertrauen in ihre mütterlichen Fähigkeiten bereits vor dreißig oder vierzig Jahren zerstört. Ihnen liegen immer noch die dogmatischen Theorien von Erziehungsexperten wie G. Stanley Hall, Truby-King und Mrs. Frankenburg im Magen, deren Ratgeber noch vor dem Krieg erschienen, deren Einfluß aber nach wie vor deutlich zu spüren war, als Dr. Spock seinen doch viel entspannteren Ansatz unters Volk brachte. Die Angst unserer Großmütter, sie könnten etwas falsch machen, ist allgegenwärtig, und so behelfen sie sich häufig lieber mit – süßen – Belohnungen, als sich ernsthaft auf das Leben ihrer Enkelkinder einzulassen.

In einer Fernsehshow wurden die Kinder aufgefordert, in Briefen und Bildern zu beschreiben, was ihrer Meinung nach ihre Großeltern so besonders mache. Da kamen zahlreiche Antworten, die von Bonbons und köstlichem Essen handelten – vor allem bei den jüngeren Einsendern: »Meine Großmutter backt mir jede Menge prima Kuchen. Ich darf die Kirschen und Johannisbeeren in ihrem Garten essen. Manchmal darf ich auch vom Sherry kosten.« »Bei meiner Oma bekommen wir jeden Samstag Erdbeermarmelade.« »Ich mag ihren Apfelkuchen.« »Sie macht diese köstlichen Heidelbeerknödel, wenn wir am Sonntag einen Geburtstag oder ein Fest feiern.« und »Ich mag meine Oma, weil sie so viele gute Dinge im Eisschrank hat – ganz anders als bei uns zu Hause.«

Wie sehr sie das gute Essen auch schätzen mochten – einige Kinder brachten dennoch sehr deutlich zum Ausdruck, daß ihnen die Zeit und die konzentrierte Aufmerksamkeit, die ihnen ihre Großeltern schenkten, am wertvollsten war. Eine Sechsjährige sagte: »Sie hat immer Zeit für mich« und »Meine Oma und mein Opa haben Zeit, um besondere Dinge mit mir zu unternehmen.« Ein Siebenjähriger meinte über seine Großmutter: »Sie ist immer da, wenn wir sie brauchen.« Ältere Kinder gingen mehr ins Detail: »Meine Großeltern sind etwas ganz Besonderes für mich, weil sie immer für mich da sind. Außerdem versuchen sie, bei all meinen Fußballspielen dabeizusein, auch wenn es kalt ist und regnet.« »Ich liebe meine Oma, weil sie immer Zeit für mich hat, obwohl sie außer mir noch andere Enkelkinder hat. Sie spielt Spiele mit mir und erzählt mir Geschichten von früher. Wir singen gemeinsam viele Lieder.« Ein zehnjähriges Mädchen faßt das alles so zusammen: »Ich liebe meine beiden Omas deshalb so, weil sie *Zeit* für uns haben, vor allem die Oma, die bei uns lebt. *Zeit, um* mich von der Schule abzuholen und mir immer zuzuhören. *Zeit,* um mir Kekse und Kuchen zu backen beizubringen und mir zu zeigen, wie man näht und strickt. *Zeit,* um mir eine Gutenacht-geschichte zu erzählen und vorzulesen ... Zeit ist das beste Geschenk, das man bekommen kann.«[1]

Wir Großmütter haben mehr zu bieten als Essen, Spielsachen, einen Abstecher nach Disneyland, in einen Vergnügungspark oder einen tollen Urlaub. Wir brauchen uns kein Nonstop-Programm zurechtzulegen, wenn uns unsere Enkelkinder besuchen. Das Wichtigste, was wir ihnen schenken können, ist unsere Zeit und ein ernsthaftes Interesse an dem, was sie tun. In der zersplitterten Gesellschaft von heute haben viele Kinder keine Großmütter, und vielen älteren Frauen fehlen Kinder, denen sie ihre Liebe schenken könnten.

Die Stadt Coventry in England hat mit vielerlei Problemen zu kämpfen, die ihre Wurzeln in der Armut und Arbeitslosigkeit der Bevölkerung haben. Die Mütter sind oft selbst noch halbe Kinder.

Nerissa Jones, eine anglikanische Priesterin in einer heruntergekommenen Gegend der Stadt, hat einen Oma-Klub für Kinder aufgezogen, der sich als höchst erfolgreich erwiesen hat. Ältere Frauen, die den Ehrentitel »Die Omas« führen, kommen in das Gemeindezentrum, um mit den Kindern zu spielen, mit ihnen zu kuscheln und ihnen zuzuhören. Die Kinder sprechen unbefangen mit ihnen und benehmen sich auch gut, weil die Omas ihnen nicht nur ihre ungeteilte Aufmerksamkeit schenken, sondern ihnen auch vernünftige Grenzen setzen.

Großmütter und Kinder zeichnen und malen gemeinsam, machen

Laubsägearbeiten, spielen Haushalt und Familie und formen Modelliermasse. Das Konzept ist ganz einfach, und es funktioniert. Schließlich braucht jedes Kind eine Großmutter.

DIE KUNST DES ZUHÖRENS

Wenn Frauen über ihre eigenen Großmütter sprechen, dann schätzen sie rückblickend am meisten ihre Bereitschaft, zuzuhören, und das offensichtliche Vergnügen, das sie daran fanden. Diese Fähigkeit steht bei den Enkelkindern auch heute noch hoch im Kurs. »Sie hört sich meine Witze an und lacht darüber«, sagt eine Sechsjährige, und eine Zehnjährige schreibt über ihre Großmutter: »Sie ist sehr verständnisvoll, viel verständnisvoller als meine Mama… ich liebe meine Großeltern, weil wir ihnen wichtig sind und weil ihnen nichts zuviel Mühe für uns ist. Außerdem werden sie auch nie böse.«

Eine vielbeschäftigte Mutter hat oft nicht die Zeit, sich hinzusetzen und zuzuhören, oder sie hat den Kopf so voll mit anderen Dingen, daß sie nicht immer hört, was das Kind sagt. Aber eine Großmutter, die viel zu tun hat, wenn ihre Enkelkinder nicht da sind, kann ihre Zuhörerqualitäten im Zusammensein mit ihnen trotzdem voll zur Geltung bringen. Das ist nicht immer leicht. Kinder erwarten nämlich oft gar nicht, daß Erwachsene ihnen ihre Zeit und ihre Aufmerksamkeit schenken, und wenn sie älter werden, wenden sie dann alle möglichen Tricks an, um langweilige Zusammentreffen mit den Erwachsenen zu überstehen. Wenn sie ins Haus kommen, schalten sie sofort das Fernsehgerät ein, oder sie lümmeln sich vor den Bildschirm, um Computerspiele zu spielen. Kinder, die nach einer langen Autofahrt zu

Ihnen auf Besuch kommen, können ein bißchen empfindlich und verschroben reagieren, aber auch hyperaktiv sein – oder brüllen wie am Spieß. Ab einem Alter von etwa neun Monaten betrachtet Sie ein Baby, das Sie längere Zeit nicht gesehen hat, möglicherweise mit Argwohn, und Sie müssen damit rechnen, daß es auf keinen Fall von Ihnen in die Arme genommen werden will. Ein anderthalbjähriges Kind, das Sie nicht regelmäßig sieht, klammert sich vielleicht an seiner Mutter fest und brüllt, wenn sie nur allein auf die Toilette gehen will. Ein solches Verhalten ist ganz normal. Mütter genieren sich manchmal deshalb und haben das Gefühl, daß die Großmutter das Kind insgeheim kritisiert, weil es seine Mutter nicht einen einzigen Moment aus den Augen läßt. Eine Beziehung zu einem Kind kann man nicht mit einem Fingerschnippen aufbauen. Oft haben die Kinder Bedürfnisse, die sofort erfüllt werden müssen: Gewickelt oder gefüttert werden, ein kleines Schläfchen einlegen, die unmittelbare Umgebung erforschen und in einem fremden Umfeld ein Gefühl der Sicherheit gewinnen. In solchen Situationen mögen kleine Kinder es nicht, daß man sie anstarrt, in die Luft wirft oder mit ihnen schmust. Größere wollen nicht erzählen, was in dieser Woche in der Schule los war, der Oma am Klavier vorspielen oder ein Gedicht für sie aufsagen. Wenn die Kinder Sie nicht häufig sehen, brauchen sie Zeit, um sich an Sie zu gewöhnen. Am besten gelingt ihnen das beim Essen oder auch beim Spielen im Bad oder am Pool.

Ein wichtiges Element des aktiven Zuhörens besteht darin, daß Sie stets die Individualität des Kindes berücksichtigen. Als Sie selbst kleine Kinder hatten, hielten Sie es vielleicht auch nicht für selbstverständlich, daß die Prozesse des Wachstums und der Entwicklung von selbst ablaufen. Vor allem bei ihrem ersten Kind warten viele Mütter noch ängstlich darauf, daß endlich das nächste Entwicklungsstadium beginnt, und sie befürchten, daß es nicht rechtzeitig soweit sein könnte. Irgendwo in ihren Hinterköpfen geistert das Bild eines »normalen« oder »idealen« Kindes herum – ein Standard, an dem sie ihr Kind messen, wobei sie meist zu der Erkenntnis gelangen, daß der Sprößling in irgendeiner Weise mangelhaft ist. Sie haben mit der harten Arbeit des Kindergroßziehens samt den damit einhergehenden Ängsten und Sorgen alle Hände voll zu tun. Großeltern haben hier mehr Abstand. Ihre Erfahrung und ihre Reife ermöglichen ihnen einen Blickwinkel, aus dem sie ihre Enkelkinder so genießen können, wie sie sind.

Obwohl das Klischee sagt, daß eine Großmutter gesetzt und ernsthaft sein muß, brauchen wir uns nicht an diese Vorgabe zu halten. Wir können durchaus den Forscherdrang und den Abenteuergeist der Kinder fördern. Christina Dodwell, die Forscherin, erzählt über ihre Großmutter folgendes: »Sie sagte immer zu mir: ›Wenn du es nicht versuchst, wirst du nie wissen, ob es dir gefällt.‹ Ihre Worte kamen mir in den Sinn, als ich mit den Menschen in Neuguinea Schüsseln voller Maden teilte.«[2] Durch Ihre Reaktion auf das, was Ihnen Ihr Enkelkind erzählt, und durch Ihre Fragen erweitern Sie seinen Horizont. Sie können seine Vorstellungskraft anregen, sein analytisches Denkvermögen schulen, ihm den Blick für eine weitere Welt öffnen, es auf wichtige soziale Fragen aufmerksam machen, seinen Sinn für die Bedürfnisse anderer Menschen und die Folgen der Handlungen Einzelner schärfen. Dies ist ein vitales Element der moralischen und sozialen Entwicklung, und niemand ist besser geeignet, die Kritikfähigkeit und das kreative Denken von Kindern zu schulen, als Großeltern, die sich Zeit zum Zuhören nehmen.

Wenn Sie nur selten Gelegenheit zu einem persönlichen Gespräch mit einem Kind haben, weil es zu weit entfernt lebt, dann trösten Sie sich: Es gibt noch viele andere Möglichkeiten, um in Kontakt zu bleiben. Wenn Sie gern zeichnen, schicken Sie dem Kind illustrierte Briefe oder Bildergeschichten. Sie können aber auch eine Tonkassette oder ein Video aufnehmen. Für Babys eignen sich Lieder und Reime, für Kleinkinder Geschichten und Gedichte, und ältere Kinder freuen sich über lebendige Briefe voller Neuigkeiten. Vielleicht bekommen Sie als Antwort ein kurzes Tonband, aber das Antworten sollte für ein Kind nie zur mühseligen Pflicht werden. Das höchste der Gefühle wird wahrscheinlich ein gelegentlicher Anruf sein.

Manchen Großeltern sind ihre Enkelkinder so fremd, daß sie nicht wissen, was sie ihnen auf einem Tonband mitteilen sollen. In diesem Fall ist es für die Großeltern hilfreich, die Bekanntschaft anderer Kinder zu machen, die etwa im selben Alter sind wie ihre Enkel. Das könnten die Nachbarkinder sein oder auch die Enkelkinder von Freunden, auf die Sie gelegentlich aufpassen. Oder Sie könnten sich freiwillig zum Vorlesen im nächsten Kindergarten oder zur Beaufsichtigung der Kinder am Spielplatz melden. Diese Arbeit ist nicht nur in sich selbst lohnend, sondern sie hilft Ihnen auch, Ihre eigenen Enkelkinder besser zu verstehen und leichter mit ihnen zu kommunizieren. Vielleicht beziehen Sie sich in den Geschichten, die Sie auf Band aufnehmen, auch auf die Kinder, mit denen Sie sich beschäftigen, und Ihre »Tonbandbriefe« werden zu Fortsetzungsgeschichten.

Wenn eine Frau Großmutter wird, kann sie auch den frischgebackenen Eltern viel geben: Sie kann ihnen zuhören, sie kann sie verstehen und sie in ihren Erfahrungen bestätigen.

Die beiden schwierigsten Dinge, die Sie lernen müssen, sind, zu schweigen und sich zu entspannen. Damit meine ich nicht, daß

Sie nicht sprechen sollten, wenn Sie starr sind vor Mißbilligung oder Angst, wenn Sie sich auf die Lippen beißen, um nicht mit dem herauszuplatzen, was Sie sich *wirklich* denken, oder um nicht alle mit unerwünschten Ratschlägen zu überschütten. Entspanntes Schweigen bedeutet, daß Sie hören und in sich aufnehmen, was andere sagen. Das ist ein Ding der Unmöglichkeit, wenn Sie andauernd mit Kommentaren, Vorschlägen und kritischen Anmerkungen um sich werfen und ständig hilfreiche Beiträge leisten wollen. Eine Frau, deren Mutter drei Wochen lang bei ihr zu Besuch war, berichtet, daß das erste Wort, das sie morgens beim Betreten der Küche hörte, und das letzte Wort, bevor sie zu Bett ging, immer von ihrer Mutter kam. Es waren keine Worte von großer Klugheit oder sprühendem Witz, sondern sinnloses Geplapper, die ewig gleichen Klischees und Anekdoten über völlig banale Vorkommnisse, die sie schon hundertmal gehört hatte. Sie hatte das Gefühl, bald verrückt zu werden. Im viktorianischen Zeitalter, als die Menschen wußten, was es bedeutete, in engen Verhältnissen in großen Familien zu leben, entstand der Aphorismus »Schweigen ist Gold«.

Sie müssen sich über die Wünsche Ihres Sohnes oder Ihrer Tochter an Sie klarsein. Das bedeutet nicht, daß Sie über alles Bescheid wissen müssen, was sie planen, oder daß Sie still dasitzen und auf Mitteilungen und Bekennntnisse warten sollten, sondern es bedeutet, daß Sie sensibel dafür sein sollten, wie es ihnen geht und mit welchen Problemen sie konfrontiert sind. Dabei könnte es sich um Probleme finanzieller und beruflicher Natur handeln, um Schwierigkeiten mit den Kindern oder um Sorgen über ihre Ausbildung, ihre Entwicklung oder ihr Verhalten. Zwischen einfühlendem Fragen und Schnüffeln und Spionieren liegen Welten. Vielleicht bemerken Sie gewisse subtile Emotionen, möglicherweise in der Beziehung des Paares, in die Sie sich nicht einmischen wollen. Da Sie verstehen, wissen Sie, wann Sie zurücktreten und schweigen müssen. Reflektives Zuhören ohne Ratschläge oder Kommentare erfordert Geschick und Selbstkontrolle. Aber wenn Sie für die beiden da sind, wenn sie sich aussprechen möchten, und wenn Sie Urteile oder Ratschläge vermeiden, können Sie ihnen zumindest über einige schwierige Strecken der Elternschaft hinweghelfen.

Diese Fähigkeiten kann man sich nicht an einem Tag aneignen. Wenn wir es versuchen, machen wir alle Fehler.

Eine Großmutter kann viel bewirken, wenn sie nur entspannt zuhören kann. Ein Mensch, der mit echtem Interesse auf andere eingeht, bietet eine wichtige emotionale Stütze, auch wenn er sonst nichts zu geben hat. Wie oft habe ich mich völlig ohnmächtig gefühlt, als ich verwirrten oder gestreßten Frauen zuhörte, weil ich ihnen nicht helfen konnte. Und doch dankten mir viele nach dem Gespräch und sagten, sie wüßten nun, was sie tun sollten. Offensichtlich faßten sie Selbstvertrauen, einfach weil jemand für sie da war und ihre Gefühle und Erfahrungen bestätigte, und das half ihnen, eine Krise oder eine schwierige Situation zu überwinden, von der sie sich zuvor förmlich erdrückt gefühlt hatten.

Mutter zu sein ist nie einfach. Der Streß ist sozusagen schon vorprogrammiert. Häufig sind Mütter mit Kleinkindern auch sozial isoliert und leiden unter Depressionen. Alles deutet darauf hin, daß bereits die Tatsache, kleine Kinder zu haben, einen solchen Streß mit sich bringt, daß Mütter von Kindern unter zehn ein höheres Depressionsrisiko haben als alle anderen Gruppen.[3] Als Frau, die all das schon hinter sich hat, haben Sie Ihrer Tochter oder Schwiegertochter einiges zu bieten. Sie unterliegt vielleicht starken Gefühlsschwankungen, versucht, schwerwiegende Lebensprobleme einigermaßen zu bewältigen, oder macht sich Sorgen um ein Kind. Vielleicht fühlt sie sich in ihrer Mutterschaft wie in einer Falle oder ist einfach deprimiert. In diesem Fall ist es für das Zuhören nicht nötig, daß Sie eine Ausbildung als Beraterin haben. Sie brauchen nur einige einfache Regeln zu beachten:

- Kritisieren Sie Ihre Gesprächspartnerin nie.
- Kommen Sie nie mit Patentlösungen, so naheliegend sie auch scheinen mögen.
- Versuchen Sie sich nicht als Psychoanalytikerin.
- Bauen Sie das Selbstbewußtsein Ihrer Gesprächspartnerin als gute Mutter auf und stärken Sie ihr positives Selbstbild.
- Akzeptieren Sie *Ihre* Tochter oder Schwiegertochter so, wie sie ist.
- Bestätigen Sie ihre Erfahrungen.

Manchmal helfen Fragen weiter:

- »Was gefällt dir am Muttersein am besten?«
- »Magst du irgend etwas an deiner Mutterrolle überhaupt nicht?«
- »Kann ich dir dabei irgendwie helfen?«
- »Wie könnte ich dich noch besser unterstützen?«
- »Soll ich mich lieber zurückhalten?«
- »Habe ich irgendwann etwas getan, was ich hätte bleiben lassen sollen?«
- »Gibt es etwas, was ich nie tue, was dir aber weiterhelfen würde?«
- »Soll ich deiner Meinung nach irgend etwas anders machen?«

Denken Sie an die Zeit zurück, als Sie selbst kleine Kinder hatten: Welche Gefühle brachten Sie da Ihrer Mutter und Ihrer Schwiegermutter entgegen, und welche Erwartungen setzten Sie in beide? Standen sie Ihnen bei, oder ließen sie Sie im Stich? Wie würden Sie diese Fragen beantworten? Fangen Sie keinen Streit an und protestieren Sie nicht, wenn Ihnen eine Antwort Ihrer Tochter oder Schwiegertochter nicht zusagt. Akzeptieren Sie jede Antwort und denken Sie erst einmal darüber nach. Vielleicht verhilft sie Ihnen zu einer neuen Sichtweise Ihrer Rolle in der Familie. Möglicherweise können Sie auch Ihre Beziehung auf eine neue, positive Grundlage stellen, wenn sie zuvor in einer Sackgasse steckte oder unterschwellig immer ein bißchen Feindseligkeit spürbar war.

Beim Gespräch mit einem sorgenbeladenen Gegenüber kann es manchmal nützlich sein, wenn man sich erinnert und sich wie in einem Spiegel alle Belastungen, Verwirrungen, Zweifel, Ängste und Leiden vergegenwärtigt, von denen der andere erzählt. Aber Vorsicht: Lassen Sie sich vom Leiden Ihrer Tochter oder Schwiegertochter nicht gleich überwältigen. Warten Sie lieber ab und geben Sie ihr Zeit, das zu sagen, was sie Ihnen mitteilen möchte. Ein solches Gespräch läßt sich gut bei einer Tasse Kaffee führen oder wenn Sie irgend etwas gemeinsam tun – in der Küche, beim Spazierengehen mit den Kindern, beim gemeinsamen Nähen oder auf einer Autofahrt. Ermuntern Sie Ihre Gesprächspartnerin durch ein Kopfnicken, ein verständnisvolles »Hm, ja« oder »Ach ja«, durch einen fragenden Blick oder ein Heben der Augenbrauen, und vergewissern Sie sich von Zeit zu Zeit, indem Sie nachhaken: »Meinst du damit, daß ...«, und formulieren Sie dabei selbst, was Sie gehört haben. Sie können auch von Zeit zu Zeit im fragenden Tonfall das Gehörte wiederholen: »Da warst du sicher wütend?« oder »Da hast du dich deprimiert gefühlt?« Manchmal kann es allerdings auch sein, daß Sie die irritierte Reaktion Ihrer Gesprächspartnerin auf eine mögliche Lösung bringt. Sie sagen etwa: »Ich habe das Gefühl, daß du dir Sorgen machst« oder »Du scheinst mir ziemlich müde zu sein«, und sie schnappt zurück: »Na, was denkst du, sicher bin ich müde! Allein heute nacht bin ich sechsmal aufgeweckt worden! Ich möchte wissen, wie es dir da ginge!« Und genau an diesem Punkt können Sie das Zuhören sein lassen. Ihre Tochter oder Schwiegertochter braucht *praktische* Hilfe. Übernehmen Sie das Baby für einige Stunden, damit sie schlafen kann, oder betreuen Sie das ältere Kind einen Tag lang, daß sie endlich ein wenig Zeit für das Baby hat, bezahlen Sie eine Haushaltshilfe, übernehmen Sie ohne viel Aufhebens die Wäschepflege, oder füllen Sie ihren Tiefkühlschrank mit Tiefkühlkost, die im Bedarfsfall rasch aufgewärmt werden kann. Ein Gespräch kann sich auch sehr direkt entwickeln. Wenn dabei die Sprache auf ein möglicherweise allzu heikles Thema kommt, sollten Sie kurz nachfragen: »Möchtest du darüber sprechen oder nicht?« Dabei kommt es wie immer darauf an, daß nicht die Gesprächstechnik im Vordergrund steht, sondern daß Sie echtes Mitgefühl empfinden und eine rasche Auffassungsgabe für die konkreten Bedürfnisse entwickeln, die Ihre Gesprächspartnerin zum jeweiligen Zeitpunkt hat.

DIE GESCHICHTENERZÄHLERIN

Geschichtenerzähler stehen überall auf der Welt und in allen Gesellschaften in hohem Ansehen. Diese Aufgabe wird meist von älteren Männern und Frauen übernommen, welche die Mythen und die Geschichte ihres Stammes, der Götter und Göttinnen und der Tiere und Pflanzen, von denen das Leben ihres Volkes abhängt, weitergeben. Sie sind es, die dafür sorgen, daß der nächsten Generation die für die jeweilige Kultur wichtigen Werte vermittelt werden.

Auch eine Großmutter hat einiges zu erzählen. Sie kann einen ganzen Saal mit ihren Geschichten aus der Vergangenheit fesseln, wenn sie von ihrer Kindheit berichtet, wenn sie erzählt, wie sie ihre eigene Großmutter erlebte oder wie das Leben vierzig oder fünfzig Jahre vor der Geburt ihrer Zuhörer gewesen ist. Wenn ihr die Gabe des Geschichtenerzählens nicht gegeben ist, kann sie auf Band sprechen oder sich selbst beim Erzählen mit Videokamera aufnehmen. Das Geschichtenerzählen ist eine der unangefochtenen Fähigkeiten einer erfolgreichen Großmutter. So beschäftigt beispielsweise der Club Med in den europäischen Clubanlagen Großmütter, die den Kindern Geschichten erzählen, und bezahlt sie dafür mit einem Gratisurlaub.

Die Kinder selbst betrachten Geschichten – vor allem die »Geschichten aus grauer Vorzeit«, in denen sich Mythen und Wahrheit mischen – als die besonderen Zutaten der »Großmutterzeit«. Häufig handeln die Geschichten von den Eltern, als diese noch jung waren, manchmal von der Zeit, in der die Großmutter selbst ein kleines Mädchen war, von all den Streichen, die sie anderen spielte, von Mädchen und Jungen, die kein Fernsehgerät und keine Videospiele zu Hause hatten, und von den Abenteuern, in die sie damals gerieten. Kinder unter fünf lieben vor allem Geschichten über sich selbst – seien sie nun wahr oder erfunden. Einen guten Einstieg können Sie sich mit einem Fotoalbum verschaffen: »Da war einmal ein kleines Mädchen, das …« und da ist auch schon ein Bild dieses kleinen Mädchens!

Nicht jede Großmutter ist ein Naturtalent im Geschichtenerzählen. Aber das Erzählen ist eine Kunst, die sich erlernen läßt. Wir alle haben das, was man dazu braucht. Wenn ein Kind auf Ihrem Schoß sitzt, wenn Sie gemeinsam im Bett kuscheln oder bequem auf einer weichen Couch sitzen, können Sie die Vergangenheit mit all ihren Aufregungen und ihrer Dramatik heraufbeschwören, oder Sie können ihrer Phantasie freien Lauf lassen und Geschichten über Tiere, Prinzen und Prinzessinnen, Roboter oder Geschöpfe von fremden Planeten erfinden.

Der richtige Zeitpunkt zum Geschichtenerzählen ist gekommen, wenn das Kind seine Energien abreagiert hat, wenn es zu einer ruhigeren Beschäftigung bereit ist oder wenn die Mutter ein wenig Freiraum für sich selbst haben möchte. Versuchen Sie aber niemals, das Kind vom Fernsehen oder einem Video wegzuzerren. Warten Sie lieber, bis es von selbst fragt: »Was soll ich jetzt tun?« oder bis es ganz offensichtlich nicht mehr weiß, was es mit sich anfangen soll.

Eine Geschichte ist ein ganz ausgezeichneter Tagesausklang, und kleine Kinder lieben es, abends ein wenig im Bett zu kuscheln und dabei in eine Phantasiewelt oder in die Abenteuer anderer Kinder einzutauchen. Gutenachtgeschichten sollten immer friedlich und sanft sein und es dem kleinen Zuhörer ermöglichen, die Spannungen des Tages abzubauen.

Für Kinder unter fünf ist eine viertelstündige Geschichte lang genug, während sich Fünf- bis Achtjährige schon eine halbe oder eine ganze Stunde lang konzentrieren können. Beim Geschichtenerzählen sollten Sie zunächst darauf achten, daß das Kind bequem sitzt. Schenken Sie ihm Ihre konzentrierte Aufmerksamkeit und ermutigen Sie es zum Mitmachen.

Überlegen Sie genau, wo Sie *beginnen* möchten. Die Geschichte braucht einen guten Anfang, mit dem Sie die Aufmerksamkeit Ihres kleinen Zuhörers gewinnen. Stellen Sie die handelnden Personen plastisch und mit lebendigen Worten vor. Bauen Sie die Spannung auf, bis Sie zum Höhepunkt der Geschichte kommen, und lassen Sie dann die Fäden wieder zusammenlaufen. Lösen Sie die Probleme oder Fragestellungen, die im Laufe der Geschichte aufgetaucht sind, und überlegen Sie sich den Schluß genau. Der geschickte Einsatz von Pausen, mit denen Wichtiges unterstrichen oder die Spannung gesteigert wird, sowie eine lebendige Mimik bereichern Ihre Geschichte zusätzlich. Kinder mögen vor allem Geschichten, die von bekannten Situationen, Gegenständen, Leuten und Tieren handeln und die in ihrer eigenen Erfahrungswelt wurzeln: Essen, das ihnen schmeckt, Lieblingstiere, ein Unfall, den sie selbst hatten, und natürlich die ganz speziellen Lieblingsthemen des einzelnen Kindes.

Steht Ihr Enkelkind vor einer besonders schwierigen Situation, können Sie über ein ähnliches Ereignis aus Ihrer eigenen Kindheit berichten, um das Sie eine Geschichte aufbauen: Wie war es damals, als Sie gelogen hatten, sich in einem großen Warenhaus verirrten, die Masern bekamen, ins Krankenhaus mußten, wo man Sie operierte, oder in einen Fluß fielen? Eine bereits erwachsene Enkeltochter erzählte mir: »Wir liebten diese Geschichte von damals, als meine Mama noch klein war und alle zu einem Picknick fuhren, und dann fiel sie in den Fluß, und alle mußten wieder nach Hause. Unsere Großmama mußte sie immer und immer wieder erzählen.« Erzählen Sie auch von den Wurzeln: Wie war es, als Großpapa und Großmama in dieses Land kamen, als sie einander zum ersten Mal begegneten? Erzählen Sie, wie aus einer kleinen Nuß ein großer Nußbaum wurde oder phantastische Geschichten wie etwa die *Genau-so-Geschichten* von

Rudyard Kipling. Oder wie wäre es mit der Geschichte, wie der Hund die Tupfen ins Fell bekam oder wie die Babyeule lernte, sich nicht mehr vor der Dunkelheit zu fürchten? Geschichten über Träume – also etwas, was nicht wirklich stattgefunden hat – bieten die Möglichkeit, starke Gefühle zu erkunden, die ein Kind vielleicht empfindet: Von dem Jungen, der davon träumte, sein kleiner Bruder würde sich in ein Schwein verwandeln, oder der Traum von dem Kind, dessen Mutter sich plötzlich in einer Rauchwolke auflöste. Mit Traumstoffen haben Sie außerdem auch alle Mittel in der Hand, um zu einer »Ende gut – alles gut«-Lösung zu gelangen.

Kleine Kinder mögen es sehr, wenn man Geschichten mehrmals wiederholt, und es gefällt ihnen auch, wenn man dabei immer die gleichen Worte und Sätze verwendet. Lautmalerei – das Imitieren bestimmter Geräusche, Töne und Rhythmen – begeistert sie. Kommen in einer Geschichte Tiere vor, freuen sich unter Fünfjährige bestimmt, wenn sie selbst die Tierlaute nachahmen dürfen: blökende Schafe, muhende Kühe, bellende Hunde, miauende Katzen und zischende Schlangen.

Gehen Sie zunächst vom sprachlichen Niveau des Kindes aus und erweitern Sie dann stufenweise seinen Wortschatz. So lernt das Kind neue Begriffe kennen. Sie können beim Erzählen auch Fragen stellen, damit das Kind einhaken kann: »Und was meinst du, war in der Schachtel?« »Na, wo hat sie sich versteckt?« »Und was ist dann wohl passiert?«

Vielleicht möchten Sie gern ein paar spezielle Bücher für den Besuch Ihrer Enkelkinder bereitlegen. Sollten Sie beim Kauf ein wenig unsicher sein, können Sie sich bestimmt in der Kinderbibliothek in Ihrer Stadt oder in einer Buchhandlung erkundigen, welche Bücher kindgerecht und für das Alter und die Interessen

Ihrer Enkel ideal sind. Sogar Babys finden schon Gefallen an Büchern. Beginnen Sie etwa mit Büchern aus Karton mit ihren bunten, deutlichen Bildern von vertrauten Gegenständen. Ein Baby, dessen Aufmerksamkeit einmal geweckt wurde, versucht vielleicht, die Bilder von der Seite abzunehmen, sie zu fühlen, zu reiben oder zu zerkratzen, ja vielleicht sogar sie zu essen, aber das macht nichts. Sie können ein Kind von achtzehn Monaten ohne weiteres fragen: »Was ist das?« und sich mit dem Kind freuen, wenn es den Gegenstand bezeichnen kann. Wahrscheinlich will Ihr Enkelkind selbst umblättern, um die Koordination zwischen Daumen und Zeigefinger zu üben. Sie können von der Bezeichnung von Gegenständen auf das Nennen von Farben übergehen und einem etwa Zweieinhalbjährigen Fragen stellen: »Wo lebt der Hund?« »Wem gehört dieses Haus?« »Und was passiert *dann?*« oder »*Was* hat ihre Mama gesagt?«

Zwei- und Dreijährige mögen auch Bilderbücher mit etwas Text und Klappen zum Aufmachen, hinter denen sich interessante Dinge verbergen, oder Bücher aus verschiedenen Materialien, die man anfassen kann.

Wenn das Kind schließlich lernt, Wörter zu erkennen und zu buchstabieren, bieten sich Reime an: »In diesem Haus wohnt eine Maus.« Vierjährige lieben es, zu zählen, wie viele Gegenstände das Kind im Bilderbuch mit ins Bett nimmt oder wie viele Teddybären auf jeder Seite zu sehen sind. Man kann die Vorstellungskraft eines Kindes fördern, indem man beispielsweise fragt: »Und was glaubst du, ist dann passiert?«

Sollte Ihr Enkelkind körperlich irgendwie anders sein als andere Kinder, könnten Sie vielleicht zu einem Buch greifen, das von den Gefühlen eines Kindes handelt, das irgendwie anders ist oder sich nicht ganz so toll fühlt wie andere, ein Buch, das Unterschiede als etwas Positives darstellt. Es gibt auch Bücher über Angst vor Dunkelheit, den ersten Schultag, die Geburt eines Brüderchens oder Schwesterchens, über Necken und Hänseln in der Schule oder über den Tod eines Haustieres oder eines geliebten Menschen.

In den verschiedensten Kulturen auf der ganzen Welt sind die Großeltern die Geschichtenerzähler. Sie sind es, die am Kamin, am Lagerfeuer, auf einer Waldlichtung oder in einem Wüstenzelt sitzen und Geschichten über die Ursprünge ihres Volkes zu erzählen wissen, Legenden von Tieren, Vögeln und Fischen, Parabeln und Sagen ihrer Religion über die Macht von Gut und Böse und über ihr Verhältnis zu ihrem Land oder zum Meer. Wenn Sie Ihrem Enkelkind Geschichten erzählen, werden Sie selbst Teil der glorreichen Tradition der Mythen und der Phantasie.

DAS SPIELEN MIT BABYS

Das Schöne am Großmuttersein und am Zusammensein mit Babys und Kleinkindern ist, daß man die Chance hat, die eigene Freude am Spielen wiederzuentdecken. »Ich habe gelernt, mir zu erlauben, daß ich meinen starren Panzer durchbreche und zu spielen beginne, noch bevor ich meine Arbeit zu Ende gebracht habe.«

Viele Frauen können durch das Spielen mit kleinen Kindern ihre eigenen frühen sensorischen Erfahrungen neu erleben, indem sie ihren Tastsinn, ihren Geschmack, ihren Geruchssinn und ihr Hör- und Sehvermögen erforschen, als wäre es das erste Mal. Vielen Großmüttern macht es nicht nur Spaß, ihre Enkelkinder zu unterhalten, sondern sie spielen selbst, ohne irgendein Gefühl der

Peinlichkeit zu spüren. Alle Fesseln ihres Lebens fallen von ihnen ab, wenn sie mit den Kleinen am Boden herumkriechen, bellen oder miauen, Nonsens-Reime singen oder auf den Bauch eines Babys schnauben. »Es ist, als sähe ich mich selbst ... mit drei Monaten, mit sechs Monaten, mit einem Jahr und so weiter. Das ist eine tolle Chance, mir meine Kindheit zurückzuerobern, und eine perfekte Entschuldigung, Seifenblasen zu fabrizieren, mit Ton und Buntstiften zu spielen und Festungen zu bauen.« Die Zeit, die man mit einem Baby verbringt, ist wertvolle Zeit: Kitzeln, Versteckenspielen oder Sandkuchenbacken, Wasserspiele beim Baden, den Blick des Babys im Spiegel auffangen, den Gesichtsausdruck des jeweils anderen nachahmen, einen Ball rollen, mit Luftballons, Glöckchen und Puppen herumalbern und alle Spiele spielen, bei denen man sich abwechseln muß: »Jetzt bin ich dran – jetzt bist du dran«. So übt das Baby jene Wechselseitigkeit, die Grundlage jeder menschlichen Konversation ist.

Kinder haben ein starkes Bedürfnis zu spielen. Kinderspiele sind universell: Ob im Wüstenzelt, in wild wuchernden Slums in der Nähe südamerikanischer Müllhalden, in schicken innerstädtischen Appartements, ob während Hungersnöten und Kriegen oder inmitten schrecklicher menschlicher Tragödien, in Flüchtlingslagern oder hinter den verriegelten Türen rumänischer Waisenhäuser – Kinder spielen überall.

Als ich in Jamaika meine anthropologischen Feldstudien machte, beobachtete ich auf den Bergen kleine Kinder, die zum Spielen nichts anderes zur Verfügung hatten als Felsen, Wasser, Maishülsen, einen Stein in einer alten Blechdose und einen Stock im Schlamm. Spiel ist Arbeit.

Im Spiel lernen die Kinder, sich zu konzentrieren, hartnäckig zu sein, Hindernisse zu überwinden, verschiedene Optionen in Erwägung zu ziehen und Probleme zu lösen. Sie entdecken die Eigenschaften von Objekten, sie machen ihre Erfahrungen mit Größe, Gewicht, Volumen, Gleichgewicht, den Grundlagen von Mathematik, Technik und Architektur, sie lernen, wie man Dinge manipuliert, voneinander trennt, auseinandernimmt, dreht, miteinander verbindet und neu zusammensetzt. Sie entwickeln ihre motorischen Koordinationsfähigkeiten. Sie prüfen ständig die Frage:»Was ist, wenn...?« und lassen ihrer Phantasie freien Lauf.

Sie schaffen sich ihre eigene Welt und formen die Realität nach ihren Vorstellungen. Dabei entwickeln sie Selbstvertrauen, Autonomie und die Fähigkeit zum unabhängigen Handeln. Indem sie sich mit ihren Erfahrungen im Spiel auseinandersetzen, lernen sie selbst traumatische Erfahrungen zu verarbeiten. Sie probieren ständig verschiedene Möglichkeiten aus. Wenn sie unsere Handlungen nachahmen, entwickeln sie die Fähigkeiten, die sie als Erwachsene brauchen werden. Wenn sie mit anderen Kindern spielen, erlernen sie die Grundlagen der sozialen Interaktion – Verhandeln und Teilen.

Es ist wichtig, daß wir das Spiel der Kinder respektieren, daß wir es beobachten und daraus lernen. Niemals sollten wir Kinder ohne guten Grund beim Spielen stören.

Noch bevor ein Baby drei Monate alt ist (das Alter, in dem Kinder nach Dingen zu greifen beginnen), können Sie Berührungsexperimente mit verschiedenen Strukturen machen: mit weichen, harten, glitschigen, rauhen und glatten; mit einem Stück Samt, einem weichen Wollschal, mit Aluminiumfolie oder mit Sandpapier; mit Dingen, die sich bewegen, und solchen, die unbeweglich sind, mit warmen und kalten Gegenständen, mit Dingen, die ein Geräusch von sich geben (zum Beispiel eine mit Klebeband fest verschlossene Dose mit Knöpfen oder Murmeln), und mit solchen, die keines machen. Wie riechen Minze, Zitronen, Kaffee, Ananas, Basilikum, Knoblauch oder eine Rose? Schnuppern Sie zuerst selbst und lassen Sie dann auch das Baby seine Nase hineinstecken. Auf diese Weise werden Sie beginnen, die Welt durch die Augen eines Kindes zu betrachten. Ihre Sinne werden sich den neuen Erfahrungen von Bildern, Geräuschen, Geschmack- und Tastempfindungen mit einer neuen Aufgeschlossenheit und Frische öffnen. Aber es sind nicht nur die kleinen Kinder, die durch das Spielen lernen. Auch Sie profitieren davon. Sie lernen, mit einem Baby in Kontakt zu treten, zu geben und zu nehmen, jede einzelne Entwicklungsphase zu beobachten und herauszufinden, was das Kind mag und was es in seinem jeweiligen Stadium schon alles kann. Sie lernen auch neue Möglichkeiten kennen, Spaß miteinander zu haben, und Sie entdecken die einzigartige Persönlichkeit des Kindes.

Wenn Sie ein kleines Kind auf Ihren Knien haben oder wenn es Ihnen gegenübersitzt, gibt es Dutzende von Reimen, die zur aktiven Beteiligung einladen. Da sind zum Beispiel situationsbezogene Reime, die mit der entsprechenden Mimik begleitet werden können, wie:

Pitsche patsche Wässerlein
alle Kinder machst du rein.
Nur der kleine *Maxi* spricht:
Nein nein nein, ich wasch mich nicht!
(Kopf schütteln, gestikulieren)

Strampel- oder Trampelspiele wie:

Guten Morgen, ihr beiden,
wie heißt ihr denn?
Ich heiße Beinchen Hampel
und ich bin Beinchen Strampel
und das ist Füßchen Übermut
und das ist Füßchen Tunichtgut.
Übermut und Tunichtgut
gehen auf die Reise
Platsch durch alle Sümpfe
naß sind Schuh und Strümpfe.
(mitzeigen, marschieren,
zum Schluß die »nassen Socken« aufhängen)

»Action«-Reime wie:

Hoppe hoppe Reiter
wenn er fällt, dann schreit er.
Fällt er in den Graben,
fressen ihn die Raben.
Fällt er in die Hecken,
fressen ihn die Schnecken.
Fällt er auf die Steine,
tun ihm weh die Beine.
Fällt er in den Sumpf,
dann macht der Reiter plumps
(halten Sie das Kind fest bei den Händen
und lassen Sie es kopfüber hinunterplumpsen
– aber nur fast, versteht sich).

Dann gibt es auch Spiele, bei denen Finger oder Zehen trainiert werden, wie:

Das ist der Daumen,
der schüttelt die Pflaumen,
der legt sie in den Korb,
der trägt sie nach Haus,
und der kleine Schlingel schüttet alle wieder aus.

oder:

Alle meine Fingerlein
sollen heute Tierlein sein.
Daumen ist das große Schwein,
dick und fett und ganz allein.
Zeigefinger ist die braune Kuh,
die sagt immer Muh muh muh.
Mittelfinger ist das stolze Pferd,
von dem Reiter wohlgeehrt.
Ringfinger ist der Ziegenbock
mit dem braunen Zottelrock,
und das kleine Fingerlein
soll heut unser Lämmchen sein.

Und das »furiose Finale«:

Tierlein Tierlein hopp hopp hopp
laufen alle im Galopp
laufen in den Stall hinein,
denn es wird gleich finster sein.

(Dabei lassen Sie Ihre Finger ganz schnell die Arme des Babys hochlaufen und verstecken sie dann in seiner Achsel, oder Sie kitzeln das Baby am Bauch.)

Oder auch Trostreime:

Genug genug vom Weinen
die Sonn' wird wieder scheinen
die Glocken werden klingen
die Vögel werden singen
die Enten werden schnattern
die Hühner werden gackern
der Hahn wird wieder schrei'n
und du wirst wieder lustig sein!

Beim Spiel mit einem Baby geht es nicht darum, zu gewinnen, die eigene Überlegenheit zu beweisen oder die eigenen Fähigkeiten zu verbessern, sondern einfach um das reine Vergnügen. Es gibt keine Regeln, an die Sie sich halten müßten. Man könnte allerdings auch sagen, daß die Regeln, die unser Spiel mit Babys bestimmen, unserer Kultur inhärent sind. Sie sind Teil der mündlichen Überlieferungen, die von Großmüttern an die Mütter weitergegeben werden, aber auch an die Tanten und andere weibliche Mitglieder der Familie. Viele Spiele und Reime waren – wenn auch vielleicht in einer etwas anderen Form – bereits unseren Großmüttern und Urgroßmüttern bekannt.

Wenn Sie mit einem Baby spielen, schließen Sie sich dieser reichen Tradition an und reihen sich in den Tanz der Interaktion ein, den Frauen tanzen, seit Mütter und Großmütter das erste Mal mit einem Baby spielten.

303

WASSERSPIELE

Wasser ist ein Element, das ein Kind faszinieren, aufregen und entspannen kann. Wenn Sie einen Garten haben, sollten Sie einen Schlauch mit einem Sprühaufsatz und ein Planschbecken für Badespaß an heißen Tagen besorgen. Sie können aber auch Ihr Badezimmer in einen Spielplatz verwandeln. Aber Vorsicht! Lassen Sie ein Kind niemals unbeaufsichtigt mit Wasser spielen – nicht nur aus Gründen seiner eigenen Sicherheit, sondern auch, damit Ihr Eigentum nicht beschädigt wird.

In der Küche finden sich viele Dinge, die sich als Wasserspielzeug verwenden lassen: Plastikkrüge, Korken, Schöpflöffel, Trichter, Siebe, Plastikflaschen und Behälter verschiedener Größen, Dinge, die schwimmen, und Dinge, die absinken. Sie können aber auch Bade- und Strandspielzeug kaufen: Plastikenten, Segel- und Motorboote, Pingpongbälle, Plastikgießkannen, Wasserpistolen, Wassermühlen, Räder und Rutschbahnen.

Seifenblasenlösung läßt sich ganz einfach herstellen: Mischen Sie einen Teil Geschirrspülmittel mit zwei Teilen Wasser. Den Blasring können Sie aus Draht anfertigen, zum Beispiel auch aus einem Sektflaschenverschluß ohne den Kork. Es macht auch Spaß, mit Strohhalmen in Seifenwasser zu blasen.

Wenn ein Enkelkind schwierig ist oder wenn es sich offenbar langweilt, versuchen Sie einmal, es in die Badewanne oder in den Pool zu stecken. Wildes Herumplanschen löst Spannungen besser und wirkt bei einem Wutanfall beruhigender als alles andere.

SO TUN, ALS OB

Kinder lieben es, ihre eigene kleine Welt zu haben, in die sie sich zurückziehen können: ein Haus aus Pappe, ein Zelt, ein Baumhaus, einen Schuppen im Freien, ein Klettergerüst mit einem Hausteil oder einer darüber geworfenen Plane. Kinder genießen es, Grenzen um sich herum zu errichten und einen Raum ganz für sich allein zu haben.

Dabei kann es sich um eine einfache Konstruktion aus Stühlen oder anderen Möbelstücken handeln, zum Beispiel um ein großes Klavier, über das eine Decke oder ein Laken gebreitet wird. Oder sie bauen sich Papphäuser aus großen Kartons mit Verbindungstüren zwischen den einzelnen Trakten. Wenn Sie keine großen Kartons parat haben, dann brauchen Sie nur in den nächsten Elektroladen zu gehen, in dem Kühlschränke, Herde, Waschmaschinen und Geschirrspüler verkauft werden. Dort bekommen Sie Kartons in Hülle und Fülle. Wenn Sie eine Decke oder einen Schlafsack in das Haus legen, kann das Kind sogar darin schlafen. Taschenlampe, Puppen und Stofftiere machen das Vergnügen noch größer.

Auch aus Tischen und Stühlen lassen sich Boote, Flugzeuge oder Züge herstellen. Puppen oder Stofftiere dienen als Passagiere. Aus Türen, Holzstücken verschiedener Größen, Holzbottichen, Brettern, Planken und Kisten lassen sich Häuser bauen. Oder wie wäre es mit einem Dschungelabenteuerpfad mit fest im Boden verankerten Steinen oder Ziegeln als Verbindungsglieder zum Drauftreten und mit von den Ästen hängenden Seilen zum Weiterschwingen?

Sie können der Phantasie des Kindes auf die Sprünge helfen, indem Sie in einer Verkleidungskiste Hüte, Masken, alte Kleider,

Tischtücher und Vorhänge, Stoffstreifen, Stoffblumen, Federn, Schals, Schuhe, Handtaschen, Brillenrahmen und Bänder bereithalten. In einer kleinen Schatulle können Sie »Juwelen« aus Plastik und etwas unzerbrechlichen Weihnachtsschmuck aufbewahren. Sie brauchen auch große Sicherheitsnadeln, um Kleider und Capes zusammenzuhalten. Kronen lassen sich aus dünner Pappe zurechtschneiden und mit Goldfarbe, Glitter, Bändern oder Filz schmücken.

Auch die Herstellung eines Puppentheaters ist keine Zauberei. Hierfür eignen sich ebenfalls große Kartons oder Holzverschläge. Allerdings ist das Theaterspielen als Beschäftigung für ein Kind allein ungeeignet. Was ist eine Theateraufführung ohne Zuschauer? Handpuppen oder auf Stöcken montierte Puppen können mit Watte oder alten Strümpfen ausgestopft werden. Wenn Sie einen Korb mit Stoffen, Wollresten, Filz für Tierohren und Knöpfen für Augen und Münder, Watte für Bärte, Wollfäden für Haare und kaputte Strümpfe bereithalten, die zerschnitten und zu Zöpfen geflochten werden können, können Sie die verschiedensten Figuren kreieren.

Sobald ein Kind das Stadium, in dem es alles in den Mund steckt, hinter sich hat, läßt sich die Phantasie auch durch eine Sandkiste ankurbeln. Selbst ein alter, mit Sand gefüllter Reifen erfüllt diesen Zweck.

Ab einem Alter von etwa zwei oder drei Jahren bauen sich die Kinder ihre eigene kleine Welt mit Zweigen, Blättern, Murmeln, Joghurtbechern, Plastiktieren, Miniaturhäusern und -menschen. Wasser für Flüsse und Teiche ist eine hochgeschätzte Zutat.

KÜCHENMAGIE

Jede Küche birgt einen Schatz von Behältern verschiedenster Formen und Größen – Pfannen, auf die man mit einem Löffel schlagen kann, Dosen zum Stapeln, Gläser, die mit Erbsen, Bohnen und Linsen gefüllt werden können und die man als Rassel verwenden und ausleeren kann. Dann gibt es Gläser mit Schraubverschluß, an denen man das Auf- und Zuschrauben trainieren kann, Kehrichtschaufel und Handfeger, und – Vorsicht! – Schubladen und Küchenkästen zum Öffnen und Schließen, die man ausräumen kann, sowie allerlei Küchengeräte, die sich durch einen einfachen Knopfdruck in rege Aktivität versetzen lassen. Machen Sie dem Kind klar, daß bestimmte Küchenkästen und Regale tabu sind, und sorgen Sie dafür, daß es auf keinen Fall mit gefährlichen Reinigungssubstanzen oder Sprays spielt, sie verschüttet oder trinkt. Denken Sie immer daran, daß Sicherheit an erster Stelle stehen muß.

Eine gute Idee ist es, ein Fach eines Küchenkastens für Spielsachen zu reservieren. Wenn Sie mehrere Enkelkinder haben, können Sie vielleicht Platz für Spielsachen für Kinder verschiedenen Alters schaffen. Legen Sie auch alte Hemden und Plastikschürzen dazu, die für nasse Spiele in der Küche gebraucht werden. Es gibt auch Ärmelschoner aus Plastik, die über die Ärmelkanten geschoben werden können.

Sie brauchen keine Meisterköchin zu sein, um einem Kind Freude am Kochen zu vermitteln. Sie müssen allerdings damit rechnen, daß noch nach Tagen Teigreste, Mehl und kandierte Früchte an Stellen auftauchen, an denen Sie sie niemals vermutet hätten. Großmütter haben ihre Enkelkinder seit ewigen Zeiten beim Backen helfen lassen, und wenn Erwachsene auf dieses Thema zu sprechen kommen, schwelgen sie in ihren Erinnerungen. Von der Großmutter zubereitete Speisen sind »Nahrung für die Seele«, der Stoff, aus dem die Tradition besteht. Beginnen Sie mit einfachen Dingen wie der Zubereitung eines Brötchens, das Sie mit weicher Butter, Streichkäse oder Erdnußbutter bestreichen. Wenn Sie einen Obstsalat machen, kann das Kind die Banane schälen und das Obst schneiden. Wenn es bereits besser mit dem Messer umzugehen gelernt hat, kann es seine Schnittkünste auch an härteren Dingen wie Hartkäse oder verschiedenen Gemüsesorten erproben. Es gibt vieles, was ein Kind beim Kochen tun kann: Käse, Karotten oder Äpfel reiben, Olivenöl tropfenweise zu Saucen zugeben, Gemüse schneiden, Kartoffeln oder anderes Wurzelgemüse pürieren, Speisen mit gehackten Nüssen, Kernen oder Parmesan bestreuen, Brot toasten, mit einem Nudelholz Teig ausrollen und mit Expertenhand die richtigen Knöpfe und Schalter an Geräten wie Grill, Herd, Mikrowellenherd oder Geschirrspüler betätigen. Das Rühren und Schlagen von Butter, Eiern und Sahne erfordert die richtigen Bewegungen im Handgelenk. Meine Enkeltochter Laura lernte das vor ihrem ersten Geburtstag, indem sie mir zusah und mich beobachtete. Sie war begeistert, als ich ihr eine große, schimmernde Kupferschüssel und einen altmodischen Handbesen gab, der beim Rühren ein angenehm klingelndes Geräusch von sich gab. In der nächsten Phase kann ein Kind Seifenlauge schlagen, und dann Eier und Pfannkuchenteig.

Ein Kind kann Brotteig kneten und auf verschiedenste Weise gestalten. Es kann ihn zu langen Schlangen rollen, zu komplizierten Gebilden verknoten, zu Laiben formen, es kann ihn flechten, drehen und ausrollen und mit Omas Hilfe in Sterne, Igel, Schildkröten, eine Bärenfamilie, kleine Männchen oder die Buchstaben des Alphabets verwandeln. Lesen Sie eine Geschichte vor, arbeiten Sie zusammen im Garten oder gehen Sie mit dem Kind spazieren, während der Teig auf die doppelte Menge seines Volumens »geht«. Der Teig kann dann mit Ei bestrichen und mit Mohn, Sesam oder Sonnenblumenkernen bestreut werden. Sie können ihn mit Butter, Rosinen, geschlagenem Ei und gehackten Nüssen verfeinern, oder Sie können ein langes Rechteck ausrollen und köstliche Füllungen erfinden, die das Kind mit einem Spatel aufstreicht, bevor der Teig wie eine Biskuitroulade zusammengerollt wird.

Kinder, die für Gemüse nicht zu begeistern sind, akzeptieren es vielleicht in der folgenden Form: Cremespinat mit Muskatnuß und gehackten, gebratenen Zwiebeln, sonnengetrocknete Tomaten in Olivenöl mit kleingehacktem Knoblauch. Basilikum, Käse und Zwiebeln, zerstoßene Walnüsse in Olivenpaste, feingeschnittene, gebratene Champignons, Pignolen und Kräuter wie Majoran, Rosmarin und Salbei können immer hinzugefügt werden. Die Düfte sind verlockend. Und das darauffolgende Aufräumen der Küche sollte einen Teil des Vergnügens bilden. Wenn Sie das von Ihnen Fabrizierte gemeinsam essen wollen, gehört das Tischdecken ebenfalls dazu.

Beim Backen von Keksen – süß oder pikant – kann man Keksformen aller Größen und Arten verwenden. Da lassen sich lachende Gesichter formen oder mit Rosinen und kandierten Kirschen, Engelwurz und gehackten Nüssen verzierte Häuser herstellen. Auf der pikanten Seite eignen sich geriebener Käse, Kräuter, Stücke von sonnengetrockneten Tomaten, Selleriesamen und Nüsse zum Gestalten und Verzieren.

Kinder können auch köstliche Kuchen backen. Man backt die Masse und füllt den erkalteten Kuchen dann zum Beispiel mit gewürztem Apfelmus oder mit Marmelade. Reste werden zu Knabberstangen verarbeitet, obwohl diese, von heißen kleinen Händen geformt, möglicherweise nicht gerade locker und flaumig ausfallen werden.

Als nächstes kommen die komplizierteren Dinge wie Ingwerkekse, die rund um Kochlöffelstiele gewickelt werden, oder ein Lebkuchenhaus mit Zuckerguß, dekoriert mit Hunderten von kleinen, bunten Süßigkeiten und Schokoladenstreuseln.

Ab etwa sechs Jahren kann man einem Kind einen Handmixer überlassen. Sam, mein Enkel, erfand in diesem Alter seine »Nußknabberei«. Hier ist sein Rezept, das er mir selbst diktiert hat:

Sams Nussknabberei

Brot – dunkel und knusprig – 2 Tassen
Nüsse – 1 Tasse
Käse – 1 Tasse
Butter – 1 Teelöffel
Salz und Pfeffer – nach Geschmack
Gewürze – nach Geschmack: Sellerie, Zitrone,
Basilikum und Dill
1 Makrone

Ofen auf 200 Grad vorheizen

Brot zerkleinern und in den Mixer füllen. Mixer einschalten. Wenn das Brot fein zerkleinert ist, Mixer ausschalten. Alle andere Zutaten in eine Schüssel geben und Mixer einschalten. Wenn die Mischung fein ist, Mixer wieder ausschalten.

Einen Löffel der Mischung in die Hand nehmen und
mit den Händen zu einem dicken Keks formen. Kekse
auf Backblech legen und in den heißen Ofen schieben.

Nach 10 Minuten, wenn die Kekse an den Ecken
braun sind, aus dem Ofen nehmen. Nußknabberei vor
dem Essen 5 Minuten lang abkühlen lassen.

Wenn Sie eine Nudelmaschine haben, können Sie Nudeln in vielen verschiedenen Formen kreieren und sie mit Karotten, roter
Bete oder Spinat färben. Lassen Sie sie über Kleiderhaken aus
Holz oder Draht trocknen.
Kinder lieben es, Dinge zu füllen. Sie erfinden die verrücktesten
und wunderbarsten Mixturen, die mit Streichkäse, Sauerrahm,
Butter oder Tomatenkonzentrat zusammengehalten werden.
Man kann damit Folienkartoffeln, Ringe aus pürierten Karotten,
Rüben oder anderen Gemüsearten füllen, die sie mögen.
Wenn ein Kind nur wenige Nahrungsmittel zu sich nimmt, weil
es zum Beispiel allem außer Nudeln, Pizza oder Kartoffeln
mißtraut, bietet ihm das gemeinsame Kochen die Chance, in einer
Situation, in der es *selbst* die Kontrolle hat, neue Geschmacks-
richtungen und Zusammenstellungen zu erforschen. »Glaubst
du, hier fehlt noch etwas Zitronensaft? Vielleicht schmeckt es
besser, wenn wir ein bißchen Sesam dazugeben... Wir könnten
auch geröstete Pignolen darüber streuen.« Sprechen Sie mit dem
Kind über die Herkunftsländer der verschiedenen Nahrungsmittel, über die Menschen, die die Grundnahrungsmittel herstellen, über Menschen, die bestimmte Lebensmittel bevorzugen –
seien es Tortillas, Froschschenkel und Schnecken, Curry, Tinten-
fisch oder Polenta –, und führen Sie das Kind in die grundlegende

Chemie des Kochens ein: die Eigenschaften von Eiern, Hefe, Backpulver, die Auswirkungen von Erhitzen und Gefrieren, und erzählen Sie ihm, wenn Sie die Predigerin in Ihrem Inneren in die Schranken weisen können, von den Vitaminen und Mineralstoffen in Obst und Gemüse. Zwingen Sie dem Kind keine Information auf. Packen Sie es bei seinen Interessen, anstatt ihm Lektionen zu erteilen.

Heranwachsende Kinder lernen viel. Im Alter von fünf oder sechs Jahren lernen sie vorausplanen, Ordnung halten, lesen, schreiben und rechnen. Manche Kinder lieben es, Phantasie-speisefolgen zusammenzustellen. Sam zeichnete einmal ein Teddybärenpicknick, bei dem das ganze Essen auf einem Tuch in der Mitte ausgebreitet war. Jede einzelne Speise war genau benannt. Das Wiegen und Messen, das Zusammenstellen von Dingen derselben Größe, das Schneiden mit scharfen Messern, das sorgfältige Eingießen, das Wegräumen von Dingen nach deren Gebrauch, das sofortige Aufwischen verschütteter Flüssigkeiten, das Einhalten von Sicherheitsregeln im Umgang mit Messern und heißen Pfannen, das Lesen eines Rezepts, das Notieren eines erfundenen Rezepts, das Zusammenstellen eines eigenen, illustrierten Kochbuchs – all das gehört zum Arbeiten in der Küche. Lochen Sie das Papier und binden Sie es mit Schuhbändern oder einem Wollfaden zusammen, und schon ist das Buch fertig.

GÄRTNERN

Oft sind es die Großmütter, die ihre Enkelkinder in die Freuden des Gärtnerns einführen. Sie brauchen dazu nicht einmal einen Garten. Ein Pflanzenkistchen am Fenster oder ein paar Töpfe erfüllen denselben Zweck. Züchten Sie Pflanzen, die man essen kann, wie zum Beispiel Kapuzinerkresse, Ringelblumen oder Schnittlauch.

Ein etwa fünfjähriges Kind kann ein Kistchen mit Erdbeeren im Hof oder auf der Veranda betreuen oder im Winter eine Hyazinthenzwiebel in einem Glas regelmäßig gießen, so daß es beobachten kann, wie sich die Wurzeln entwickeln. Mit etwas Glück blüht die Hyazinthe dann zu Weihnachten. Kinder können Zwiebeln von bunten Osterglocken, Narzissen oder Tulpen in Schüsseln pflanzen, die im Spätwinter blühen. Zeigen Sie den Kindern, wie man Pflanzen betreut.

Auf einem feuchten Löschpapier, auf Küchenrolle oder auf einem synthetischen Schwamm kann Kresse gesät werden. Lassen Sie die Unterlage sich mit Wasser vollsaugen. Dann drücken Sie sie ein bißchen aus und verteilen die Samen darauf. Sie können sie in Form eines Gesichts oder der Anfangsbuchstaben des Namens des Kindes aufstreuen. Wenn die Samen warm und feucht gehalten werden, beginnen sie innerhalb einer Woche zu keimen. Kresse kann auch auf Keramikigeln oder -schweinen gezogen werden, wie man sie in Gartenmärkten zu kaufen bekommt, oder in leeren Eierschalen, die mit feuchter Watte ausgestopft werden. Wenn das Kind zuerst mit Filzstift ein lustiges Gesicht auf das Ei zeichnet, sieht die sprießende Kresse aus wie grüne Haare.

Die beste Methode, Erbsen oder Bohnen so zu züchten, daß das Kind den Pflanzen bei der Entwicklung zusehen kann, besteht darin, sie in ein mit feuchtem Küchenpapier ausgestopftes Marmeladenglas zu legen. Lassen Sie die Erbsen oder Bohnen zuerst vierundzwanzig Stunden lang im Wasser weichen. Dann gießen Sie etwa zwei Finger hoch Wasser in das Glas und stecken die Bohnen und Erbsen zwischen Papier und Glas. So können die

Wurzeln nach unten wachsen und die Schößlinge nach oben. Dann stellen Sie das Glas neben ein Fenster, damit das Kind beobachten kann, was sich darin tut.

BASTELN

Für Großmütter, die selbst handarbeiten oder sich künstlerisch betätigen, ist es oft eine Qual, einem Kind bei seinen ersten Versuchen zuzusehen, mit Farbe oder mit Ton zu arbeiten. Sie sind frustriert, wenn es sich als unmöglich erweist, neben diesem kleinen Schmutzfink zu arbeiten, der alles durcheinanderbringt, andauernd in ihr Territorium eindringt und ständig ihre Aufmerksamkeit und Hilfe einfordert. Reservieren Sie für das Basteln mit den Kindern also Zeit und versuchen Sie nicht, Ihre Arbeit gleichzeitig zu erledigen.

Die Grundregel lautet, sich zuerst sämtliche Materialien zurechtzulegen, die voraussichtlich gebraucht werden. Wenn Sie zum Beispiel weggehen müssen, um irgendwelche Utensilien zu holen, kann es sein, daß bei Ihrer Rückkehr bereits das Chaos ausgebrochen ist oder daß das Kind weggelaufen ist, weil es sich gelangweilt hat. Gehen Sie bei allen Aktivitäten Schritt für Schritt vor, und räumen Sie nebenher gemeinsam auf. Erwarten Sie nicht, daß sich ein Kind länger als zehn Minuten konzentriert.

Wenn abzusehen ist, daß etwas naß oder beschädigt werden könnte, decken Sie Möbel, Boden und Wände mit Plastik, Zeitungspapier und Pappe ab, und halten Sie eine Schüssel mit Seifenlauge und einen Wischlappen parat. Im Sommer können Sie die Kreativarbeiten nach draußen verlagern, weil sich die Spuren dort leichter beseitigen lassen. Ein Zweijähriges, das malen will, hat im Garten weit mehr Freiheit als in der Küche. Sammeln Sie für alle Aktivitäten Rohmaterialien, die Sie in einem speziellen Karton im Küchenschrank aufbewahren: Farben, Pinsel, alte Strumpfhosen, Handschuhe und Socken, oder auch Stoffreste und Schachteln verschiedener Größe. Passen Sie das jeweilige Projekt dem Alter des Kindes an. Ein Dreijähriges kann zum Beispiel aus Papiertüten und Filzstiften Masken herstellen. Für die Ohren einer Katze oder eines Hundes drehen Sie die Ecken und fixieren sie mit Gummiringen. Ein Vierjähriges kann aus einer alten Socke eine Handpuppe basteln, indem es aus roter Wolle einen Mund näht und Knöpfe als Augen aufnäht. Zeigen Sie dem Kind, wie es die Puppe halten und den Mund mit Zeigefinger und Daumen bewegen muß, um die Puppe »sprechen« zu lassen. Ein Fünfjähriges kann aus einer Schachtel oder aus Karton eine Maske ausschneiden, die durch ein durch die Ohren geführtes elastisches Band an Ort und Stelle gehalten wird. Möglich sind auch zwei Gummiringe, mit denen die Maske an den Ohren des Kindes befestigt wird. Das Kind kann der Maske ein Gesicht aufmalen. Die Nase könnte aus einem Pappstreifen, einem Flaschenverschluß oder einem Korken bestehen. Für das Haar eignen sich Schnüre, Bast, Wolle oder Papierstreifen, die um einen Bleistift zu Locken gedreht werden können. Filz, Strohhalme für den Schnurrbart und Watte sind ebenfalls wichtige Materialien für Masken.

Große Bögen Schrankpapier oder alte Tapeten eignen sich wunderbar zum Spielen. Das Kind legt sich auf den Boden auf das Papier oder die Tapete und streckt Arme und Beine von sich. Ihre Aufgabe ist es, mit einem Filzstift seine Umrisse zu zeichnen. Dann vervollständigt das Kind das Bild mit einem Gesicht und mit Kleidern.

Stellen Sie einfache Schablonen von Vögeln, Tieren oder Blumen, Sonne, Mond und Sternen her. Die Kinder können diese Schablonen auf Papier nachziehen, oder auch auf Stoffen, auf Geburtstagskarten und Partyeinladungen. Helfen Sie dem Kind, für Blätterabdrücke Blätter mit starken Adern zu finden. Schnitzen Sie in eine durchgeschnittene Kartoffel geometrische Formen und Herzformen, trocknen Sie sie mit Löschpapier und stellen Sie Kartoffeldrucke her.

Sie können auch Collagen machen. Schneiden Sie aus Pappe die Form eines Baums, eines Fisches, eines Vogels, eines Hauses, eines Tiers oder eines Menschen aus. Das Kind beklebt die Form mit Stoffresten, Buntpapierstückchen oder Illustriertenausschnitten. Ein bißchen Glitzer ist immer beliebt. Vielleicht findet das Kind im Freien ein paar Vogelfedern, mit denen es den Pappvogel schmücken kann. Für Igelformen können Sie Strohhalme zerschneiden und als Stacheln aufkleben. Schäfchen können aus kleinen Wattebäuschen geformt werden.

Männchen lassen sich ganz einfach aus Papierstreifen herstellen. Schneiden Sie eine lange Kette von Papierkindern aus, die einander an den Händen halten, indem Sie ein rechteckiges Stück Zeitungs- oder Schrankpapier ziehharmonikaförmig falten. Falten Sie das Papier auseinander – und fertig ist die »Männchenkette«! Das Kind kann die Figuren dann bemalen und die Gesichter zeichnen.

Mit einem Album und ein paar Fotos ausgestattet, kann ein Kind die Geschichte eines ganz besonderen Urlaubs nacherzählen oder seine eigene Entwicklung vom Babyalter bis zum Achtjährigen nachzeichnen. Es kann auf diese Weise auch eine Geschichte über die Familie oder über seine Abenteuer und Erfahrungen erzählen. In Backformen oder Aluminiumbehältern lassen sich Miniaturgärten anlegen. Das Kind muß dafür Moos, kleine Steine und Zweige sammeln und Veilchen, Primeln, Butterblumen und andere kleine Blumen pflücken. In dem Garten können sich dann verschiedene Plastiktiere vom Spielzeugbauernhof oder von der Arche Noah tummeln.

Wenn Sie in der Küche beim Kochen Ihre Ruhe haben möchten und auf eifrige helfende Finger verzichten wollen, halten Sie einen Vorrat an Ton oder Knetmasse bereit. So haben Sie in der Küche immer Material, auf das sich die Kinder mit Begeisterung stürzen werden. Sie können auch selbst Knetmasse herstellen, indem Sie ein Pfund Mehl, etwa ein Viertelpfund Salz, zwei Teelöffel Weinstein und Wasser nach Bedarf (etwa eine große Tasse voll) mischen. Wenn Sie ein bißchen Öl zugeben, läßt sich die Masse noch leichter verarbeiten. Kneten Sie die Masse gut durch. Dann füllen Sie sie in einen großen Topf und erhitzen sie unter Rühren solange, bis sie sich von den Topfwänden löst. Nun nehmen Sie sie heraus, lassen sie abkühlen, bis sie handwarm ist, und kneten sie zu einem glatten Teig. Dieser Teig hält sich etwa zwölf Wochen lang, wenn er in einem versiegelten Polyäthylenbeutel oder in einem Plastikbehälter im Kühlschrank aufbewahrt wird.

Kleine Kinder lieben es, Teig zu formen, zu kneten, zu drücken, zu schlagen und auszurollen. Ältere Kinder können Schüsseln, Puppen, Möbel, Menschen, Lebensmittel und Tiere, ein Miniaturdorf, Flugzeuge, Raketen, Züge und Autos oder auch Engel für den Weihnachtsbaum gestalten. Die Formen können im Ofen gebacken werden, bis sie hart sind, und dann mit Plakat- oder Acrylfarben bemalt werden. Älteren Kindern können Sie auch Ton zum Formen geben, der dann in einem ganz normalen Ofen gebrannt wird.

Das alles mag ziemlich banal klingen. Kindern zuhören, Geschichten erzählen, Spiele spielen, Reime aufsagen, die Küche in ein Chaos verwandeln oder mit Ton herumkleistern – das kann doch wohl jeder, oder? Vielleicht. Aber viele Erwachsene tun es nicht, nicht einmal diejenigen, die von Berufs wegen Kinder betreuen. Man kann durchaus mit Kindern zusammensein, ohne sich auf sie einzulassen und emotional mit ihnen in Beziehung zu treten. In diesem Fall fühlen sich die Kinder nicht geschätzt und als Menschen respektiert.

Ich saß einmal auf einer Bank auf einem Spielplatz im New Yorker Central Park. Dort wollte eine Journalistin ein Interview mit mir machen, und sie dachte, daß es am besten mit Fotos von Kindern illustriert werden sollte. Auf den Straßen New Yorks sieht man keine Kinder. Die einzigen Orte, an denen sie sich aufhalten können, sind eingezäunt. Daher der Spielplatz. Es waren einige Mütter mit ihren Kindern da, eine einzige Großmutter, und die anderen Kinder – etwa zwölf an der Zahl – wurden von Kindermädchen beaufsichtigt. Für mich, die ich aus England kam, sahen sie nicht wie Kindermädchen aus und benahmen sich auch nicht so. Sie schienen gelangweilt und distanziert, und ihre Gesichter waren ausdruckslos. Vielleicht waren sie deprimiert. Auf jeden Fall war keine Verbindung zwischen ihnen und ihren Schützlingen spürbar. Offensichtlich empfanden sie die Kinderbetreuung als mühselige Pflicht, die irgendwie absolviert werden mußte. Sie sprachen nicht mit den Kindern, sie gaben nur Anweisungen. Sie nahmen sie nicht in den Arm. Sie sahen sie kaum an. Wenn die Kinder weinten, trösteten sie sie nicht. Wenn ein Kind etwas tat, was ihm Spaß machte – wenn es ihm zum Beispiel gelang, an die Spitze des Klettergerüsts zu klettern –, stimmten sie nicht in seinen Jubel ein, sondern nahmen es kaum zur Kenntnis. Da war ein Zweijähriger, der schon seit einer halben Stunde untröstlich weinte. Ich hörte später, daß er einen Zwillingsbruder hatte, von dem er noch nie getrennt gewesen war. Man hatte ihn auf den Spielplatz gebracht und einfach auf eine Schaukel gesetzt. Dort brüllte er so, daß ich glaubte, er würde sich übergeben. Die Frau, die auf ihn aufpassen sollte, stand neben der Schaukel und schubste sie an. Dabei führte sie ein oberflächliches Gespräch mit Freundinnen und ignorierte den Kleinen völlig.

Währenddessen lief die Großmutter emsig und mit strahlenden Augen herum und begeisterte sich gemeinsam mit ihrem Enkelkind an dessen Entdeckungen und Leistungen. Das war Einzelbetreuung durch eine Frau, die Freude an ihrem Tun hatte und sich auf die spannende Welt ihres Enkelkindes einließ, das durch ihre liebende Ermutigung die Welt erforschte und neue Dinge lernte. Ein wahrlich dramatischer Kontrast zwischen zwei Arten von Kinderbetreuung.

Die Betreuung durch Großmütter wird oft unterschätzt, wenn nicht verachtet. Sicher gibt es Großmütter, die keine Ahnung haben, wie man ein Kind betreut. Sicher gibt es auch Großmütter, die Kinder nicht mögen oder die so viel zu tun haben, daß sie keine Zeit für die Betreuung von Enkelkindern erübrigen kön-nen. Aber viele Großmütter lassen sich mit Begeisterung auf ihre Aufgabe ein und versuchen, sich Zeit zu nehmen, in der sie sich ihren Enkelkindern widmen können. Natürlich gibt es auch warmherzige und wundervolle Kindermädchen. Aber trotzdem: Nachdem ich in vielen Ländern – Rußland, Ost- und West-europa, den Mittelmeerländern, Israel, der Karibik und den USA – Babys und Kleinkinder mit ihren Kindermädchen, Au-pair-Mädchen und Betreuerinnen beobachtet habe, bin ich zu dem Schluß gekommen, daß es oft die Großmütter sind, die die beste Betreuung bieten, wenn auch nur für einige Stunden oder auch, wenn der Löwenanteil der Betreuung von anderen Leuten übernommen wird.

Großmutter zu werden gibt uns die Chance, uns selbst als Mütter wiederzuentdecken, ja, als Mütter neu geboren zu werden. Wenn wir Großmütter werden, können wir unsere eigene Kindheit neu erleben und wieder zum Kind werden.

Wenn Sie sich mit einem kleinen Kind in einem Haus zusammenkuscheln, das aus einem Tisch oder einer Gruppe von Stühlen mit darüber gebreiteten Laken besteht, wenn Sie sich auf all die winzigen Details eines Marienkäfers konzentrieren, der sich auf Ihrer Hand niedergelassen hat, auf eine Ameisenstraße, die sich über Erdkrumen oder durchs Gras schlängelt, wenn Sie derbe Nonsenslieder singen und Stegreifreime dichten, und wenn Sie ernsthaft über die guten und schlechten Seiten des Fernsehprogramms für Kinder diskutieren – dann haben Sie jedes Mal das Privileg, in die Welt eines Kindes einzutauchen und selbst zu einem Teil dieser Welt zu werden. Sie bekommen damit eine zweite Chance, wieder wie ein Kind eine Welt voller Wunder zu erleben und diese Welt so zu betrachten, als sähen Sie sie zum ersten Mal. Die folgenden Zeilen von Blake werden oft zitiert, und deshalb haben sie einen Teil ihrer leuchtenden Intensität eingebüßt – aber trotzdem:

Die Welt zu sehn im Korn aus Sand,
Das Firmament im Blumenbunde,
Unendlichkeit halt' in der Hand
Und Ewigkeit in einer Stunde.

Das ist die Chance, die wir als Großmütter haben.

Anmerkungen

1. Kapitel

1 Leni O'Connell, »A second parenthood«, in: *Independent on Sunday*, 6. Februar 1994
2 Helena Lopata, *Occupation: Housewife,* OUP, Oxford, 1971
3 Janet Mansfield, in: *Good Housekeeping,* Februar 1993, S. 97 ff.
4 Alma H. Bond, *On becoming a Grandparent: a diary of family discovery,* Bridge Works Publishing, New York, 1994, S. 7 f.

2. Kapitel

1 Louis M. Hellman und Jack Pritchard (Hrsg.), *Williams Obstetrics;* 4. Aufl., Appleton-Century Crofts, New York, 1971, S. 1096 ff.
2 Coney Sandra, *The Monopause Industry: A guide to medicine's ›discovery‹ of the mid-life woman,* The Women's Press, London, 1995

3 Sheila Kitzinger, *Woman's Experience of Sex*, Penguin, London, 1985/dt. *Sexualität im Leben der Frau*

4 Terry McCarthy, »Noisy welcome from the bath house woman«, *Independent*, 16. Dezember 1991

5 Jasper Rees, »The great white gets a seal of approval«, *Independent*, 15. April 1995

6 Profile, *Options*, September 1995

7 Alma H. Bond, a.a.O. S. 55

8 Catherine MacKinnon, »1982 Feminism, Marxism, Method and State: Agenda for theory«, *Signs*, 7, 3, S. 543–545 ff.

9 Alma H. Bond, a.a.O. S. 71–72

3. KAPITEL

1 Bernice Andrews, *British Psychology Society Conference*, London, Dezember 1994

2 *I Love my Granny and Grandpa Too*, TV-am und Robson Books, London, 1989

3 Lillian E. Troll, »Grandparenting«, in: L.W. Poon (Hrsg.) *Aging in the 1980s: psychological issues*, A.P.A., Washington DC, 1980

4 L. Harris & Associates, *The Myth and reality of ageing in America*, National Council on Ageing, New York, 1975

5 Annette Kienz, *Guide des grands-mères*, Herme, Paris, 1988

6 »Child Health and Protection«, *US Daily*, 5, Supplement, 28. November 1930, S. 18.

7 William H. Chafe, *The American Woman: Her changing social, economic and political roles 1920 – 1970*, OUP, New York, 1972, S. 164

8 Geraldine Youcha, *Minding the Children*, Scribner, New York, 1995, S. 327

9 Interview mit Laura Cao Romero

10 *Social trends 1995*, Central Statistical Office, London, 1995

11 Celia Dodd, »When did you last see your grandchildren?«, *Independent*, 22. September 1993

12 Julie Myerson, *The Independent*, 22. Januar 1996

13 Celia Dodd, a.a.O.

14 *Social trends 1995*, a.a.O.

15 Brenda Houghton, »Developing Step by Step«, *Independent on Sunday Magazine*, 6. Februar 1994

16 *I Love my Granny and Grandpa Too*, a.a.O.

17 Laura Kelly, *Bad Chemistry*, Harper Collins, London, 1994, S. 186.

18 Leni O'Connell, »A second parenthood«, *Independent on Sunday*, 6. Februar 1994

19 Pollock und J. Vaughan (Hrsg.), *A Lesbian Parenting Anthology*, Firebrand, New York, 1987, S. 202–206

20 Faith Reboin, »Lesbian/Grandmother«, Pollock und J. Vaughan (Hrsg.), *A Lesbian Parenting Anthology*, Firebrand, New York, 1987, S. 202–206

21 Miranda France, »The Missing Children of Argentina«, *Marie Claire*, Mai 1992. Miranda France, »Children who choose to live with their parents' persecutors«, *Marie Claire*, März 1995

22 Nelida de Navajas im Interview, zitiert in: Rita Arditti und M. Lykes, M. Brinton, »Recovering identity: the work of the Grandmothers of Plaza de Mayo«, *Women's Studies International Forum*, Bd. 5, 4, 1992, S. 461–471

23 Rita Arditti und M. Lykes, Ebd.

24 Peter Simple, »Way of the World«, *Sunday Telegraph,* 12. Februar 1995

25 Julia Neuberger, »A Childhood«, *Times Magazine,* 11. Februar 1995

26 *Inquiry into the Third Age,* Report Nr. 9, Carnegie Trust, Nuffield Department of Clinical Medicine, Oxford, 1992

27 *Report of the Advisory Group on Osteoporosis,* Department of Health, London, 1995

28 John L.C. Dall, »The Greying of Europe«, *British Medical Journal,* 309, 1994, S. 1282–1285

4. Kapitel

1 Julie Burchill, »Never too Old? You are sometimes«, *Independent,* 10. September 1995

2 Margaret Atwood, *Verletzungen,* Hamburg 1993

3 Christina Gombar, »The end of the reign of Queen Helen«, in: Valerie Kack-Brice (Hrsg.), *For She is the Tree of Life: grandmothers through the eyes of women writers,* Conari Press, Berkeley, 1994, S. 154–157

4 Gloria Hunniford, zitiert von Richard Barber, »Our mother would laugh at this«, *Chic,* Oktober 1995

5 John Tovey, *A Feast of Vegetables,* Century, London, 1985, S. 203

6 M.F.K. Fisher, »Grandmother´s nervous stomach«, *To Begin Again,* University of Pittsburgh Press, Pittsburgh, 1993

7 Shashi Deshpande, »Of kitchens and goddesses«, in: Antonia Till (Hrsg.), *Loaves and Wishes,* Virago, London, S. 17–18

8 Jackie E. Fox, »In memory of Rose«, in: Susan L. Aglietti

(Hrsg.), *Filtered Images: women remembering their grand-mothers*, Vintage '45 Press, Orinda, Kalifornien, 1992, S. 172

9 Joanne Seltzer, »Grandma, I too am a grandma«, in: Aglietti (Hrsg.). a.a.O., S. 182

5. KAPITEL

1 Mernisse Fatima, *The Harem Within*, Doubleday, London, 1994

2 S. Chirawatkul und L. Manderson, »Perceptions of menopause in Northeast Thailand: Contested meaning and practice«, *Social Science & Medicine*, Bd. 39, 11, 1994, S. 1545–1554

3 John F. Embree, *A Japanese Village*, Kegan Paul, London, 1946

4 Isaac Schapera, *Married Life in an African Tribe*, Pelican, London, 1971

5 Beverley Chalmers, *African Birth: Childbirth in cultural transition*, Berev Publications, PO Box 107, River Club, South Africa, 1990, S. 22–23

6 Chalmers, Ebd., S. 54–55

7 Dorothea Sich, »Conflict between modern obstetrics and East Asian traditional birthing systems: the Korean case«, in: Ogawa, Teizo (Hrsg.), *History of Obstetrics: Proceedings of 7th International Symposium on Comparative History of Medicine – East and West*, Taniguchi Foundation, Osaka, 1982

8 Sarah E. Castle, »Child Fostering and children's nutritional outcomes in rural Mali: the role of female status in directing child transfers«, *Social Science & Medicine*, Bd. 40, 5. März 1995, S. 679–693

9 V. W. Turner, *The Drums of Affliction: A study of religious processes among the Ndembu of Zambia*, OUP, Oxford, 1968

10 Gary Witherspoon, »A New Look at Navajo Social Organisation«, *American Anthropologist*, 70, 1970

11 Louise Lamphere, »Women in domestic groups«, in: Rosaldo M. Zimbalist und Louise Lamphere (Hrsg.), *Women, Culture and Society*, Stanford University Press, Palo Alto, 1974

12 James Siegel, *The Rope of God*, Berkeley, Kalifornien, 1969

13 Raymond T. Smith, *The Negro Family in British Guyana: Family structure and social status in the villages*, Routledge, London, 1956

14 Smith, Ebd.

15 Margery Wolf, *Women and the Family in Rural Taiwan*, Stanford University Press, 1972

16 Wolf, Ebd.

17 Wolf, Ebd.

18 Anne Baring und Jules Cashford, *The Myth of the Goddess: Evolution of an Image*, Viking, New York, 1991

19 Zitiert von Geoffrey Parrinder, *Witchcraft: European and African*, Penguin, London 1958

6. Kapitel

1 P. Schroeder, »Infertility and the world outside«, *Fertility & Sterility*, 49, 765, 1988

2 Alma H. Bond, *op. cit.*, S. 2

3 Bond, a.a.O., S. 28

4 Bond, a.a.O., S. 2

5   Linda M. Whitford und Lori Gonzalez, »Stigma: The hidden burden of infertility«, *Social Science & Medicine*, Bd. 40, 1, 1995, S. 27–36
6   *Hello*, 2. Juli 1994
7   Lisa Hilboldt, »Baby Beauty Contest«, *Marie Claire*, Oktober 1994

7. KAPITEL

1   J. de Boulay, *Portrait of a Greek Mountain Village*, OUP, Oxford, 1974
2   Muriel Spark, *The Prime of Miss Jean Brodie*, Penguin, London, 1965, S. 11
3   Lesley Doyal, *What Makes Women Sick: Gender and the political economy of health*, Macmillan, London, 1995, S. 28
4   Elyse Ann Barnett, »Notes on nervios: A disorder of menopause, *Health Care For Women International*, 10, Nr. 2 & 3, 1989, S. 159–169
5   P. Cotterill, »But for Freedom, You see, Not to be a Babyminder«: Women's attitudes towards a grandmother care«, *Sociology*, 26, 4.
6   »Unplanned parenthood«, *Sunday Times Style*, 26. Febr. 1995

8. KAPITEL

1   Interview mit Laura Cao Romero
2   Reich Ellen Judith, *Waiting: a diary of loss and hope in pregnancy*, Haworth Press, New York, 1992, S. 44

3 Nicky Leap und Billie Hunter, *The Midwife's Tale*, Scarlett Press, London, 1993, S. 20
4 Nicky Leap und Billie Hunter, a.a.O., S. 33
5 Marie O'Connor, *Birth Tides*, Pandora, London 1995
6 O'Connor, Ebd.
7 Sheila Kitzinger, *Being Born*, Dorling Kindersely, London, 1990/dt. *Ein Leben beginnt*
8 Hope Edelman, Motherless Daughters: *The Legacy of Loss*, Addison Wesley, New York, 1994
9 Edelman, a.a.O., S. 243
10 zitiert aus Heraklit, Fragment 66

9. KAPITEL

1 G. Hagestad, »Patterns of communication and influence between grandparents and grandchildren in a changing society«, Vortrag beim World Congress of Sociology, Schweden 1978

10. KAPITEL

1 Rubin J. Provenzanov Luriaz, »The eye of the beholder: parents' views on sex of newborns«, *American Journal of Ortho-Psychiatry*, 44, 4, S. 512–519, 1974.
2 Leiderman P. Thomane & J. Olson, »Neonate-mother interaction during breast feeding«, *Development Psychology*, 6, S. 110–118, 1972.
3 J. A. Will, P. A. Self und N. Datan, »Maternal behavior and

perceived sex of infant«, *American Journal of Ortho-Psy-chiatry*«, 46, 1, S. 135–139, 1976.

4 O. R. Fischer, »Mothers and Mothers-in-law«, *Journal of Marriage and the Family*, 45, S. 187–192, 1983. J. F. Robert-son, »Grandmotherhood: A study of role conceptions«, *Journal of Marriage and the Family*, 39, S. 165–174, 1977; Kahana und Kahana, »Theoretical and research perspectives on grandparenthood«, *Aging and Human Development*, 2, 4, S. 261–268, 1971. S. Cunningham-Burley, »Constructing Grandparenthood: Anticipating appropriate action«, *Sociology*, 19.3, S. 421–436, 1985

5 C. Delphy und D. Leonard, *Familiar Exploitation: A new analysis of marriage and contemporary western societies,* London, Polity Press, 1992

6 L. Troll und B. Turner, »The effect of changing sex roles on the family in later life«, Vortrag bei der Ford Foundation Conference on Changing Sex Roles in the Family, Merrill-Palmer Institute, Detroit 1976

7 P. Cotterill, *Friendly Relations? Mothers and their daughters-in-law,* Taylor Francis, London, 1994, S. 115

8 P. Cotterill, a.a.O., S. 69

9 P. Cotterill, a.a.O., S. 71–76

10 Bronwyn Donaghy, »The big bad wolf behind granny«, *Parents,* Sydney, Februar/März 1994.

11 Alma Bond, a.a.O.,, S. 47

12 O. R. Fischer, Ebd.

13 Eleanor Bailey, »Divided families destroyed by hate«, *Marie-Claire,* März 1995

11. KAPITEL

1 Angela Lambert, »Slaves to tiny tyrants«, *Independent*, 16. November 1992

2 Barbara Brotman, »Against the Odds«, *Parenting*, 1995

3 K. Strom, D. Robert und Shirley Strom, *Becoming a Better Grandparent: Viewpoints on strenghtening the family*, Sage, Newbury Park, Kalifornien 1991

4 Janet Robson, »Is your little angel a computer killer?« *Independent*, 17. April 1995

5 Anna Quindlen, *New York Times*, 21. Juni 1994, S. 7

6 Nicky Leap und Billie Hunter, *The Midwife's Tale*, Scarlet Press, London 1993, S. 115

7 Interview mit Jenny Kitzinger

8 Interview mit Jenny Kitzinger

9 Alma H. Bond, a.a.O., S. 164–165

10 Sara Paretsky, *Blood Shot*, München 1993, 3. Auflage

11 M. Seligman, *Learned Optimism*, Knopf, New York, 1991

12 Alma H. Bond, a.a.O., S. 55

12. KAPITEL

1 *I love my Granny and Grandpa too!*, a.a.O.

2 Zitiert in: *Independent on Sunday*, 3. Oktober 1993

3 William Blake, »Auguries of Innocence«, in: *The Oxford Book of English Mystical Verse*, Clarendon Press, Oxford, 1949

4 William Blake, »Auguries of Innocence«, Übersetzung aus: *Zwischen Feuer und Feuer*, München 1996

REGISTER

BILDNACHWEIS

Seite 8   © Rob Judges, 1989 Erstveröffentlichung in: *The Daily Telegraph* (Ewan MacNaughton Associates)
Seite 18   © PP/Bavaria, Gauting
Seite 30   © Picture Bank Photo Library Ltd
Seite 46   © Nik Wheeler (Art Directors Photo Library)
Seite 82   © Zephyr Pictures (Art Directors Photo Library)
Seite 98   © Earl Young (Art Directors Photo Library)
Seite 118   © Art Directors Photo Library
Seite 138   © Marc Grimberg (The Image Bank)
Seite 160   © Uwe Kitzinger
Seite 192   © Steve Niedorf (The Image Bank)
Seite 216   © Lupe Cunha
Seite 238   © Walter Hodges (Art Directors Photo Library)
Seite 278   © R. Chapple (Telegraph Colour Library)